組織変革の
教科書

リーダーが知っておきたい人と心の動かし方

古野庸一
今城志保
武藤久美子［著］

A Leader's
Guide to
Organizational
Change

東 洋 経 済 新 報 社

はじめに

　優秀といわれるマネジャーに取材してみると、自部署の業績に責任を持っており、業績を高めるために、やれることは何でもやろうとする傾向が強い。そのため、多忙になっている。

　メンバーに比べるとマネジャーのほうが裁量も大きいので、自分で仕事を選ぶことができ、業績を高めようとして、仕事は増えていく。経営側としても、業績を高めることに責任感を持っている人をマネジャーに登用する傾向があるので、マネジャーは多忙になる、という構造である。

　マネジャーの多忙は、今に始まった話ではない。マネジャーの行動については、1950年代から調査研究[1]が行われていたのだが、当時から忙しかったと記載されている。つまり、業績を上げる責任を持っているマネジャーは、メンバーを通じて、何とか業績を上げなければならない。そのために、業績が上がりそうなことをいろいろと試行錯誤している。試行錯誤しているうちに、忙しくなってしまう。

　どうすれば、業績が上がるのだろうか。

　その組織の置かれた環境。一緒に働くメンバーの性格、経験、スキル、価値観。そして、メンバー同士の相性。置かれた状況に対する戦略や戦術……。その組み合わせは無限にある。

　つまり、無限にある組み合わせの中で、最も良いやり方を模索するゆえに、マネジャーは多忙になる。業績が上がってくれば、メンバーの意欲も高まり、より業績が上がってくるが、逆に業績が上がらなければマネジャーに対する信頼は下がり、結果、業績も下がる。マネジャーも自信がなくなり、ストレスで仕事が苦痛になる。

- どうすれば業績を上げられる組織がつくれるか。
- どうすれば良い組織がつくれるか。

- 良い組織とは何だろうか。
- 良い組織であれば業績が上げられるだろうか。

そういう疑問に答えていくことを目的として、本書の執筆を試みた。

私自身、リクルートに入社する動機の1つは、「どうすれば組織を強くできるかを解明したい」ということだった。

小中高大学の12年間、部活でバスケットボールを選択し、さまざまなチームにかかわった。チームに優れたメンバーがいればチームは強かったが、それ以上にチームメンバー間の化学反応がチームの強さに関係していた。誰かが頑張ると、それにつられて他のメンバーも頑張る。

逆に、誰かが怠惰な動きをしていると、他のメンバーもそれにつられて怠惰になる。そういうことが積み重なっていくと、最初に同じような能力を持ったメンバーが集まったとしても、チームは強くなったり弱くなったりしていた。その違いは面白いと思えた。

リクルートは、人と組織に関連する事業を行っており、その事業をバックアップするための研究所を持っていた。組織に関するメカニズムがわかるのではないか、と学生ながらぼんやりと思っていた。

入社後10年ほどは経営のサポートを行い、その後、いくつかの組織の責任者を経験した。その中の1つの、他社の経営支援を行う部門、いわゆるコンサルティングを行う組織の責任者を10年ほど務め、多くの組織を変える機会に立ち会えた。その後15年間、人と組織の研究を行う研究所の責任者を担った。強い組織のつくり方について、研究調査を行い、学びを重ねた。

およそ30年前に管理職になったときと比べて、今は組織責任者の仕事をするうえでの経験と知識は格段に違う。30年前のメンバーには申し訳ない気持ちでいっぱいである。今ならもっとうまく彼らに接することができるだろう。

しかしながら、組織責任者の仕事をうまくできるかと聞かれたら、「とんでもない」と思う。先ほども述べたように、置かれた状況、期待

された役割、一緒にいるメンバーの知識・スキル、志向・価値観、メンバー同士の化学反応。それらは無限の組み合わせがあり、そう簡単にベストな振る舞いはできないのである。

学ぶ領域に、「親切な学習環境」と「意地悪な学習環境」というものがある。[2] 親切な学習環境とは、何度も繰り返すことができ、何かを行った結果、短時間でフィードバックがある領域である。数学の問題のように、正解があり、解法のパターンがあり、問題を解くことを繰り返すことによって、解法スキルが高まっていくような領域である。

一方で、意地悪な学習環境は、正解はわからず、解法の手法も多く、結果が出る時間が長く、しかも明確なフィードバックがない領域である。何が要因でそうなったのか、よくわからないので、学ぼうと思っても、なかなか学びにならない領域である。あるいは、学んだとしても、間違った学びが強化されることもしばしばある。組織マネジメントとは、まさにそういう領域である。

管理職になりたてのとき、あるメンバーに対して、手取り足取りアドバイスをした結果、業績が上がったとしたら、懇切丁寧に教えることがマネジメントのコツと思うだろう。しかしながら、メンバーの性格、持っている能力、経験、志向・価値観が違ってくれば、同じマネジメントをしてもうまくいかないこともある。同じようなメンバーでも組織を取り巻く環境が違えば、やはりうまくいかない。そういう意味で、30年の管理職経験があったとしても、なかなか学ぶのは難しい。組織責任者の仕事とは、そういうものなのである。

置かれた環境の多様性、メンバーの多様性、メンバーの組み合わせの多様性を考えると、組織マネジメントの王道はないと思われるが、いくつかの原理原則というものがありそうだ。

たとえば、人が意欲を持って働く条件というものを考えてみる。組織責任者であれば、メンバーが意欲を持って働いてもらわないと成果は上がらない。自分の経験を踏まえて、メンバーも同じと思って接してもうまくいかないことがある。どうすればうまくいくのか。

多くの人に「最も意欲がわいた仕事経験」を聞いてみる。あるいは、

意欲に関する調査や研究を調べてみる。そうすることで、意欲を持って働くことに関する共通項を発見する。「仕事を遂行するにあたって創意工夫ができる」「創意工夫をした結果のフィードバックがある」などといった共通項である。そのような共通項を集めたのが本書である。

　共通項を集めるにあたって、意識したのが人間の本性である。自分の力で周囲をコントロールすることができることに、人は喜びを感じる。そのために、創意工夫をすることや創意工夫によって自分の周囲に影響を与えることを人は面白がって行う。そういう人間の本性がわかっていることは、組織を動かすうえで大切になってくる。

　目的が明確で、貢献意欲あふれるメンバーが揃っている場合、組織責任者は、何もしなくてもよいかもしれない。責任者が余計なことをしないことで、メンバーは伸び伸びして、組織成果につながることもありそうだ。

　組織メンバーには明確な役割を与えるのが組織マネジメントをするうえでの要諦だと多くの識者は言うが、明確な役割が与えられていない場合でも、私たちの多くは、周囲の動きを見ながら、自分が適切と思われる言動を行う。いわゆる空気を読んでの言動である。

　あるいは、周囲の人たちの動きを見ながら、周囲から逸脱しない動きをとる。異国の地に行ってクルマを運転する場合、異国のルールに従う。右側通行であれば、それに従う。周囲の動きを察知し、それに順応する動きをする。

　そもそも、私たちは模倣がうまい。小さい頃から、親の言動を学び、言葉がしゃべれるようになるし、適切な動きができるようになる。幼稚園や保育園に入ると周囲に順応する。周りと同じような動きができるようになる。一方で、順応していない人に対しては、厳しい。周囲から逸脱していると、友達から注意されるし、先生に言いつけられる。

　大人になっても同様である。満員電車の中では、おとなしくして、挙動不審な行動をしないようにする。列に並んでいる場合、列を乱す人や横から入る人は、非難される。小さい村では、目立つ行動は噂になる。ひどくなると村八分になり、誰からも相手にされなくなる。職場でも、

場が支配している空気から逸脱した行為はとがめられる。

　ルールで決められているわけでもないのに、つい私たちが行ってしまう習性はまだある。自分が属している集団をひいきし、応援してしまう習性だ。オリンピックやワールドカップがあれば日本代表を応援してしまうし、高校野球であれば地元高校が勝っているかが気になる。逆に、自分たちが属しない集団を敵と見なし、敵に勝つために、結束して戦う。

　ハーバード大学教授で生物人類学者のリチャード・ランガムは、人類学者のモーリス・デビーを引用して、次のように述べている。[3]

　　「道徳には2つの規範がある。1つは仲間のため、もう1つはよそ者のためのものである。この2つは同じ関心から生じている。よそ者に対しては、殺人、略奪、仇討ち、女性や奴隷の強奪は褒められるべきことだが、集団内でそのような行為は許されない」

　概して私たちは、所属している集団に対して寛容であるが、よそ者に対して厳しい。

　これらの事象は、人間の集団の習性であり、人の本性である。一般的に、人は集団活動を円滑に動かそうとする本性を持っている。そういう意味で、組織責任者は何もしなくても、集団は機能するのではないかと考えられる。にもかかわらず、組織責任者は何かをすることが期待されている。

　互いに互いの動きを見ながら、行動していれば、集団はそれなりに動く。しかしながら、烏合の衆になる可能性もある。実際、会社という組織を見ると、組織責任者が何らかの行動を起こすだけではなく、組織が円滑に動くように、制度、ビジョン、ミッション、パーパス、行動規範、伝統やしきたり、階級、報酬・表彰、権限などがある。それらは意図的に操れるものである。

　組織責任者は、意図的に何かをすることが期待され、組織の成果を高めるために、操作できることを操作する。できるのであれば、人間の本性や集団の特性などを鑑みて、集団で起こっている何かの行動を抑制さ

せ、何かの行動を促進させて、組織の成果を高めることができれば、組織責任者としての役割を果たすことができる。どういう操作が効果的か。その問いに答えるのが本書の目的である。

本書の構成

本書をまとめるにあたって、組織責任者が組織の成果を高めるために知りたいことは何だろうか、という問いを出すことから始めた。それが章立てのベースになっている。

- 組織を動かそうとしたときに、何から始めればよいのか（第1章）
- 組織を開発するとはどういうことか（第1章）
- そもそも、人はなぜ集団をつくるのか（第1章）
- 組織を良い状態にすれば、成果は上がるのか（第2章）
- 組織の良い状態を、どう定義すればよいのか（第2章）
- どうすればメンバーのやる気を促せるのか（第3章）
- 組織の中で、どうすればコミュニケーションが整えられるか（第4章）
- 心理的安全性は、どのような効能があり、どうすれば構築できるか（第5章）
- 組織を変えていくために、何をすればよいのか（第6章）
- 自分の上司を動かすために、何をすればよいのか（第7章）
- 自組織以外の組織を動かす際には、何をすればよいのか（第7章）
- 組織を変えるために、実際に何をやっているのか（第8章）
- 組織責任者には、どのようなリーダーシップが求められてきたか（第9章）
- これからの時代に必要とされるリーダーシップは何か（第10章）
- 組織責任者というキャリアをどう捉えていけばよいのか（第11章）

第1章〜第5章は、「組織をつくること」、第6章〜第8章は「組織を

viii　はじめに

変えること」、そして、第9章～第11章は「自分自身に向き合うこと」に大きく分けて執筆した。

お断りしなければならないのは、組織責任者として必要となってくる戦略やマーケティングや経理のことは扱っていない。あくまでも人や組織のことに焦点を当てて、そのマネジメントを中心に組み立てている。

また、本書では組織を扱っているものの、制度の設計のようなハードイシューよりもコミュニケーションや組織文化の形成などのソフトイシューを中心に書き進めた。なぜなら、部や課を動かす組織責任者の場合、扱う対象が圧倒的にソフトイシューのほうが多いからである。

組織のことを扱っている学問は、組織論、組織開発、組織行動学、HRM（人材マネジメント）、グループダイナミクス、コンフリクトマネジメント、意思決定論、そして、心理学全般、経営学全般、文化人類学全般などがある。それぞれの領域には、それぞれの専門家が存在するが、専門領域を飛び越えて何かを主張することや領域間を結びつけることにはためらいがある。

しかしながら、組織責任者にとっては、学問領域が分かれていることには意味もないし、関心もない。目の前で起こっている出来事に対して、うまく対処できればよい。学問領域として分かれているが、組織責任者としては、その区別に意味はない。ゆえに、本書では学問領域を横断して、組織責任者が使えることを目的にして執筆を行った。

学問的なバックボーンの意味合いは、より普遍的であるということだ。私たちは自分自身の経験から学ぶ。昔、こういうことをやって成功したから同じようにやろうとか、失敗したから違うやり方でやろうというように。いわゆる経験学習である。

その学習方法は、人の本性であり、強力である。よって、つい依存しがちである。しかしながら、新しい状況では、過去の自らの経験が役に立たないことも多い。むしろ、それがアダになる可能性もある。ゆえに、他の人が行った経験の集積である学問に依存することが、成功確率をより高めることになる。

また、学問的なアプローチだけでは、机上の空論となりかねないの

で、実際に行った実践例を盛り込むこととした。各章において、学問的なアプローチとともに、実践的なアプローチも盛り込み、組織責任者が使いやすい本をめざした。

筆者の3人は、リクルートマネジメントソリューションズという会社に所属している。同社は60年以上、企業向けに適性検査、コンサルティング、組織サーベイ、教育研修、組織開発などのサービスを行っている。そのサービスの提供を通した知見とともに、同社で行った調査研究、筆者3人の経験をもとに本書の執筆を行っている。

学問的なアプローチは、主に組織行動研究所の主幹研究員である今城志保、実践的なアプローチは、主にエグゼクティブコンサルタントの武藤久美子が執筆を行っている。全体のつなぎや取りまとめを古野庸一が担当した。なお、本書で述べている見解は、会社を代表するものではなく、3人の見解である。

本の執筆は、多くの助けを借りることによって成り立っている。クライアントを通した経験、調査研究時のインタビュー、同僚たちのアドバイスならびに同僚たちが行ったプロジェクトや勉強会がベースになっている。この場を借りて、改めて感謝を申し上げたい。

また、出版の機会をいただいた、東洋経済新報社の佐藤敬氏に御礼を申し上げたい。筆が遅い私たちを温かく見守りながらも、要所で的確なアドバイスをいただき、誠にありがたい限りであった。

多くの人の多くの知見と議論を経て出版に至った本書であるが、組織責任者が現実に対峙した際に、本書が何らかのヒントとしてお役に立つことができたら幸いである。

2024年9月

筆者を代表して　古野庸一

組織変革の教科書

目次

はじめに　iii

第 I 部

組織をつくる

第 1 章

組織を動かす

003

1 ｜ 組織を動かすための前提 ——————— 003

- ▶ 組織を動かすハードイシューとソフトイシュー　003
- ▶ 集団と組織の違い　006
- ▶ 組織を開発するとは、どういうことだろうか　008
- ▶ 集団の機能——集団を形成することで得られる機能　011

2 ｜ 集団の機能① 効率的で大規模な課題の遂行 —— 012

- ▶ 集団の凝集性　013
- ▶ 同調行動　013
- ▶ 人はなぜ同調してしまうのか　014
- ▶ 役割分化、調整、統合　016
- ▶ コミュニケーションの設計　018
- ▶ 社会的促進　021
- ▶ 集団の規範の形成　023

3 ｜ 集団の機能② 社会的学習 ——————————— 024

- ▶ みんなの意見は案外正しい　026
- ▶ ブレインストーミングという手法　028
- ▶ ブレインストーミングの阻害要因　030
- ▶ 阻害要因を取り除く　032

4 ｜ 集団の機能③　居場所の提供 ———— 034

- ▶ 「居場所感」を構成するもの　034
- ▶ 居場所とアイデンティティ　035

第 **2** 章

組織の状態が良くなれば、 パフォーマンスが上がるのか

037

1 ｜ 従業員満足を高めることで パフォーマンスは高まるのか ———— 038

- ▶ 組織責任者の言動でESが変わる　039
- ▶ ESとCSの関係　041
- ▶ 組織責任者はESを高めなくてもよいのか　042

2 ｜ ES以外の組織の状態を考える指標 ———— 044

- ▶ 働きがいのある会社　044
- ▶ 幸福度　046
- ▶ ソーシャルキャピタル　047
- ▶ エンゲージメント　049
- ▶ エンゲージメントの効果　053

3 ｜ 持続的成長企業という概念 ———— 055

- ▶ 持続的成長企業の特徴　055
- ▶ 価値基準①　社会的使命の重視と経済的価値の追求　057
- ▶ 価値基準②　共同体意識と健全な競争　059
- ▶ 価値基準③　長期志向と現実直視　062

▶ 持続的成長企業ではない企業の特徴　063

　　column 組織や個人が良い状態とは　067

第 **3** 章

どうすればメンバーのやる気を促せるのか

073

1 | ワークモチベーションの定義 ————————— 075

2 | 内容理論——私たちは「何に」動機づけられるのか ——— 076

▶ マズローの欲求段階理論　077
▶ X理論とY理論　079
▶ 動機づけ要因と衛生要因　082
▶ 職務特性理論　084
▶ ジョブクラフティング　086

　　column 仕事の特徴と動機づけ　090

3 | 過程理論——私たちは「どのように」動機づけられるのか - 094

▶ 目標設定理論と目標管理制度　095
▶ 内発的動機づけと外発的動機づけ　096
▶ 自己決定理論　098

4 | 理論をどのように活用すればよいのか ————————— 100

▶ 内発的動機づけ／外発的動機づけを超えて　100
▶ 仕事のデザイン、コミュニケーションのデザイン、
　個人選択型の施策　104
▶ 自己決定理論を超えて　108
▶ やる気を削ぐようなことはしない　111

　　column 給与と働く意欲　113

第 **4** 章

組織の中でのコミュニケーションを整える
117

1 | 対話の重要性 ─────────────── 120

▶ 対話の効能　120
▶ 対話とは何か　125

2 | 変わることになぜ抵抗するのか ───────── 127

▶ 変化に対する抵抗の理由　127
▶ 労力と馴染みのなさによる抵抗に対する対応　130
▶ 組織を変えることを阻むメンバーの心理的問題　131

3 | 対話を促進するために ───────────── 137

▶ 対話による共通了解　137
▶ 対話を促進するための前提条件　139
▶ 「他者の視点で考える」セッション　140
▶ 「組織全体の視点で見る」セッション　141
▶ 「自分の意見を自分で否定してみる」セッション　142
▶ 事例：経営幹部３日間ワークショップ　143
▶ 「安心安全度」と「変化意欲度」を高める　144

　　`column` 感情を伴う経験をめぐる対話の効用　147

第 **5** 章

心理的安全性を構築する
151

1 | 心理的安全性の定義と阻害するもの ────── 155

▶ 発言する際に脅威を感じない　155
▶ なぜ私たちは沈黙してしまうのだろうか　157

▶ 忖度と権力格差　160

2 ｜ 心理的安全性をつくるために必要なこととその効果 —— 162

▶ 組織内での関係性や雰囲気が有効　162
▶ 心理的安全性を高めると何が良いのか　163

　　　column インクルージョンとその促進　164

3 ｜ 心理的安全性をうまく活用する —— 167

▶ 立場が弱い人に有効　167
▶ 効果が出やすいチームとそうでないチーム　170
▶ 活用に向けての5つの観点　171

　　　column リモートワークでの組織運営　177

第 **II** 部

組 織 を 変 え る

第 **6** 章

組織変革のステップ

183

1 ｜ ステップ1　解凍 —— 185
　　　——現状の把握および目的や目標の設定

▶ 現状の把握　185
▶ 目的、目標の設定　189
▶「組織を変える」にあたっての目的設定の観点　190
▶ 目標の設定　194

2 | **ステップ2　移行・変化** ——————— 194
　——施策の設計、変化への気運づくり

- ▶ 変化の気運づくり　198
- ▶ はじめの一歩を次の確かな歩みに　201

3 | **ステップ3　再凍結**——変化状態の組織への定着 ——— 204

　column 計画された組織変化のモデル　208

第 **7** 章

組織の外を動かす

213

1 | **ボスマネジメント** ————————————— 214

- ▶ リソース確保の事例（A課長の事例）　214
- ▶ 経営戦略会議での事例（B部長の事例）　215
- ▶ B部長の事例を考えるうえでの5つの観点　216
- ▶ ボスは何をもたらしてくれるのか　219
- ▶ ボスをうまく動かすために　221
- ▶ ボスのプレッシャーを理解しているだろうか　222
- ▶ 自己理解と良好な関係づくり　227

2 | **組織外の対立をマネジメントする** ———————— 228

- ▶ 縦方向のコンフリクトと横方向のコンフリクト　228
- ▶ 職務葛藤と関係葛藤　230
- ▶ コンフリクト時の認知バイアス　231
- ▶ 3つのコンフリクト　235

3 | **コンフリクト解消を考える** ————————————— 237

- ▶ どのくらいの時間軸を意識しているか　237
- ▶ ソフトイシューによる対処　238

▶ 人と問題を分離せよ　240

▶ 立場ではなく利害に焦点を合わせよ　241

▶ 多くの選択肢を考える　242

▶ 客観的な基準を用いよ　245

第 **8** 章

組織を変える—— 事例と解説

251

1 | **事例1**—— 不動産業Ａ社の働き方改革 ——————— 251

▶ ストーリー　251

▶ 事例の振り返り　255

2 | **事例2**—— 小売業の女性店長輩出の組織づくり ————— 259

▶ ストーリー　259

▶ 事例の振り返り　264

第 **III** 部

自分自身に向き合う

第 **9** 章

組織責任者に求められるリーダーシップ

269

1 | **優れたリーダーの行動を考える** ——————————— 270

▶ 究極の状態でのリーダーシップ　270

▶ 狩猟採集民族におけるリーダーシップ　272

▶ 企業の中のリーダー　273

2 ｜ 組織責任者のためのリーダーシップの理論 ── 278

▶ リーダーシップの理論が役に立つ理由　278
▶ 経営学の黎明期のマネジャーの役割論　280
▶ リーダーシップ研究から組織責任者の役割を考える　281
▶ 管理者行動論から考える組織責任者の役割　282
▶ 日本での研究　284
▶ プレイヤーを行うマネジャー　285
▶ 組織責任者として、最低限必要な役割　286

第 **10** 章

これからの時代のリーダーシップ

291

1 ｜ オーセンティックリーダーシップ ──────── 293

▶ ダークトライアドとリーダーシップ　296
▶ 転落していくリーダーたち　300

2 ｜ 多様な意見を引き出すシェアドリーダーシップ ── 306

▶ メンバーのリーダーシップが成果を高める　308
▶ みんながリーダーシップを発揮したらバラバラになる？　309
▶ シェアドリーダーシップの5つの阻害要因　310
▶ メンバーのリーダーシップを促進するために　311

第 **11** 章

組織責任者というキャリア

313

1 ｜ 組織責任者の仕事の醍醐味 ──────────── 314

2 │ 組織責任者になるということ ———————— 318

- ▶ 新任管理職へのトランジションの実態　319
- ▶ 就任時の組織の状況と新任管理職の状態　324
- ▶ 管理職が直面している問題　325
- ▶ 対処するためのリソース、対処行動とそこでの学び　326

3 │ 「仕事が合う」ということを考える ———————— 328

- ▶ 仕事の面白さ──「能力」という要素　329
- ▶ 仕事の面白さ──「嗜好」という要素　332
- ▶ 「ローカス・オブ・コントロール」と「曖昧さに対する許容度」　333
- ▶ 意思決定スタイル　334

4 │ 組織責任者のワークライフ・エンリッチメント ——— 338

5 │ ポストオフ後のキャリア ———————————— 339

注　346

索引　363

第 I 部

組織をつくる

　ベンチャー企業の経営者に会う際に、ときどき創業期の苦労話を聞かせてもらう。最初からうまくいっている企業は少ない。優秀な人材が欲しいので、給料を少し高くして求職者のスキルを重視して採用する。30 人を採用したのだが、翌年には、残った人は数名ということはよくある。離職の多くの要因は、組織文化が合わないことにある。

　あるいは、理想を掲げ、その理想に共感した人を集め、業績も良いものの、数年して組織が崩壊してしまう会社もあった。理想が高すぎて現実に合わないというのが崩壊の要因だ。それぞれの会社に共通していえることは、組織づくりの難しさである。

　組織は、人の集まりであり、生き物である。多様な価値観、経験を持つメンバー個々人の力を活かすこととともに、そのようなメンバー同士を有機的につなげていくための言動が組織責任者には求められる。いわゆるソフトイシューへの対応である。

　第 I 部では、組織責任者が組織をつくるうえで、キーになるソフトイシューについて掘り下げる。まず、組織の機能と、組織責任者が実施することを概観し（第 1 章）、メンバーの意欲を喚起し（第 3 章）、組織内のコミュニケーションを整え（第 4 章）、心理的安全性を構築することを紹介する（第 5 章）。組織の状態を良くすることで組織のパフォーマンスを向上させるかについても深掘りしたい（第 2 章）。

第 **1** 章

組織を動かす

1 ｜ 組織を動かすための前提

▶ 組織を動かすハードイシューとソフトイシュー

　組織責任者に就任して、組織を動かそうとしたときに、何をするだろうか。

　組織で成し遂げたいことを考えることから始める人も多いだろう。それは、目的や目標と言い換えることができる。そして、目的・目標を実現するために、計画を立てて、組織のメンバーに役割を付与していくことになる。

　「目的の設定」「計画の立案」「役割の付与」といった要素は、組織を動かすうえでの土台になる。これらの要素を整えて、運が良ければ、組織は動き始める。

　「運が良ければ」と言ったのは、人には、社会性があり、協力し合う特性があるからである。

　たとえば、スーパーマーケットという職場。メンバーは30人いる。

003

「地域で愛されるお店をめざそう」というめざす方向、そして、売上目標もある。品揃えやチラシなどの販売計画があり、メンバーの役割が決まっていれば、組織は動き出す。

横で働いているメンバーを見ながら、自分も頑張ろうと思うメンバーがいる。逆に、懸命に働いていないと仲間外れになりそうな雰囲気もある。メンバーたちは、お客様から感謝されると、ますます頑張ろうと思っているようだ。運良く動き始めている。

一方で、運が悪ければ、組織は動かない。

1人のメンバーが懸命に働いていると、「あなただけ懸命に働いていると、みんなが疲れるから手を抜け」と他のメンバーが言う。他の人が働いているのだから、自分は働かなくてもよいと思うメンバーもいる。あるいは、時給で雇われているのだから、なるべくゆっくり作業をしたほうが得だというメンバーもいる。そして、組織は思うように動かないようになっていく。

組織の運営を、運に頼るわけにはいかない。「目的」「計画」「役割」などのハードな要素とともに、組織責任者は、人が感情を持っていることや1人1人に特性があること、そして、そのような人たちが集まると前向きに動くこともあれば、後ろ向きになって組織が動かないことが起こることも視野に入れる必要がある。

1人1人に焦点を当てれば、貢献意欲やコミットメントという問題になるし、人の集まりという観点では、グループダイナミクス[1]という問題になる。コミュニケーションや場の設計、あるいは組織文化の醸成と言い換えることもできる。目に見えづらいソフトな要素である。

「1人の力が10として、5人集まれば50になるけれど、実際にはそれが30になったり、80になったりするよね。どうすれば80や100にできるだろうか」と、小学校のバスケットボールチームのメンバーに聞いてみる。

「気合いを入れる」「根性」「励ます」「とにかく動く」「チームワーク」「信頼」などなど、無邪気な答えが返ってくる。

「実際に仲間のおかげで、いつもより頑張った経験ってある?」とさ

らに聞いてみる。

「仲間から応援されたとき」

「そうそう。しんどいときに、『シュートどんどん打てよ。リバウンド全部とってやるから』って声をかけられたときは頑張れたよ」

「仲間が頑張っている姿を見ていたら、自分も頑張らないといけないと思った」

また、無邪気な答えが返ってくる。

「逆に、頑張る気をなくしたときってある？」と聞いてみる。

「調子が悪いとき」「けなされたとき」「馬鹿にされたとき」「自分がチームの足を引っ張っているんだって感じたとき、委縮してしまった」「仲間がサボっているのを見たとき」などなど、こちらもたくさんの答えが返ってくる。少し元気がなさそうである。

筆者の1人（古野）がコーチをしているチームのメンバーと合宿に行ったときのミーティングでの会話である。小学生でも、全体の和が1人1人の和を足したものよりも大きくなったり小さくなったりしている実感を持っていることに少し驚く。

試合を見ていると、人は頑張ったり、頑張らなかったりする。メンバーが他のメンバーに影響を及ぼす。それは言葉であったり、行動であったり、場合によっては、場を支配している空気のようなものもある。

構成しているメンバーの言動に刺激されて、活発に動くこともあれば、委縮することもある。自分の中で眠っていた力が、仲間の刺激によって、発揮されることもある。そのような連鎖が起こってくれば、全体の和は、1人1人が持っている力の和以上のものになる。

効果的に組織を動かすという観点で、組織責任者の役割を、**図表1-1**にまとめた。

ここでは、組織責任者の役割は、「集団の機能を高め、組織の目的を達成すること」と置いている。目的や計画や役割を設定して、運が良ければ組織は動くと前述した。意味合いとしては、人が集まれば、人と人の間で相互作用が起こり、組織が動いていくということである。

第1章｜組織を動かす　005

figure1-1 組織責任者の役割

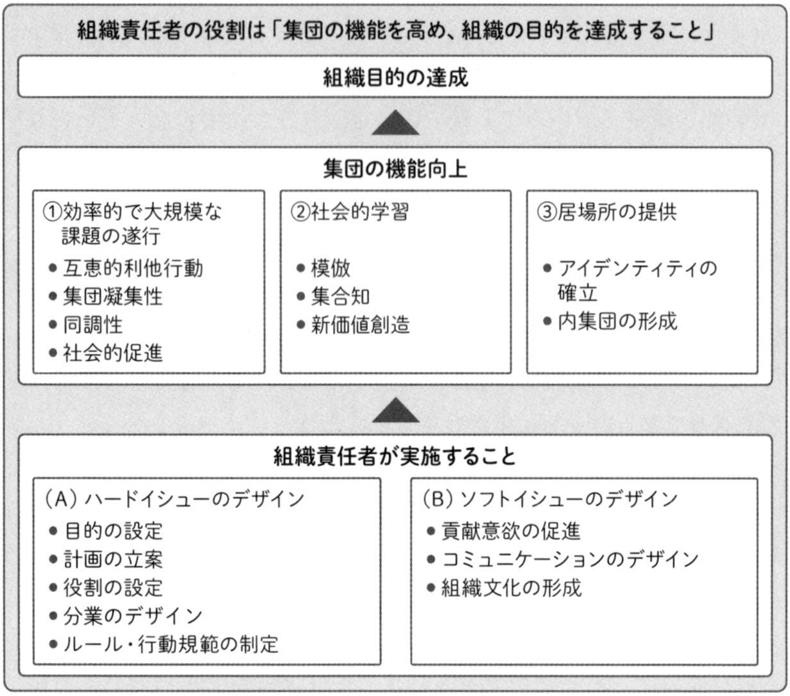

人が集まると何が起きるのか、その機能は何なのか、ということを「集団の機能」と考え、それを促進する要素があることを、この図では示している。

本章では、組織責任者が組織を動かすうえでの、「集団の機能」と「集団の機能を促進する要素」について概観していく。

その前に、集団と組織の違い、ならびに組織開発について、少し触れておきたい。

▶ 集団と組織の違い

『広辞苑（第6版）』によると、「集団」は「多くの人や物の集まり」

とある。一方で、「組織」は「ある目的を達成するために、分化した役割を持つ個人や下位集団から構成される集団」と定義されている。つまり、組織は集団であるが、目的や役割や下位集団があることがわかる。

企業経営の文脈でいうと、チェスター・バーナードの定義が頻繁に使われる。

バーナードは、組織は「少なくとも1つの明確な目的のために2人以上の人々が協働する複合体」と定義し、その要件として、「目的」「貢献意欲」「コミュニケーション」の3要素を挙げている。[2]「目的」はハードイシューで、「貢献意欲」と「コミュニケーション」はソフトイシューである。

『広辞苑』の定義、あるいは、バーナードの定義から考えると、ある目的を達成するために、組織をつくるというのが王道であるように思えるが、気が合う仲間を集めて、それから目的を決めていくというやり方もある。その場合でも、単なる集団を効率よく動かそうと思った場合は、目的が必要になり、目的に沿って組織化を図っていくという段取りになる。

世界的ベストセラーになった『ビジョナリーカンパニー② 飛躍の法則』によると、偉大な会社は、「まず人を選び、その後に目的地を選ぶ」とある。[3]理由として、環境の変化に適応しやすくなるという点がある。

目的地を先に決めて、その目的地を気に入った人を採用したとする。時代が変わり、環境が変わっていくと、目的地を変えるということが起こりえる。働いている人は、その目的地は、当初と違うので、その会社を辞めるということも起こる。

一方、会社として、その会社の組織文化に合う人を先に選べば、環境が変わっても適応しやすい。また、いい人を選べば、厳しい管理は必要なくなり、マネジメントコストが低減できるという利点もある。

会社という形態は、組織なのかという議論もある。

つまり、単に利益を生み出すマシーンとして、きわめて機能的な集団、つまり、組織として機能している一面もあるが、それ以外の面もある。共同体としての機能である。ドイツの社会学者のフェルディナン

ト・テンニースは、そのことを「ゲゼルシャフト」と「ゲマインシャフト」と表現した。[4]

　前者は特定の目的を達成するために人為的につくられた集団を指し、後者は、家族や仲間や地域など、自然に成立している集団のことを指す。会社は、人為的につくられ、何らかの目的を持っているという意味で、ゲゼルシャフトなのだが、『ビジョナリーカンパニー②』で語られているように、何を行うのか決める前に、一緒に働きたい人を選ぶという側面も持っている。そういう意味で、会社は、単なる利益を追求する集団だけではなく、ゲマインシャフトでもあると考えられる。

　会社が、ある目的を追求し、目的が達成されたら解散するのであれば、ゲゼルシャフトであり、純粋な組織といえるのだが、実際の多くの会社は、目的が達成されたとしても解散することはなく、継続して企業経営を行うことを考えると、会社そのものは、ゲゼルシャフトでありゲマインシャフトである。しかしながら、会社の中の事業部や部などは、目的に応じてつくられており、目的を達成したりして、必要が無くなれば解散するという観点で、ゲゼルシャフトであるといえる。

　ただし、その場合でも、淡々と自分の仕事をするだけではなく、仕事と仕事の間に落ちている仕事を拾いに行くことや、一緒に働いているメンバーや組織そのものに愛着を感じて頑張ろうと思えることが起こる。ゲマインシャフト的な要素を持っているほうがより組織の目的を達成しやすいということを考慮すると、組織はゲマインシャフトとゲゼルシャフトどちらの要素も持っている必要がある。

▶ 組織を開発するとは、どういうことだろうか

　人は他の人の影響を受ける。他人の行動をいつの間にか真似ているし、1人ではなしえなかったことを成し遂げる。そういう人の特性をうまく利用して、組織全体のパフォーマンスを高められたらよいと組織責任者は思うだろう。

　たとえば、3歳児が10名ほど公園にいて、みんながブランコに乗り

たいと思っている。しかし、ブランコは1台しかない。1人の力が強い子がずっとブランコを独占することもありえる。そうすると、他の子たちは、誰もブランコに乗れなくて、不平を言い始める。

　力が強い子は無視することもできるが、他のみんなからの不平に耐え切れず、ブランコを譲る。そして、10回漕いだら、次の人に譲るというルールができたりする。そういう意味では、人が集まれば、自然発生的に何らかの行動規範やルールが決まり、それに従って、人は行動するようになる。

　行動規範やルールは、自然発生的に決まってくる場合もあるが、それが全体のパフォーマンスに寄与するかどうかはわからない。10回漕いで、10名に順々に譲るという集団もあれば、力が強い5人が結託して、残りの5人が使えないようにする集団があってもおかしくない。

　公園にいる10名の3歳児は、組織というよりは単なる集団であるが、その集団全体のパフォーマンスとは何だろうか。みんなの満足の度合いの和だろうか。それは定義次第である。10名全体の満足の和を全体のパフォーマンスと置くこともできれば、満足度が高い順の5名の満足の和と置くこともできる。

　組織の場合は、目的があるので、その目的に照らし合わせて、全体のパフォーマンスを置くことができる。

　再び、小学生のバスケットボールのチームのことを考えてみよう。勝つことがチームの目的の場合、ベンチに入る10名全員が均等に試合に出ることよりも、試合に勝つメンバーで試合するようになる。そうすると10名のうち、実際に試合に出るのは6〜7名ということもありえる（バスケットボールの場合、何度でも交代はできるのだが、コートに立てるのは5名）。3〜4名はベンチにいるものの、試合に出られずに不満は残る。

　チームが試合に勝つことができたのだから、納得もするだろう。しかし、試合に出られなかったメンバーは、なぜ自分は出られないのだろうと悶々とし始め、中期的にはチーム全体の活力が落ちることも考えられる。そのことによって、強いチームになれないことも考えられる。目的

に照らし合わせたとき、具体的に何を行っていくことがよいのかを考えていくことが組織責任者の腕の見せ所である。

一方で、個々のメンバーの満足度の総和を最大限にすることが目的とした場合、10名全員を均等にゲームに出すことを考える。しかし、そのことでゲームに負けることがあるかもしれない。そうすると、負けたことで全体の不満は残る可能性も高い。負けないことと全員が試合に出場するということを両にらみしながら、コーチは采配していくことになる。

組織を自然に任せるのではなく、組織が実現したい目的に向かって、何らかの良い方向に導いていくことが、組織開発の原点である。

会社であれば、持続的に発展していくためには、ハードイシューとソフトイシューを動かして、どんな行動様式が寄与するのか、逆にどんな行動様式が寄与しないのか、良い行動様式は何によって促進され、悪い行動様式は何によって抑制されるのか、ということを考えることが組織開発を考えることになる。

改めて、組織開発の定義を考えてみよう。

アカデミックの世界で、組織開発の定義はさまざまである。たとえば、「（組織開発とは）計画的で、組織全体を対象にした、トップによって管理された、組織の効果性と健全さを向上させるための努力であり、行動科学の知識を用いて、組織プロセスに計画的に介入することで実現される」[5] というような定義がある。

言葉は理解できるが、具体的に何を言っているのかイメージしづらい。他の定義を見てみよう。

「組織における仕事のやり方を計画的に変革することをねらいとする一連の行動科学に基づく理論、価値、戦略、技術であり、これらを通して組織メンバーの職務行動を変えることで、個人の能力開発を促進し、組織パフォーマンスの向上を目的とするものである」[6] という定義もあるが、こちらも同様に小難しい。

多数ある定義を俯瞰してみると、

- 計画的な営みであること
- 行動科学の知見が活かされていること
- 組織の中で起こるプロセスを対象にすること
- 組織が適応し、革新する力を高めること

といった共通項がある。[7] しかし、やはりわかりにくい。

　ここでは、組織責任者の人にとって、より理解しやすく、実践できるような定義を考えたい。

　まず組織開発を行う目的であるが、ここでは「組織目的の達成」と置く。組織目的として組織のパフォーマンスの向上と置けるが、必ずしもパフォーマンス向上だけが組織の目的ではない。構成メンバーの幸福度も目的に置ける。そして、その目的を効率的、かつ意図的に達成することを組織開発と定義する。

　としたときに、組織開発は、組織責任者に求められている、「集団の機能」を促進する要素の一部であることが改めてわかる。

▶ 集団の機能——集団を形成することで得られる機能

　そもそも、人はなぜ集団をつくるのだろうか。

　簡単にいえば、1人ではできないことを多くの人の力によってできるようにするために集団を形成する。実際、集団を形成して、人類はその恩恵を享受してきた。望まなくても、私たちが生まれたときには、何らかの集団の中で暮らすようになっている。

　つまり私たちは、集団をつくることで、厳しい環境の中でも生存競争に打ち勝ち、進化してきたということである。

　逆に集団をつくることができなければ、私たちは、ここまで発展することはできなかった。生まれたての赤ちゃんもそうだが、大人であったとしても、1人では何もできない。他の人と協力して初めて生存することができる。

　1人で暮らすよりも、集団の中で暮らすほうが、多くのことが得られ

第1章｜組織を動かす　011

るから、私たちは、生得的に集団に協力するようにできている。集団に属すれば、自分のアイデンティティが確保され、安心感が得られる。逆に、1人でいれば、自分が何者かがわからなくなり、孤独を感じる人が大多数である。

集団を形成することで得られることを、もう少し細かく見ていこう。

2 | 集団の機能①
効率的で大規模な課題の遂行

集団の機能の1つ目は、「効率的で大規模な課題の遂行」である。

1人でも課題の遂行はできるが、集団で行うと、その効率性は高まり、規模は大きくなる。1人ではマンモスを狩ることはできないが、集団で行うことによって可能になる。あるいは、ピラミッドのような建造物をつくることも集団になれば可能になる。

ギザのピラミッド（高さ約146メートル）は、紀元前2560年頃、のべ20万人の手によってつくられたといわれている。マンモスを引き倒すのもピラミッドの石を運ぶのも、大きな力が必要になる。それは1人ではできないが集団になれば大きな力が得られるという課題である。

ここで重要なことは、集団になれば大きい力が得られるのだが、そのためには、個々のメンバーは自分の時間や体力や知力を集団のために犠牲にしなければならないことである。進化心理学においては、集団から得られることが自己犠牲より大きかったがゆえに、集団のための行動を増やしてきたと言われている。そして、そのような行動ができる人々が生き残ったのが現代人であると解釈されている。[8]いわゆる「互恵的利他行動」である。

進化心理学を持ち出さなくても、利他行動は世の中にあふれている。困っている人を見たら、助けることは日常よく目にする光景である。発達心理学者のポール・ブルームと彼の同僚は、生後3カ月の赤ちゃんに利他心があることを実験で示して、人は生まれながらに他者に親切であ

012　第Ⅰ部｜組織をつくる

ることを示唆した。[9]

　また別の実験では、よちよち歩きの幼児であったとしても、困っている大人を助けることがわかった。[10] 人は生まれながらにして、他者に親切にすることや協力することができるのである。

▶ 集団の凝集性

「効率的で大規模な課題の遂行」を進めるにあたって、互いに親切にして、協力し合う人間の特性は土台になるが、集団としてのまとまりも必要である。「集団の凝集性」という現象である。メンバーが、自分たちが同じ集団だと感じられると、ある意味、自然に集団の凝集性は生まれてくる。集団の凝集性は、メンバーの魅力度や集団が大事にしている価値観や目的によって高まる。[11]

　集団のまとまりが良く、凝集性が高ければ業績が上がることを暗黙の前提に置いていたが、多くの研究結果の分析によって、双方に因果関係があることがわかった。つまり、凝集性が高まれば業績が上がることもあれば、業績が上がることによって凝集性が高くなることもあることを示している。[12]

　集団の業績が良ければ、その集団に愛着や帰属意識が増し、集団の業績につながる。集団の凝集性と業績、双方向の因果関係である。うまく両方の歯車を動かしていくと好循環になる。

▶ 同調行動

　集団のまとまりが出来上がってくると、集団のメンバーは、集団の意向や期待に沿った行動が求められるようになる。いわゆる「同調行動」である。集団の凝集性が高ければ同調行動をする人の割合は高まり、凝集性が低ければ同調行動をする人の割合は低くなる。[13]

　つまり、メンバーにとって、その集団に魅力を感じ、その集団にとどまりたいと感じると、メンバーは同調しやすくなる。同調行動に関して

は、古くから研究されており、米国の心理学者ソロモン・アッシュによる実験が有名である。[14]

アッシュは、実験参加者に異なる長さの3本の線分を見せた。その後で1本の線分だけを見せて、先に見せた3本のうち、どれと同じ長さかを問う実験である。これは間違えようのない問いである。

予備調査を行ったところ、37人が12回試行して、つまり、「37人×12回＝444回」行って3回の間違い、99.3%の正答率であった。

次に、8人の参加者で同じ実験を行う。8人のうち7人が実験協力者で、本物の被験者は1人だけである。被験者は、8番目に回答するように座っている。実験協力者は、あらかじめ間違った回答を言うように指示されているという設定である。Bが正しいと思っているが、自分以外の7人全員が次々とAと答えている。集団の圧力に負けて、どのくらいAと答えてしまうかを測定する実験である。

50人の被験者で行い、36人、つまり、約72%は実験協力者に合わせて誤答する結果になった。

しかしながら、私たちは誤っているとわかっていても、つい周りの意見に従い、同調してしまう習性を持っているようである。

▶ 人はなぜ同調してしまうのか

1つの答えは、曖昧な状況のときに、他者の言動を見て、多くの人が思っている、あるいは、行っているのならば、それが正しいのではないかと思うような特性を人は持っているということである。多くの人が並んでいるお店であれば美味しいお店に違いない、と私たちは思う。あるいは、多くの人が称賛している映画なら、きっと面白いに違いないと思う。いずれの場合も、正しいことが多い。

2つ目の答えは、他者に嫌われたくないからである。人と異なる行動をすることで、嫌われ、仲間外れになることを私たちは恐れる。現代社会において、所属している集団が合わないと思えば、その集団から離れることは難しくない。そうはいっても、慣れ親しんだ会社から離れる

014　第Ⅰ部｜組織をつくる

ことや会社の中の組織で仲間外れになることは、つらいことも多い。そういう意味で、納得はしていないものの、周りに合わせている。

組織責任者にとって、メンバーの同調行動はありがたい。組織の目標に向かって、それぞれが同調していくために、効率的に組織を運営していくことができる。しかしながら、そこには3つの問題がある。

1つ目は、メンバーのストレスである。納得していなくても周りに合わせていくことが多くなると、ストレスは高くなる。そのような状況が続くと、メンバーの意欲は下がっていく。あるいは、その場を離れることが選択肢に挙がってくる。会社の中での異動、あるいは転職が視野に入ってくる。意欲が下がってくることも離職も組織責任者としては回避したいところである。

2つ目は、アッシュの実験のように、何らかの間違った判断や行動をとっていると感じていても、他者と同様の判断や行動をとってしまうということである。組織ぐるみの不正を行っていても、みんながやっているので間違っていないのではないかと思ったり、間違っているとわかっていても指摘できなかったりするのは問題である。

3つ目は、外集団との軋轢である。集団の凝集性が高まり、同調行動が多くなると、集団の外との軋轢が増してくる。会社の常識は社会の非常識になっていく。集団の外の環境は、絶えず変化していく。その環境に適応できなくなっていく可能性も出てくる。

同調行動の3つの問題の解決方法は、少数派意見の尊重、あるいは多様性の受容である。組織責任者としては、悩ましい問題解決である。なぜなら、同調行動があるゆえに、組織としての効率的な運営が実現できるので、少数派の意見を尊重していくことは、ある種の非効率性を取り入れることになる。

私たちが多様性に関する調査を行ったところ、チームで仕事を進めていくうえで、3割弱の人が価値観の違いを障害に感じていることがわかった。また、その理由を聞いたところ、「全体の合意形成をとるのに時間がかかる」という意見が多かった。[15]

価値観の違いを認めていくこと、多様な意見を引き出していくことが

重要とわかりつつ、それをまとめていくことに困難が生じる。まさに組織責任者が直面する組織運営上の課題になる。このことについては、第5章で詳細に扱う。

▶ 役割分化、調整、統合

「効率的で大規模な課題の遂行」を行うにあたって、集団がまとまっていること、つまり、集団の凝集性が必要だと述べた。また、同調行動によって、効率化が図れることにも触れた。それがベースになるが、それだけでは「効率的で大規模な課題の遂行」はできない。

誰が何をやるのか、各メンバーがやっていることが連動すること、そして、それらを統合することが必要になってくる。集団の機能を促進する要素で、「ハードイシュー」に該当するところである。専門用語では「集団の構造化」といわれている。メンバー間の「関係性のデザイン」とか、「役割分化」「調整」「統合」ということもできる。

小さな集団では、構造化は自然に起きることもある。たとえば、5人のチームで新しいビジネスの提案をするプロジェクトを行うとする。

みんなで何のビジネスを行うのかを話し合うこともあるが、新しいビジネスを行う環境を調査することもある。同じようなビジネスを行っているプレイヤーがいないだろうか。規制はどうなっているのだろうか。誰が顧客になるだろうか。顧客は何を欲しているだろうか。自分たちは、そのビジネスを行うための能力を持っているだろうか……。などと、調べることはたくさんある。

分担を決めて、それぞれのメンバーが情報を集める。集めた情報について共有する場を設け、必要に応じて、より深く調べる領域に対して、多くのメンバーが取り組むようにする。いわゆる調整である。そして、それらの情報を統合して、企画書にまとめていく。まとめるときも、まとめるのがうまいメンバーが1人で作業することもあるが、分担して行うこともある。最終的な発表も、発表がうまいメンバーが行うようになるだろう。「役割分化」「調整」「統合」である。

016　第Ⅰ部｜組織をつくる

すべてのことを１人で行うのではなく、役割分化させる理由は、そのほうが効率的だからである。１人１人の強みや志向は違う。その強みや志向に合わせて、仕事を分担させるほうが全体の効率は高まる。いわゆる「分業」である。

大きな集団では、自然に任せても、そのような構造化はなかなか起きない。起きたとしても時間がかかるので、意図的に、組織の中にサブ組織をつくり、役割分化、調整、統合などの構造化を行っていく。

企業組織では、構成員が同じ仕事をしているわけではなく、総務部門や製造部門のように部門も分かれ、製造部門の中でも分業している。集団をつくって、分業して、調整、統合したほうが、より効率的だからである。

近代経済学の父であるアダム・スミスの『国富論』は、分業による効率化の話から始まっている。有名な話なので知っている人も多いと思われるが、以下のような内容である。[16]

ピン製造の現場の話である。ピン製造は、①針金を引き伸ばす、②それをまっすぐにする、③切断する、④とがらせる、⑤先端を削る、……といった18の工程に分割されている。それを複数の人が受け持っている。

ある製造所では、10人がこの作業を分担して、１日に４万8000本のピンをつくることができた。１人ですべての工程を行っていたとしたら、１日に20本ぐらいしかつくることができないだろう。つまり分業によって、生産能力を数百倍にすることができるということだ。

分業は専門化を促す。分業すれば、ある作業や仕事に特化できる。そうすると、その作業や仕事に熟達をしてくる。それは会社の中でもそうだし、社会全体も専門化された分業と分業の成果を統合、調整、交換することで成り立っている。科学啓蒙家のマット・リドレーは、人類の発展は、分業と交換にあると述べている。[17]

すべてを自給自足する生活をするとしたら、来る日も来る日も、衣食住と燃料の調達に追われる。金属のスプーンをつくって、自分の暮らしをささやかに改善しようと思っても、その技術もなければ、その時間も

ない。しかし、他の誰かが衣服や食料を提供して、それを購買することで、生活の改善ができ、快適な毎日を過ごすことができる。

仕事を通じて自分の専門性を磨き、その専門性は、誰かの何かの役に立っている。現代社会では当たり前に思えるようなことを通じて、私たちは発展していっている。私たちは、集団を形成し、「分業」を通じて、「効率的で大規模な課題の遂行」を行っているのだ。

▶ コミュニケーションの設計

前述したように、組織を成立させるための3要素の1つとして、コミュニケーションが必要だとバーナードは述べている。

「目的の設定」「役割の設定」「調整」「統合」を行おうと思えば、コミュニケーションが必要になる。それは、自然に起きるものもあるが、組織責任者としては、意識的にデザインする必要がある要素である。というよりも、組織をうまく動かせるかどうかのカギを握るのは、良質なコミュニケーションができるか次第といっても過言ではない。

組織責任者とメンバーで行われるコミュニケーションもあるが、メンバー間でのコミュニケーションもある。互いの仕事の進捗状況を共有し、気がついたことをフィードバックし、場合によっては支援を行い、組織全体の目的、目標に向けて、調整、統合を行っていく。メンバーが協力的であり、集団の凝集性があれば、コミュニケーションは自然に発生して、組織運営は順調に進む。一方で、互いにわかったつもりで、理解が違うことがしばしばある。

組織が形成された初期の段階では、各メンバーが伝えたいと思っていることと他のメンバーが理解していることがずれていることがしばしばある。それは、各メンバーが歩んできた経験やそこで培われてきた価値観、あるいは、仕事の仕方の違いから生じている。そのような段階においては、密なコミュニケーションが必要になってくる。

ある事業部（A事業部）に就任した事業部長の事例である。

Ａ事業部は、ビジネスを始めてから 10 年以上経っていて、500 名のメンバーで運営していた。売上は 300 億円を超えていたが、ここ数年、売上は鈍化していた。新しく就任した事業部長は、さらなるてこ入れを期待されていたが、メンバーの多くが疲弊している状況であることに就任早々気がついた。

　このまま事業を大きくしようとすると、組織全体に無理を強いることになり、組織全体がますます疲弊することが見えてきた。そこで、研修所を 3 日間借り切って、Ａ事業部 500 名全員でワークショップを行うことにした。行ったことは、3 つである。「Ａ事業の目的の設定」とその目的に照らし合わせた「自分が実現したいことの設定」、そして、「不要な業務の洗い出し」である。

　Ａ事業の目的は、事業部長が決めるものであるとメンバーは思っていたが、それではメンバーの当事者意識が弱くなる。メンバー全員で、組織全体の目標を設定していくことに事業部長はこだわった。自分たちで決めていくことで、事業全体にコミットしてくれることを期待しての試みだった。

　メンバーが 500 名もいると、さまざまな意見が出てきて、収拾がつかなくなるというおそれもあった。しかし、取り巻く環境、自分たちが提供できる商品、持っている技術・人材、競合のポジション、顧客からの期待といった情報から導き出される自分たちの社会的存在意義と目的は、メンバー間で大きな差異はなかった。最終的なワーディング（言い回し）はともかく、メンバーが実現したい目的は、2 日目の途中で収斂されていった。

　Ａ事業部の目的は、10 年先の未来を見据えたものになっていた。そして、その事業で仕事をする際に、自分はどのように貢献できそうか、どういう役割が担えそうか、自分のキャリアにどういう意味があるのだろうか、ということを次に考えていき、ワークショップで分けられたグループの中で発表していった。

　自分が所属する集団の方向性に対して、自分の意見が言えて、かかわることができたという参加感、さらに、その事業の目的を実現する

第 1 章｜組織を動かす　019

ために、自分が行うことを自分で宣言していったことで、当事者意識の醸成につながっていった。

ワークショップを行う前に、今やっていること、あるいは隣で見ていて、無駄だと思う仕事を挙げてほしいとメンバー全員に呼び掛けて、匿名で集めた。集めてみると、無駄な仕事が多いことがわかった。つまり、自分は無駄だと思っても、多くの人が無駄ではないと思っているので仕方なくやっていると思われた仕事が、実は多くの人が無駄だと思っているということも多かった。

しかし、自分は無駄だと思っても、多くの人は無駄ではないという仕事もあったし、今は無駄だが、いずれ必要になってくる仕事も存在していた。そのような仕事も、事業が向かう方向性が見えてきたら、要る要らないが明確になってくる。ワークショップの3日目を終えたとき、要らない仕事がたくさんあることをメンバーは実感した。その場の勢いで要らない仕事と思い込んでいるものもありそうだったので、各職場に帰って、本当に要らないのかどうかを精査しようとワークショップを締めた。

自分たちの事業の方向性が明確になり、自分が貢献していきたいことも明らかになり、要らない仕事が目の前に積み上がったとき、メンバーの効力感、事業への貢献意識は明らかに高まった。たった3日間ではあったが、組織として変わる節目のワークショップであった。

この事例は、組織の目的や自分の役割、あるいは組織に必要な仕事をメンバー同士で決めていって、そのためのコミュニケーション設計を行ったというものである。組織責任者が決めて、伝えるというやり方が一般的であるように思える。しかしながら、それでは、メンバーはやらされていると感じ、貢献意欲は高まらない。

組織の誰か1人がリーダーシップを発揮するのではなく、組織メンバーそれぞれが互いにリーダーシップを発揮することを「シェアドリーダーシップ」という。シェアドリーダーシップが実現されている組織とそうでない組織に差があるのかどうかの調査を行った。[18]

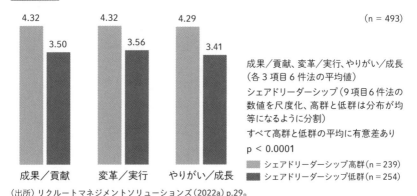

図表1-2 シェアリーダーシップと職場のパフォーマンス

シェアリーダーシップ度の実現度を聞き、その結果によって、シェアリーダーシップ度の高群と低群に分け、それぞれのパフォーマンスを聞いてみた。「成果／貢献」「変革／実行」「やりがい／成長」の値に有意な差が見られた。シェアリーダーシップが実現されている組織のほうが、いずれの値も高い（図表1-2）。

この調査結果にも表れているが、人は自分が所属している組織の方針に関与することや自分の行うことを自分で決めるほうが、その組織に対する貢献意欲は増す。[19] そのことを理解して、組織責任者はコミュニケーション設計を行う必要がある。

なおシェアリーダーシップは、これからのリーダーに求められる概念であるため、第10章で詳細に触れる。

▶ 社会的促進

パーソナルトレーナーをつけて、筋トレを行う人が増えている。筋トレを行いたいのだが、1人だとつらく、励ましてくれる人がいることで頑張れるという理由でパーソナルトレーナーをつけている人も多い。

仕事も1人で行うとつらいが、仲間がいれば頑張れる。仲間からの支

援は、アドバイスをもらえるだけではなく、存在そのものが刺激になり、意欲をかき立ててくれる。仲間の存在は集団活動の良さである。いわゆる「社会的促進」である。

仲間がいることで、覚醒水準（自律神経系、心拍数、血圧など）が上昇するといわれている。[20] 仲間が頑張る姿を見ると自分も頑張ろうと思える。仲間が同じように頑張らなくても、そこにいるだけで、なんとか頑張ろうと思える。

分業によって、生産性は高まると前述したが、単調な作業を続けていると、その作業に飽きるし、自分が無用のものに思える。

アダム・スミスは「分業が進展するにつれ、人民大衆の職業は、少数のごく単純な作業に、（中略）限定されるようになる。（中略）その一生が少数の作業の遂行に費やされ、（中略）創造物としての人間がなり下がれる限りの馬鹿になり、無知にもなる」と述べている。[21]

そのような分業による「単調作業」に問題意識があった、ハーバード大学の教授だったエルトン・メイヨーとフリッツ・レスリスバーガーは、ウェスタン・エレクトリック社のホーソン工場での実験に参加した。ホーソン工場においては、ある従業員を選び、その他の従業員とは別の部屋で継電器の組み立て作業、雲母剥ぎ作業などを行わせた。部屋の温度や湿度、労働日数、休憩の回数や時間などの労働条件を変えながら実験を行った。

一連の実験を行ってわかったことは、労働条件を良くしても悪くしても、生産性が向上したということであった。メイヨーらは、従業員たちと面談も行って、従業員の要望を聞き、労働条件を変更していった。作業の監督者を不在にしたり、作業中の雑談を許したりしていった。

そのような実験を行っていることで、従業員たちは特別な役割を果たしているという意識や仲間との連帯感が高まり、生産性は高まっていった。つまり、1人の人間として見られ、大切に扱われているという意識で、パフォーマンスは変わるということだ。いわゆるホーソン効果と呼ばれている概念である。[22]

▶ 集団の規範の形成

「効率的で大規模な課題の遂行」を行うとした際に、個々のメンバーの行動を調整、統合することが求められる。その際に、集団内の規範が必要になってくる。

ブランコで遊ぼうと思っている10人の子どもに関する事例を先述した。誰かが「10回漕いだら交代にしよう」と言い出し、10回漕いだら譲るというのが、その集団の規範になる。

子どもたちの事例は、集団としての目的はなく、凝集性が低い事例である。集団の目的があり、凝集性がある場合だと、より明確な規範が形成される。それらの規範は、いくつかの要因によってつくられていく。

集団への同調性と関連するが、人には、自分の判断や意見の確かさを求めようとする欲求がある。[23] そのような欲求を満たすためには、他者がどう思っているのかということを拠り所にする。みんなが同じように言っているのであれば間違いないだろうと判断していく。そのような個人の欲求がメンバー間相互に合わさっていくと、集団としての基準になっていく。

集団としての目標があれば、その目標に向かおうとする行動は受容され、目標から遠ざかる行動は拒否されていき、その行動が集団の行動の基準になっていく。また、集団の凝集性が高まっていくと、他の集団との違いを強調するようになっていく。自分たち「らしさ」のようなものをことさら強調するようになっていく。それは言語化されているケースもあれば、そうでないケースもある。

他者の行動に同調しながら、自然に規範が形成される場合もあれば、形成したい規範を言語化して、行動規範のような形でルールにしてしまうこともある。組織責任者は、組織の目的に照らし合わせながら、凝集性を高めるために、自分たちらしい言動を言語化して、その言動を強化するというやり方を意図的に行うことが求められる。そのようなことが長期的に行われていくと組織文化、しきたり、習慣が形成されていく。

ここまで、集団の機能の1つである「効率的で大規模な課題の遂行」に関しての説明を行った。少しまとめてみよう。

　「効率的で大規模な課題の遂行」は、人が生まれながらに持っている利他性や協調性がベースになる。そのような特性に、集団として大事にしている価値観や集団としてめざす目的があると、集団としてのまとまり（集団の凝集性）をつくることができる。集団の凝集性が高まれば、同調行動を促すことができ、より効率的な組織運営をすることができる。それらの行動は、役割の設定や調整や統合などのハードな要素を整えると促進することができる。

　また、組織責任者であれば、ハードな要素だけではなくソフトな要素にも配慮していく必要がある。つまり、ハードな要素は、相互のコミュニケーションや貢献意欲の醸成、あるいは、集団の規範や文化の形成などのソフトな要素によって支えられている。その構造をうまく使えると、より効率的な組織運営ができる。

3 ｜ 集団の機能② 社会的学習

　集団の機能の2つ目は「社会的学習」である。

　ドイツの進化人類学研究所のエステル・ヘルマンとマイケル・トマセロは、チンパンジーとドイツ人の子どもに対して、空間認知、量概念、因果把握、社会的学習の4つの領域の認知機能テストを行った。[24]

　空間認知能力は、空間に置かれた物体の位置を記憶できるかどうかを検査する。量概念は、相対的な量を比較できるかどうかを検査する。因果把握能力は、関連する形や音を手がかりに欲しいものが見つけられるかどうか、ある問題を解決するのにふさわしい道具を選べるかどうかを検査する。また、社会的学習は、誰かが行ったことを模倣できるかどうかを検査する。

　結果は、社会的学習を除く3つの領域では、チンパンジーと人間の子

図表1-3 ヒト（幼児）、チンパンジーに実施した認知機能テストの平均正解率

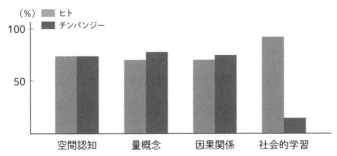

（出所）Herrmann et al. (2007)をもとに作成。

どもに差が見られない。一方で、社会的学習の領域では、チンパンジーと比べて、人間の子どもは圧倒的な差をつけている（図表1-3）。

　他の人が行っていることを真似することは、社会に秩序が生まれ、協力するベースができ、学習が進むことを意味する。そして、それは個々人の頭脳ではなく、人が集まり、集団的知性を高めることにつながる。他の人の行動を模倣する能力や向社会性が、人の繁栄に貢献してきたといえるだろう。[25]

　私たちは知らず知らずのうちに、他の人の模倣をする。模倣する力を人間本来の力として、生得的に持っているともいえる。子どもであれば、周りの友だちの言動を見て聞いて、友だちと同じような言動を行う。世界のどの国においても、自然に母国語の習得を行い、小学生に入る年齢になる頃には、ほとんどの人は聞いてしゃべることができて、日常生活を送るのには問題なくなる。

　1人で学ぶこともできるが、小学校から大学まで、クラスや小グループで学ぶことが、ほとんどの国の標準になっている。単に先生から学べるだけでなく、他の生徒からも学ぶ。他の人に教える際には、よくわかっていないと教えられないので、教えることは学ぶことにもつながる。そういう意味で、集団になることで、学びは効率的になる。

　歌舞伎や日本舞踊のような日本の伝統芸能の世界では、厳密な学習

カリキュラムがあるわけではない。[26]「聞いて覚える」「見て覚える」こと、つまり、「模倣」が学びの中心になっている。師匠の動作を見よう見真似で自分が真似ることから学習が始まる。模倣を繰り返し行うことで習熟していく。指示も評価もしない師匠も多い。

　会社に入ってからも、職場の先輩を見ながら学ぶ。優秀な先輩がつくる資料を真似る。プレゼンテーションの仕方を学ぶ。問題分析の仕方を学ぶ。研究の方法を学ぶ。いわゆるオン・ザ・ジョブ・トレーニング、職場における学びである。本に書かれていることは本で学べるが、仕事の中には言語化できない暗黙知がある。[27]他の人の行動を模倣し、そのやり方を推測し、自分で経験して身につけていくものである。このような知識やスキルは、集団の中にいるからこそ学べるものである。

　集団での学びが顕著に利用されている集団として、学会がある。学会で扱われる論文は、過去の研究のレビューを行い、そこに新たな研究を付け加えていく。過去からの学びを利用することで、学びの蓄積を行い、集団でその領域での知識を蓄積していく。企業も同様に、過去から培ってきた技術や知識を蓄積していき、うまく蓄積していける会社とそうでない会社がある。その積み重ねが競争優位になる。[28]

　自社の知識や技術をうまく蓄積していく仕組みがあるかどうかは、長く発展していく会社にとって必要なことである。

▶ みんなの意見は案外正しい

　過去からの学びを集団として蓄積していき、個々人は過去からの知識や技術を取り入れていく。そして、個々の知識や技術を集団に提供していく。個々人の知識や技術を集積していくと、集団としての知や技術は高まっていく。いわゆる「集合知」である。

　「3人寄れば文殊の知恵」という慣用句がある。1人1人が賢くなくても、3人集まれば、素晴らしい知恵が生まれるという意味である。人が集まり、知恵を出し合うことによる効能である。ジェームズ・スロウィッキーの『「みんなの意見」は案外正しい』には、集合知の事例が

描かれている。[29]

イングランドでの家禽見本市における、雄牛の重量当てコンテストの話が引用されている。雄牛の重量当てに関して、畜産農家や食肉店のような専門家もいたが、家畜についてほとんど何も知らない人もコンテストに多く参加していた。参加した787名が記載した数値を分析した結果、平均値は1197ポンドであった。実際は1198ポンドであり、「みんなの意見」は、ほぼ正しかったという事例である。

あるいは、クイズ番組『百万長者になりたい人は？』（日本版は『クイズ$ミリオネア』）の事例がある。4択問題に答えていき、15問連続で正解したら100万ドルがもらえるという番組である。解答者が答えにつまったら、助けを求めることができる。

知り合いの中で一番のもの知りに電話をかけて答えを聞くという方法もあれば、スタジオの視聴者にアンケートをとって聞く方法もある。知り合いに電話する方法での正答率は65％に対して、スタジオ視聴者に聞いた場合の正答率は91％だという。「みんなの意見」は案外正しいのである。

ただし、スロウィッキーによれば、みんなの意見が正しく導かれるためには、いくつかの要件がある。

1つは、多様性である。専門家もいれば、素人がいてもよい。学歴も性別も歳も国籍も価値観も育った環境も多様であるほうがよい。逆に言えば、専門家集団でないほうがよいとのことである。

他の要件として、独立性がある。つまり、お互いの意見を知らないことが重要である。たとえば、他者の意見を知ることで、自分は違うと思っていても、自分の意見を変えてしまうということがある。他者の意見を鵜呑みにすることで、正解から遠ざかってしまう事態になるということである。

「宣教師の川渡り」というクイズがある。3人の人食い人種と3人の宣教師が川岸にいる。川には2人まで乗れるボートが1艇ある。どちらの岸でも人食い人種の数が宣教師より多くなると、宣教師は食べられてしまう。どうすれば、安全に宣教師を向こう岸に運べるだろうかという

第1章｜組織を動かす　027

問題である。

　この問題を個人単独で解いた場合と数名のグループで解いた場合、正解率に差があるのかどうか、コロンビア大学の学生を募って実験を行った。結果は、グループの場合は53%、個人の場合は7.9%で、グループが大差をつけて秀逸な結果になった。[30] まさに「3人寄れば文殊の知恵」である。ただし、正解にたどり着いた個人とグループを見ると、正解にたどり着くまでの時間は、個人のほうが早いという結果になった。

　グループの中で誰か優秀な人がいれば、グループで話し合わなくても、その個人が正解にたどり着く。余計な議論は不要だ。ただし、グループとしての正解にするためには、答えがわかった個人がグループに説明して、みんなが納得することが必要になる。そのための時間が必要である。ゆえに、正解にたどり着くための時間は、個人のほうが早い。

　正解がある問題に関しては、グループで考えたほうが正答率は高い。しかしながら、それをグループの意見とする場合には、グループメンバーのコンセンサスをとるために時間がかかるということである。

　集団の中で、メンバー同士が異なる知識を持っていることから、新しい知が生まれてくることがある。「新価値の創造」である。「イノベーションの父」と呼ばれるジョセフ・シュンペーターによると、「新しい知・アイディア」は、「既存の知」と「既存の知」の組み合わせ（新結合）によって生まれるという。[31]

　ゼロから生み出すのは困難であり、既存の何かとの組み合わせによって、新しい価値が生まれている。トヨタかんばん方式は、スーパーマーケットの一連の仕組みから発想を得たといわれるように、異業種からヒントを得るケースも多いが、仲間との議論の中で、新しい商品が生まれるケースも多い。1人では新しい価値をつくるのは難しいが、集団であれば、推進することができる。

▶ ブレインストーミングという手法

　新しいアイディアを集団で創造する手法として、ブレインストーミン

グという手法がある。その効果について触れておきたい。

　ブレインストーミングは、米国の広告代理店BBDO創設者の1人である、アレックス・オズボーンが考案したものである。[32]改めてそのルールを挙げると、以下のとおりである。

　①アイディアの数が多いほど良い。アイディアの量が質に還元される。ゆえに、なるべく多くのアイディアを出すことが奨励される。
　②アイディアを創出するときは、自由で奔放な発想が歓迎される。
　③アイディアを批判したり、評価したりすることは禁止される。
　④アイディアを結びつけたり、改良したりすることは推奨される。

　このルールに従えば、1人で行うよりも2倍のアイディアが創出されるという。

　果たして、実際にそのようなことが起こるだろうか。オズボーンの提唱後、多くの検証が行われた。これまでの検証を振り返ると、1人で行うよりも、グループで行ったほうが多くのアイディアが創出されるわけではないことがわかっている。

　たとえば、ドイツの研究者であるマイケル・ディールとウォルフガング・ストローブは、22の研究を精査したところ、18の研究において、個人が単独で行って、個々人のアイディアの数を足し上げた場合のほうがグループで行った場合よりも、量的に優れているという結果であった。[33]量だけではなく、質の面でも、18の研究のうち11の研究において個人のほうが優れているという結果であった。[34]

　アイディアの創出という観点で、ブレインストーミングという方法が必ずしも優れているわけではないということである。ディールとストローブは、単にブレインストーミングを批判するために過去の研究をレビューしたかったわけではなく、阻害要因を特定して、より良い解決策を探ることが目的であった。[35]彼らは、ブレインストーミングの主な阻害要因は、「評価に対する不安」「ただ乗り」「ブロッキング」であることを見つけた。

第1章｜組織を動かす　029

▶ ブレインストーミングの阻害要因

　思いついたアイディアを自由に述べられることが、ブレインストーミングの良さであり、そのことをルールにしているにもかかわらず、人は「評価に対する不安」を抱く。こんなことを言ったら常識がない人と思われるのではないか、能力が低いと思われるのではないかと考えてしまい、抑制してしまうのが人の本性である。評価者がいて、マジックミラーの向こうで見られているという設定や仲間から評価されるという設定の場合、アイディア創出の数が限定され、ブレインストーミングの阻害要因になっている。

　逆に、評価者がいないほうが、より多くのアイディアが創出されたという。このことは、会社組織においてはジレンマである。一般に、会社の中においては、上司がいて、上司が部下の行動を評価する。アイディア創出を会社の中で行う際に、仕事ぶりを評価する人と評価される人が交じって行う場面は多いと考えると、多くのアイディアを創出することが目的の場合には、創意工夫が必要になってくる。

　2つ目の阻害要因は「ただ乗り」である。集団で活動する際に、他の誰かが活動することに期待して、自分はあまり貢献せずに、仲間の貢献に期待して、報酬を受け取るのを「ただ乗り」という。

　「ただ乗り」の問題は、ブレインストーミングだけではなく、あらゆるチーム、組織、コミュニティにおける活動において発生している。集団があれば、誰かが懸命に活動して、誰かが怠けているということだ。ブレインストーミングでも、そのような「ただ乗り」がアイディア創出の生産性を妨げていることが多くの実験でわかっている。

　「ただ乗り」が起きるのは、そうしたほうが個人として得であるという動機があるからである。つまり、自分の利益を最大にするのは、自分が労を払わず、集団からの利益のおこぼれにあずかることにある。あるいは、協力はしたいけれども、協力することによって、自分だけが貢献して、他の人が誰も貢献しなかったら、自分の貢献が無駄になることも、「ただ乗り」を促進している要因としてある。

どちらにしても、「ただ乗り」という行動は、ある意味、個人としては合理的な選択であり、個と組織の問題を扱う際に、必ず生じてしまうジレンマである。

3つ目の阻害要因は、「ブロッキング」であった。ブロッキングとは、集団で作業を行う際に、個々人の中で起こる思考阻害のことである。ブレインストーミングを行っている際に、個々人は、新しいアイディアを単に自分の中で創出しているだけでなく、自分のアイディアを人に話し、人の話を聞くことを同時に進めていく。アイディアの創出だけに集中できないのである。一方で、1人で新しいアイディアを創出する際には、アイディアを創出することに集中することができる。

つまり、ブレインストーミング中は、アイディアを創出することが求められているのに、人の話を聞くことで、自分の思考が遮断される。あるいは、新しいアイディアが浮かんで、何か言いたいことがあっても、発言の機会を逸することがある。仮に言いたいことが言えたとしても、相手の反応が気になる。相手が面白そうにしていれば、つい、アイディアをたくさんしゃべってしまうが、面白くなさそうにしていたら、発言を控えてしまう。そのようなブロッキングの結果、アイディアの総数は思ったよりも多くならないということである。

「評価不安」「ただ乗り」「ブロッキング」。いずれもブレインストーミングの阻害要因として参考になる話である。しかし、このような研究は、ビジネスの実践の場ではなく、主に実験的に行ったものであることを考慮する必要がある。実験の場では、チームはその実験のために、その場限りで集められた人たちで構成されている。

一方で現実の場面では、顔見知りの人とブレインストーミングを行い、ブレインストーミング後も一緒に仕事をしていく仲間がチームである。そういう意味では、信頼関係が出来上がっており、自分だけ協力して他の人は協力しないということはなさそうだとの予測がつく。「ただ乗り」ばかりしていたら自分の評判が傷つくことも考えると、実験で集まったチームと比べて、「ただ乗り」は少なそうだと考えられる。

第1章｜組織を動かす　031

▶ 阻害要因を取り除く

　阻害要因もあり、研究者による実験では必ずしも有効でなかったブレインストーミングであるが、実際には、多くの企業の現場で使われている。阻害要因を取り除き、アイディアが創出されるために、どんなことをすればよいのかを考えてみたい。

　まず、「評価不安」に関して。

　評価不安をなくすためには、目的に沿っていれば、どんなアイディアであっても大丈夫、[36] そして、アイディアをたくさん出すことが大切であることを、ブレインストーミング前にリーダーは改めて強調することがベースになる。単に強調するだけでなく、その場の常識と思われるものから遠い、しかし、目的に沿っているアイディアを言いそうなメンバーが話しやすい雰囲気をつくることである。

　たとえば、新しいクルマのタイヤのアイディアを考える。タイヤは「丸い」「黒い」「直径60センチ、幅20センチぐらい」「静か」という性質を持っており、それらは暗黙の前提にある。しかし、その暗黙の前提を壊していくことがリーダーには求められる。四角のタイヤ、色がカラフルなタイヤ、直径や幅がとても大きなタイヤ、うるさいタイヤなんてどうだろうか、リーダー自身が最初に言ってみるのも1つの手段である。

　あるいは、そんなことを言いそうなメンバーの発言を誘導することができれば、何を言っても大丈夫だという空気がつくれる。四角のタイヤは普通の公道で走るクルマのタイヤとしては、効率が悪そうであるけれど、遊園地だったら子どもが喜ぶかもしれないなどと、発想を広げるうえで、馬鹿げていると思えることを最初に言うことで、発想のヒントは広がり、楽しい雰囲気になり、メンバーは何を言ってもよいと思える。

　次に、「ただ乗り」の対策に関して。

　ブレインストーミングを個人作業とグループ議論に分けて、まず個人作業で、アイディアを出し尽くし、その後、すべてのアイディアをグループで共有するような段取りにしておく。そうすると、個人の貢献も

わかり、出し惜しみを防ぐこともできる。それは、「ブロッキング」による阻害を低減することにもつながる。個人作業の良いところとグループ活動での良いところを組み合わせる方法であり、実践している会社も多い。

アイディアをひねり出す作業、あるいは、アイディアがひらめく作業は、集団ではなく、個人作業である。その作業を集団で行うと、個人の集中力を阻害する可能性がある。なので、個人作業を足し合わせたアイディア数のほうが集団作業でひねり出すアイディアの数よりも多いという結果になっている。

ただし、個々のアイディアを他者と話し合っていく過程で、アイディアは広がっていく。それは、個人作業では得られない効果である。また、個々のアイディアとアイディアを結びつけていくことで、実際に良いアイディアに仕上がっていく。これこそまさにシュンペーターの新結合である。

集団の機能の2つ目の「社会的学習」をまとめよう。

他者を「模倣」することで、他者の言動を自分に取り入れることができる。集団で共に行動していると、模倣は容易になる。しかし、良い動きも悪い動きも模倣の対象になるゆえに、集団として求められる動きは、行動規範として言葉にしておく必要がある。

また、1人ではわからなかったことが、人が集まり、多くの人の知恵を借りることで、わかるようになる。いわゆる「集合知」である。集合知を活かそうとしたときに、重要な要素は、メンバーの多様性と独立性である。

集団としての集合知を活かそうと思えば、多様な出自、多様な価値観を尊重し、それぞれの独立した発言を活かす環境をつくる必要がある。人の集団の習性として、同調圧力がある。人と違う意見を言うことそのものをためらう習性を持っている。それゆえに、意図的に多様性を尊重していく必要がある。

さらには、1人1人では得られなかったようなアイディアが、相互に

第1章｜組織を動かす　033

触発しながら、生まれてくることがある。新しい知の生成であり、「新価値創造」である。新しい価値の創造には、自由な発想が必要だが、自由に行えばよいのではなく、ブレインストーミングのように、ルールを設定する必要がある。

4 │ 集団の機能③　居場所の提供

集団の機能の3つ目は「居場所の提供」である。

仕事がつまらなくても、どこかの会社に所属している安心感を持っている人は多い。また、定年後も社会とつながりを絶やしたくないという理由で、ボランティアや地域活動をしている人もいる。人は集団に所属し、必要とされている役割があるという感覚を求める。逆に、誰からも必要とされておらず、孤独を感じると健康を害する。孤独感は、過度の飲酒や喫煙よりも高い死亡リスクがあることがわかっている。[37]

▶「居場所感」を構成するもの

居場所があるという感覚である「居場所感」を構成するものは、集団の中で何らかの役割を担っているという「役割感」、集団の中で落ち着いた気持ちでいられる「安心感」、そして集団の中でもありのままでいられる「本来感」がある。[38] 職場の中では、何らかの役割があって、役に立っているという感覚は、精神的健康に強く影響を及ぼし、逆に、役に立っていないと感じることが孤独感に影響を与える。[39]

職場において居場所があり、他者とのつながりを感じている度合いが高ければ、仕事上の成果や生産性は高くなり、会社への愛着を高め、貢献意欲を高めることがわかっている。[40]

組織責任者としては、居場所感を高めるデザインも求められる。

居場所感に影響を及ぼすのは、「仕事の側面」と「職場環境の側面」

034　第Ⅰ部│組織をつくる

がある。

「仕事の側面」では、「評価」と「やりがい」という要素が重要になる。他者からも評価され、自分でも仕事がうまくやれているという自己評価があれば、「役割感」は醸成される。また、自分の得意分野が活かせて、やりたい仕事ができていて「やりがい」があると思えれば「本来感」は高まる。

「職場環境の側面」では、自分の意見が自由に言えると感じていれば、「安心感」が満たされていく。[41] そのような仕事面と環境面を整えていくことが、組織責任者には求められている。

▶ 居場所とアイデンティティ

居場所があるという感覚は、個々人のアイデンティティ形成につながる。逆に、居場所がなければ、アイデンティティの混乱を引き起こす。[42]

アイデンティティとは、「自分は何者である」と自分が認識していることであるが、表面的には、自己紹介をする際に、語られる言葉である。それは求められている場面によって答えが変わってくる。たいていの場合は、名前を言う。そして、社会人の場合は、所属している企業などの組織名を語ることが多い。

場合によっては、出身地や出身校、過去に勤めていた会社を語る。つまり、自分が所属している、あるいは、所属していた集団で自己を捉えることを行っていることが多い。そして、他者からもそのように説明されると、その人のことがわかったような気になる。そのことを期待して、自己紹介をする。

自分自身を自分が属する集団で語ることで、自分をそういう人だと自分で認識する。そういう意味で、集団は、個人にアイデンティティを提供し、その集団に属していることで、安心感を与える。集団への帰属は、安心感を高めるだけでなく、できれば、その集団を評価してほしいという気持ちも高まる。[43] 自分と自集団の評価を高めようと思えば、自

集団に対する貢献意欲は高まる。

企業がスポーツチームを持っていることがある。スポーツにもよるが、スポーツチームを持っていれば、運営コストもかかる。しかし、そのスポーツチームを応援に来る人やメディアのニュースなどで扱われることで、宣伝効果はある。

それに加えて、その企業の従業員のアイデンティティ確立に寄与し、一体感を醸成する効果もある。自分が所属している組織が抱えているスポーツチームであれば、応援することを通して、自分と自組織を同一化していき、愛社精神を高めていく効果がある。

人には、自分が属している集団と自分が属していない集団を分け、自分が属している集団の優位性を高めることで、自尊心を高めようと試みる習性がある。専門用語で「内集団びいき」と呼び、先ほどの愛社精神などにつながる側面もある。

本章では、「組織をつくる」うえで、組織責任者の役割を概観し、主に集団の機能について述べた。

組織責任者は、組織の目的を効率的に達成するために、「集団の機能」つまり「効率的で大規模な課題の遂行」「社会的学習」「居場所の提供」の３つの機能を高めることが求められている。そして、「集団の機能」を促進するためには、ハードイシューとソフトイシューのデザインを行うことが必要になると説明した。

この後、組織責任者が扱う、主なソフトイシューである「貢献意欲の促進」「コミュニケーションのデザイン」「組織文化の醸成」について触れていく。具体的には、第３章でメンバーのやる気（貢献意欲の促進）、第４章で組織の中のコミュニケーション、そして、第５章で心理的安全性（組織文化の醸成）に触れて、集団の機能を促進するために具体的に何をすればよいのかについて述べていく。

その前に、そもそも組織の状態を良くすることが組織の成果を上げることにつながるのかについて、第２章で精査していきたい。

第 **2** 章

組織の状態が良くなれば、
パフォーマンスが上がるのか

　「従業員満足（ES: Employee Satisfaction）が上がれば、店舗の業績
が上がると考えているが、本当にそうであるか、各店舗のES と売上の
関係を分析してほしい」と小売のチェーン展開を行っている会社の経営
者から依頼された。

　各店舗には 10 名ほどのスタッフがおり、首都圏を中心として全国に
120 店舗ほどある店舗のデータを、店舗ごとに集計し、分析を行った。
分析の結果、わかったことは、ES と売上に緩い相関はあるものの、ES
が悪くても売上が良い店舗が存在する一方で、ES がきわめて高いのに
もかかわらず、売上があまり上がっていない店舗が一定数あるというこ
とだ。

　その要因を調べるために、それぞれの店舗を実際に見に行ったり、店
長にインタビューを行ったりしたが、それほど難しい話ではなかった。

　売上が上がっているにもかかわらずES がそれほど高くない店舗は、
駅前のように人通りが多い店であった。人通りが多い店であれば、来店
者が多い。ゆえに売上は上がる。

　しかしながら、忙しすぎて、スタッフは疲弊している。「常に何かに
追われている感じがしている」というコメントに代表されるように、時
間的余裕はなく、人間関係も殺伐としていて、仕事への満足感や職場へ

の満足感が低く、全体としてESが低いという店舗は多かった。

一方で、ESが高いにもかかわらず、売上が上がっていない店舗の多くは郊外店であった。お店の中は閑散としていても、ESはほどほどに高い店舗が多かった。ほどほどの忙しさの中で、スタッフ同士もほどほどに仲が良いという具合である。

駅前店という区分で見ると、全体としてESはそれほど高くなかった。一方で、郊外店という区分で見てみると、ESが高い店舗とそうでもない店舗が存在した。売上に関係なく、仲が良く居心地の良い店舗とそうでもない店舗が混在しているという具合である。ESが高い店舗は、店長が頻繁にコミュニケーションを行ったり、メンバー同士の相性が良かったりしていたというのが、その要因であった。逆に、ESの悪い店舗は、コミュニケーションが活発でないことや、チームワークを乱すメンバーが存在していたことが、その要因であった。

このような分析を通して、ESが高いことが、必ずしも組織のパフォーマンスにつながっているわけではないことがわかる。店舗の売上という観点で考えると、立地や品揃えなどの要因が大きく、組織の状態という要素は、売上に対して影響は限定的である。

1 | 従業員満足を高めることでパフォーマンスは高まるのか

アイオワ大学のティモシー・ジャッジらは、ESとパフォーマンスの関係を調べるために、過去の312の論文5万4417人のデータを分析した。結果、弱い相関があることがわかった。[1]

ただし、ESとパフォーマンスは相関関係であり、因果関係ではない。ESが上がることで、モチベーションが高まり、パフォーマンスが高まることも考えられるが、逆に、パフォーマンスが高まることで、ESが高まることも容易に想像できる。

仕事を誇りに思い、上司や同僚とも関係性が良好であり、そのような

038 第Ⅰ部 | 組織をつくる

関係性に満足して、伸び伸び仕事をして、パフォーマンスが上がるというストーリーは考えられる。一方で、なんとなくギスギスした職場であったが、目標達成に向けて頑張り、目標を達成したことで、職場や上司や同僚に対して、ポジティブな感情になり、満足するというストーリーである。どちらもありそうだ。

ただし、注意しなければならないのは、仕事や職場の満足度が高まると、その状態に安住して、懸命に働かず、結果、パフォーマンスが高まらないことも十分に考えられるということである。そうしたことを含めて、ESとパフォーマンスの関係は強い相関ではなく、弱い相関にとどまる。

▶ 組織責任者の言動でESが変わる

ESをもう少し具体的に見てみよう。

米国の心理学者のエドウィン・ロックは、ESを「個人の仕事の評価や仕事の経験からもたらされる喜ばしいもしくは肯定的な感情」と定義している。[2] 従業員の肯定的感情、つまり満足は、仕事の評価や仕事の経験からもたらされているのはわかるが、仕事の経験とは何を指しているのだろうか。もう少し細かく見たほうがよい。

満足の対象は、仕事や会社や職場など多岐にわたっており、ある意味で複雑である。たとえば、仕事にはあまり満足していないが、職場には、いい人が多いので、概して満足しているということはある。

そのような観点から、従業員が満足する対象は、仕事、職場、上司、会社のように分けて考えると、改善点も考えやすい。一方で、概して従業員は満足しているかどうかを知りたいという要望もある。

そのようなことを加味して、仕事、職場、上司、会社すべて統合したものも総合満足度として、私たちはESサーベイを作成した。[3] また、総合満足度が何に影響を受けるのか考えるために、さまざまな要素との相関分析を行った。結果は、図表2-1に示すとおりである。

この結果から全般的に、仕事の特性とESの相関が、相対的に低いこ

図表2-1 ES「総合満足度」との諸要素の相関係数

側面		要素	相関係数
仕事	仕事の特性	影響力	0.37
		自律性	0.48
		意味づけのしやすさ	0.37
		創造性	0.50
		成果の明瞭さ	0.36
		多様性	0.47
		専門性	0.37
職場	課題	顧客志向	0.28
		責任感	0.31
		効率・連携	0.38
		バイタリティ	0.73
	対人	コミュニケーション	0.57
		結束力	0.59
		相互成長	0.65
		相互信頼	0.55
上司	課題	課題形成	0.66
		課題遂行	0.66
	対人	コミュニケーション	0.74
		メンバー育成	0.71
		信頼形成	0.72
会社	経営トップ層	ビジョンの発信	0.48
		変革への意欲	0.39
		現場感覚	0.56
		信頼感	0.57
	人事施策	評価・処遇	0.64
		人材開発	0.56
		福利厚生	0.44
	働く環境	組織体制	0.61
		雇用の健全性	0.41
		執務環境	0.74

（出所）リクルートマネジメントソリューションズ（2010a）。

とがわかる。それよりも上司の課題形成や課題遂行やメンバーとのコミュニケーション系の要素全般が ES と相関が高い。また職場も、単に責任を果たすという役割にとどめずにバイタリティを持って現状よりもさらに進める職場、あるいは相互に学び合う職場が ES と相関が高い。いずれも組織責任者が関与できることであり、組織責任者の言動で、ES が変わることを示唆している。

▶ ESとCSの関係

社会には多種多様な仕事がある。1日中、誰ともしゃべらないでパソコンに向かっている仕事もあれば、1日中、打合せをしている仕事もある。あるいは、1日中、顧客に向き合っている仕事もある。多種多様な仕事の中で、ES がパフォーマンスに影響しそうな仕事とそうでもない仕事があるように見える。そのような観点から、ES とパフォーマンスの関係を見てみよう。

たとえば、顧客接点が多い職種の場合、従業員の満足が顧客の満足（CS: Customer Satisfaction）に影響を及ぼし、顧客の満足がリピートにつながり、パフォーマンスが高まることも考えられる。

あるホテルの従業員が、上司や経営陣に対して不満を抱えている。ホテルでの仕事は、そのような不満を内側に秘めて、顧客に接する必要があるものの、その感情は顧客に伝わっているかもしれない。ホテルでゆっくりしようと思っている顧客は、敏感にその感情を察して、不快に思い、もうこのホテルには来ないと思うかもしれない。

一方で、あるホテル従業員は、同僚や上司との関係に満足し、仕事そのものに誇りを感じている。その感情は顧客にも伝わり、顧客の満足度は高まり、またこのホテルを利用しようと思う。結果、ホテルの収益は高まる。そういうストーリーもありそうである。

ワシントン州立大学のクリスティーナ・チらは、50 に及ぶ高級ホテルに携わる従業員 2023 名、顧客 3346 名、上司 250 名のデータを用いて、ES と CS とパフォーマンスの関係を分析したところ、ES が高いと

CSを高め、CSが高いとパフォーマンスを高めることを示した。[4]

ホテル業界のように、従業員の接客などのサービスの質がパフォーマンスにつながる業界であれば、ESの高さがCSを高め、パフォーマンスにつながるという構図が描ける。しかしながら、接客が伴わない仕事の場合は同じ構図は描けない。また、ファストフード業界のように、接客の質よりも料理の質や料金のウェートが高い場合も、ESとパフォーマンスの関係は不明瞭であることが予想される。冒頭の小売店も、それに該当する。

つまり、ESとパフォーマンスの関係は、仕事内容に依存する。高いESがCSを高め、その結果、パフォーマンスが高まるような因果関係がない場合は、ESを高めてパフォーマンスが高まるかどうかはわからない。そうすると組織責任者は、ESを高めなくてもよいということになる。

▶ 組織責任者はESを高めなくてもよいのか

果たしてそうだろうか。

ESが低くてもよいのか、という質問に対して、3つの点で違うと考える。

1つ目は、A&R（Attraction and Retention、採用と離職防止）の観点である。従業員が不満ばかりを言っている会社に就職したいと思うだろうか。同じような仕事で同じような報酬体系であれば、従業員が満足している会社を選びたいと思うのではないか。あるいは、会社や上司や職場や仕事に対して不満が蓄積していったら、辞めたくなるだろう。

世の中に人が余っている状態であれば、採用することや離職の防止に敏感でなくてもよいが、少子化で人手不足の状態が続けば、ESは、会社や職場の責任者にとって、大きな課題になる。人がいなければ事業が継続できないので、ESを高めることは、パフォーマンスを高めること以前の問題ともいえる。

2つ目は、研究の限界という観点である。研究においては、調査や観

042　第Ⅰ部｜組織をつくる

察できる年数は限られている。ある時点でのESとパフォーマンスのデータをとって、分析する。長くても数年単位のデータで調査分析することが一般的である。そのような研究において、ESとパフォーマンスの関係は、あまり強くない関係という結果になっていたとしても、もっと長いレンジで見たときに、同じことがいえるかどうかわからない。つまり、数十年という単位でデータをとれるとしたら、ESの高さがパフォーマンスの高さにつながるといえるかもしれない。

1つ目のA&Rの観点から考えても、長い期間、ESが低ければ、優秀な社員は集まらず、集まっても辞めてしまうことも考えられる。中長期的にESが低い状態の組織が、高い業績を上げ続けるのは難しそうだと直感的に思える。

3つ目は、ESが高いことが組織の目標の1つになりえるという観点である。一般的に、企業組織は利益を上げることが期待されている。赤字経営を続けていれば、存続することが難しい。その意味で、利益創出

図表2-2　ESとパフォーマンスの関係

研究者	研究結果	解釈
アイオワ大学ジャッジら	ESとパフォーマンスには弱い相関がある	因果ではなく相関。しかも弱い。仕事や職場の満足度が高まると、安住して、懸命に働かず、結果、パフォーマンスが高まらないということも考えられる
ワシントン州立大学チら	ESはCSを高め、CSはパフォーマンスが高まる	調査対象は高級ホテル。ESとパフォーマンスの関係は、仕事内容に依存する

では、組織責任者はESを高めなくてもよいのか

- 従業員のA&R（採用と離職防止）
- 研究の限界（長期の影響を検討できていない）
- ESが高いことが組織の目標の1つになりえる

は企業経営のベースにあり、業績を上げることが企業の目的になる傾向がある。上場していれば、株価を高くすることが目的になりがちである。

　しかしながら、2019年8月、米国の大手企業で構成されるビジネス・ラウンドテーブルにおいて、「格差拡大や環境問題など、これまでの株主資本主義の問題点が指摘され、企業は株主だけではなく、従業員、取引先、顧客、地域社会といったステークホルダーの利益に対して配慮すべきである」との主張がなされた。これに代表されるように、単に利益を上げればよいという企業に対する風当たりは強くなってきている。そうした観点で、ESを高めること自体が、企業の目標になりうるのである。

　ESとパフォーマンスの関係をまとめたものが、図表2-2である。

2 ｜ ES以外の組織の状態を考える指標

▶ 働きがいのある会社

　「組織の状態が良いと業績が上がるか」という問題に対して、働きがいがある会社ランキングを用いた調査研究が1つの答えを出している。

　Great Place To Work（GPTW）は、従業員の意識調査を全世界で行っている機関であり、世界約150カ国で「働きがいのある会社」を調査・分析し、認定・ランキングとして発表している。

　働きがいのある会社をランキングするにあたって、GPTWが定める「働きがいのある会社」モデルに基づいて評価を行っている。評価項目は、GPTWの日本の機関である、株式会社働きがいのある会社研究所のホームページに記されている。[5] 「リーダーへの信用」「従業員の尊重」や「公正な扱い」、そして「仕事への誇り」と「仲間との連帯感」が働きがいのカギになる。

044　第Ⅰ部｜組織をつくる

図表2-3 「働きがいのある会社」ランキング選出企業（ベストカンパニー）の株価のリターン

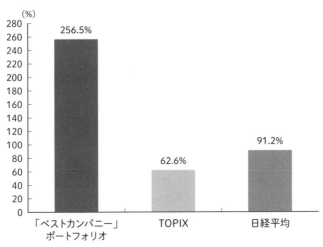

(出所) GPTW ウェブサイト (https://hatarakigai.info/hatarakigai/)。

　日本でも同社がランキングを行っていて、毎年、働きがいのある会社として「ベストカンパニー」を選定している。この調査によると、2010年の日本の働きがいがある会社「ベストカンパニー」のうち、上場している10社に、ランキング発表後の2010年3月末に等金額を投資した場合、2019年3月末時点でリターンは256.5％（年率換算前）であった。

　つまり、2010年3月末に「ベストカンパニー」10社それぞれに10万円、合わせて100万円を投資すると、2019年3月末に約356万円の価値に相当することになる。同時期のTOPIXと日経平均のリターンである62.6％と91.2％で比較すると、働きがいのある会社は、そうでない会社より業績が上がることが示唆される（図表2-3）。

　働きがいのある会社、つまり、組織の状態が良い会社であれば、業績が上がるという、因果関係が成り立っており、組織責任者としては、組織の状態を良くしていくことは価値があることがわかる。

第2章 ｜ 組織の状態が良くなれば、パフォーマンスが上がるのか　045

▶ 幸福度

組織の状態を測定する概念として、従業員満足以外に、従業員の幸福度がある。実は、業績を高めるという観点では、幸福度のほうが、満足度よりも効果が高い。業績が高まると幸福になるという側面もあるが、幸福な人が業績を高めることも多くの研究でわかっている。[6]

幸福の感情を持った人であれば、他者と良好な関係をつくることは、容易に想像ができる。多くの仕事は1人で行うのではなく、他者と進めていくことを考えると、上司や同僚や顧客との良好な関係をつくることができれば、パフォーマンスも高めることができるということだ。

では、幸福度を高めることを組織責任者の役割として置くことがよいのかどうか。そのことは熟考したほうがよいだろう。幸福学の第一人者であるカリフォルニア大学リバーサイド校のソニア・リュボミアスキーは、幸福を高める行動習慣をまとめている。

たとえば、「感謝の気持ちを表す」「親切にする」「他人と比較しない」といったことである。また、国際連合は世界幸福度調査を行っているが、その指標は、「1人当たりGDP」「社会的支援」「健康寿命」「人生の選択の自由度」「寛容性」「腐敗の認識」となっている。[7]

ビジネスパーソンとして、仕事生活を快適に乗り切るためには、リュボミアスキーが提唱する行動習慣は必須の知恵といえるし、国際連合の幸福度指標は、組織責任者として知っておく必要はあると思える。しかしながら、組織責任者が組織のメンバーに対して行うこととしては、個人生活の領域まで入り込んでいくような話や社会全体での話なので、少し扱いづらい。

会社や職場が、「幸福を感じるような環境をつくっていく」という方針を打ち出していれば別であるが、世の中の風潮として、職場にそこまで求めているわけではないから、パフォーマンスが上がるとわかっていても、そこまで行うのかと思われる。

しかし今後は、会社組織に対して、幸福を感じるような環境をつくるべきという世論が高まる予兆はある。先述したビジネス・ラウンドテー

ブルなどの動きもそうであるが、世界で最も大きな経営学の学会である
AOM（Academy of Management）での 2016 年の基調講演においても、
「企業の存在意義は、社会に貢献することと従業員のウェルビーイング
（幸福）を高めること」と著名な経営学者たちが述べていた。[8]

　著名な経営学者たちが述べていたということは、意義深い。経営学者
は、いかに企業が収益を上げるのか、そのための戦略やマーケティング
やファイナンスを研究している。そのような人たちの最先端を走ってい
る学者たちが、儲かる儲からないという話ではなく、従業員のウェル
ビーイングが企業の存在意義と言っている点で意義深い。

　会社は、社会の中に存在する。社会から、人、土地、お金などを借り
て事業を営む。それゆえに、それ相当のお返しを社会にしなければなら
ない。社会に悪影響を及ぼす会社は必要ない。ゆえに、社会に良いもの
を提供して社会に貢献することは、会社の存在意義である。

　そもそも会社は、社会に大きな影響力を持っている。私たちが普通に
生活を営むうえで、会社はなくてはならない存在になっている。そうい
う意味で、会社は単に儲かればよいという機関ではなくなっており、そ
のことを意識した経営が求められる。

　同様に、そこで働く人たちが幸福を感じる環境をつくることも会社の
存在意義である。働く人から見ると、働くことはあくまでも人生の一部
であるが、多くの時間を費やす場でもある。働いている時間が悲惨で、
できれば避けたいとなれば、私たちの人生はつらいものになってしま
う。逆に、働いていることで喜びがもたらされ、幸福感に浸ることがで
きれば、希望が持てる人生になる。

　AOM の基調講演での話は、以上のような主旨であったが、幸福度と
いうものが今後、組織の良い状態を表す指標として注目されていく可能
性は高い。

▶ ソーシャルキャピタル

　ES や幸福度は組織の状態を測定する指標であり、それらを高めるこ

とは、パフォーマンスに影響を及ぼすことを述べたが、組織の状態を測定する指標は、他にも存在する。

たとえば、組織構成員間における関係性や組織間の関係性の状態を、より上位の組織の状態と置くこともできる。その1つの指標がソーシャルキャピタルである。GPTWの「仲間との連帯感」につながる指標である。

ソーシャルキャピタルは、社会学、政治学、経済学で扱われているが、人々の間にある関係性のことを指しており、関係性が良ければ、社会の効率性を高められる。

たとえば、日本の道路では、自動車は左を走り、赤信号では止まることが決められていて、そのことをみんなが守るという信頼感があるから、ストレスなく運転ができ、道路では自動車は流れる。左側通行のクルマもいるけれど右側通行をするクルマがいたり、赤信号でも突っ込んでいくクルマがいたりすると思うと、ストレスでくたびれる。そもそもクルマは流れず、社会全体としての効率は悪い。人々の間にある暗黙の信頼感が社会的資本である。

米国の政治学者のロバート・パットナムは、イタリアの南北の統治に関する研究を行い、ソーシャルキャピタルを「協調行動を容易にすることにより社会の効率を改善しうる信頼・規範・ネットワークなどの社会的仕組みの特徴」と定義した。[9]

企業内において、経営や上司や同僚に対する信頼感があれば、コミットメントが高まり、業績も高まると考えられるし、上司や同僚との結びつきが強ければ、必要な情報が手に入るという観点で、業績が高まると考えられる。つまり、ソーシャルキャピタルが大きければ、業績に結びつくだろうと思われる。

目に見えない、企業内でのソーシャルキャピタルをどのように測定すればよいのだろうか。

研究の世界においては、従業員へのアンケート調査を用いて、「社会的なつながり」「信頼」「目標の共有」を測定している。[10]「社会的つながり」として「上司や同僚が仕事に困ったときに手助けしてくれるか」、

048　第Ⅰ部｜組織をつくる

「信頼」として「職場の人たちが信頼できるか」、「目標の共有」として「職場がめざしている目標が共有されているか」というような項目が用いられる。そして、そのような項目が高い職場、つまり、ソーシャルキャピタルが十分にある職場は、業績が高いことが実証されている。[11]

　組織の状態が良いことをソーシャルキャピタルと置くとしたら、組織の状態が良くなれば組織のパフォーマンスは上がるといえる。換言すれば、経営や上司や同僚に対して信頼感が高く、困ったときには仲間から手助けをしてもらえて、目標が共有されている状態を組織の状態が良いと定義すれば、組織の状態が良くなれば組織のパフォーマンスは上がるということである。

▶ エンゲージメント

　2019年末に日本経済団体連合会（経団連）は、「働き手がやりがいを持って仕事に打ち込めるエンゲージメント」を高めることが日本経済にとって重要だという考えを示した。[12] そのこともあって、組織の状態を測定する指標として、エンゲージメントが注目されている。エンゲージメントが高ければ組織として好ましい状態であると見なし、経営の目標に組み込んだり、統合報告書に盛り込んだりしている企業が増えている。

　経団連は、米国ギャラップ社の2019年調査において、日本全体のエンゲージメントが世界最低水準だったことを問題視したうえでの報告であったが、その後も横ばいであり、2022年では145カ国中最下位であった。最下位であることは、働き手のやりがいを高める余地があるという解釈もでき、経団連としても、エンゲージメントが高まれば、生産性が高まるという公算がある。

　エンゲージメントは、心理学や産業保健心理学において、近年、提唱された概念の1つである。2000年代初めに、ユトレヒト大学のウィルマー・シャウフェリらは、「エンゲージメントとは、仕事に関連するポジティブで充実した心理状態であり、活力、熱意、没頭によって特徴づ

図表2-4 ワークエンゲージメントの実態

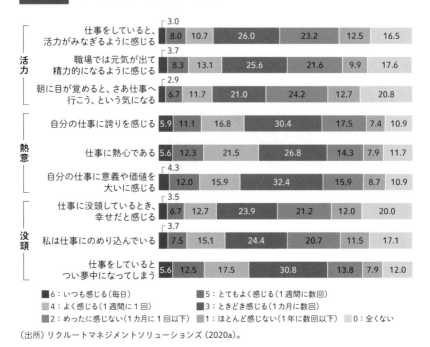

(出所)リクルートマネジメントソリューションズ（2020a）。

けられる。そのエンゲージメントは、特定の対象、出来事、個人、行動に向けられた一時的な状態ではなく、仕事に向けられた持続的かつ全般的な感情と認知である」と定義している。[13] つまり、

- 仕事へのポジティブな態度・認知
- 活動水準が高い状態
- 持続的で安定的な状態

を示す概念である。

図表2-4は、エンゲージメントの実際の「活力」「熱意」「没頭」設問例と私たちが行った調査結果を示している。[14] 約4割が1週間に1回以

図表2-5 ▶ ユトレヒト・ワークエンゲージメント国際比較

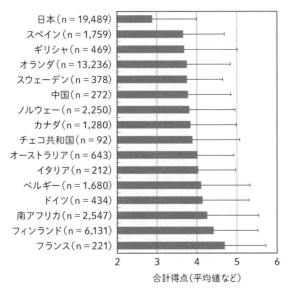

(出所)厚生労働省(2019)。

上の頻度で「仕事に熱心である」と回答しているものの、「活力がみなぎるように感じる」という回答者は約2割だった。

この尺度の9項目を平均したスコアは2.62で、令和元年版「労働経済の分析」掲載の国際比較データと同様で(図表2-5)、他国の結果と比べて低いことがわかる。[15]

具体的に、どのような仕事場面でエンゲージメントは高まるのだろうか。実際に、私たちの調査において、自由に記載してもらった(図表2-6)。1つ1つのコメントを整理していくと、「仕事が前に進むとき」「役に立っていると思ったとき」「成果が出たとき」「良いものをめざして工夫をしているとき」などに分類されることがわかる。

一方で、ワークエンゲージメントが下がる場面についても自由に記述してもらった。その記述を整理すると、「誰のためにもならないと感じるとき」「誰でもできる仕事だと感じるとき」「上司からの理不尽な扱

図表2-6 ワークエンゲージメントが上がる場面

仕事が楽しくて知らないうちに時間が過ぎているように感じたり、
仕事に喜びを感じたりするのは、どのようなときですか（自由記述／任意回答）。

仕事が前に進むとき	案件を整理して1つずつ片づけていくとき	営業	男性、20代	
	営業先にて自分が想像していたとおりに、事が進んで採用につながったとき	営業	男性、30代	
	忙しい仕事を乗り切ったとき	サービス	男性、30代	
	お客様に対して、四苦八苦した交渉がうまくいったとき	サービス	男性、40代	
	朝から仕事が段取りどおりに進んでいるとき	事務	女性、20代	
役に立っていると思ったとき	回復したとき、元気になっていく姿を見たとき	サービス	女性、20代	
	お悩みをお持ちのお客様を接客し、自分の提案したことでお客様に喜ばれたとき	サービス	男性、30代	
	得意先に評価されたり、人のために働いていると実感できたとき	営業	女性、30代	
	お客様の重要な局面で自分の提案とアイディアでそれを成功に導くことができたとき	営業	男性、40代	
成果が出たとき	営業活動の頑張りが、数字などの結果として出たとき	営業	女性、30代	
	設計した装置が稼働するとき	技術	男性、20代	
	結果が多くの人に受け入れられたり、他方、自分で納得のいくものが仕上がったとき	技術	男性、30代	
良いものをめざして工夫しているとき	施策の準備など自主的に動いているとき	サービス	女性、30代	
	商品の展開を考え、売り場を作成しているとき、その売り場からお客様が商品を買ってくれたとき	サービス	男性、20代	
	問題点を解決しようといろいろ悩んでいるとき	技術	男性、20代	
集中しているとき	設計に集中しているとき	技術	女性、40代	
	実験結果を集中して見ているとき	技術	男性、40代	
良いコミュニケーションがとれたとき	忙しくとも職場の仲間と円滑にコミュニケーションをとって仕事を進めているとき。ピンチの局面を乗り切った経験から仕事が一層楽しくなった	技術	男性、20代	
得意なことをしているとき	自分の得意分野の仕事をしているとき	技術	男性、20代	
新しいアイディアが得られたとき	案件に対して、各担当の専門性を出し合って試行錯誤しながら、これだと思える解にたどり着いたとき	技術	女性、40代	

（出所）リクルートマネジメントソリューションズ（2020a）。

052　第Ⅰ部｜組織をつくる

図表 2-7 ワークエンゲージメントが下がる場面

仕事が面白くない、仕事がくだらない、意味がない仕事だ、と感じるのは、
どのようなときですか（自由記述／任意回答）。

誰のためにも ならないと 感じるとき	上から押しつけられた商品を販売しないといけない とき	営業	女性、20代
	個人の心情的にあまり褒められない商売をしてい る顧客がいるため、虚しくなる	サービス	女性、30代
	ノルマに追われて自分が良いと思えない商品を販 売しなければならないとき	サービス	女性、40代
	利用者様が、介助サービスを望んでいない際、こ れを行っているとき	サービス	男性、30代
	誰も活用しない資料のルーチンワークをしている とき	事務	女性、20代
誰でもできる 仕事だと 感じるとき	機械ができそうな仕事、自分じゃなくても誰でも できる仕事をしていると、仕事をする意味がわから なくなる	営業	男性、30代
	誰でもできる仕事をずっと1人でやっているので 自分の存在意義がよくわからないし、私がやって いる仕事を誰も把握していないので、「普段何やっ ているの?」とよく聞かれてつらい。やりたくて やっているわけじゃないのに	事務	女性、20代
上司からの 理不尽な扱い	上司から無駄に詰められるとき	営業	男性、20代
結果が 出ないとき	結果が出せないとき、プロセスを再度考えたが結 論が出ないとき	サービス	男性、40代

（出所）リクルートマネジメントソリューションズ（2020a）。

い」「結果が出ないとき」などに分類されることがわかった（図表2-7）。

　私たちは、つい、どうすればエンゲージメントが上がるだろうかと考
えがちであるが、エンゲージメントが下がる場面にも注目し、手を打っ
ていくことも考えることが必要である。

▶ エンゲージメントの効果

　エンゲージメントが上がると、どのような効果があるのだろうか。エ
ンゲージメントが高群（上位33%）と低群（下位34%）に分けて、個人

図表2-8 ▶ 幸福感、適応感、離職意向とエンゲージメント

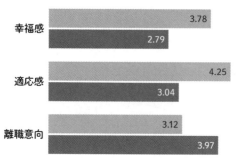

（出所）リクルートマネジメントソリューションズ（2020a）。

の幸福感（「毎日の活動を楽しんでいる」など8項目）や、組織や仕事への適応感（「高い業績を上げている」「他社でも通用する専門性が身についている」）や、離職意向について分析をしてみた（図表2-8）。[16]

エンゲージメントが高いほど、幸福感、適応感が高まり、離職意向は抑えられることがわかる。

組織の状態を測定する指標としてのエンゲージメントは、高ければ、組織のパフォーマンスが上がっているといえるだろう。しかし、定性コメントの中に現れたように、仕事が前に進んでいるときや業績が上がっているとき、つまり、組織のパフォーマンスが上がっているから、エンゲージメントが高まっていることも否めず、パフォーマンスとエンゲージメントは相互に相関し合っているともいえる。

前にも触れたように、組織が良い状態ということ自体が価値であるので、エンゲージメントを高めることは組織責任者の仕事だといえる。具体的に、どのようにすればエンゲージメントを高めることができるのかという問題は、第3章で仕事に対する動機づけの問題として扱う。

3 | 持続的成長企業という概念

▶ 持続的成長企業の特徴

　組織の状態が良くなれば組織のパフォーマンスが上がりそうだということをここまで述べたが、逆に、パフォーマンスが良い組織は、どのような組織の特徴を持っているのだろうか。

　そのような問題意識で行われた調査、研究は数多くある。その代表が『エクセレント・カンパニー』や『ビジョナリーカンパニー』シリーズである。あるいは、日本企業を対象にした「優秀企業」研究[17]や「不全企業」研究[18]である。私たちも、持続的成長企業を「50年以上の歴史があり、30年以上にわたって持続的に株価がおおむね上昇トレンドにある日本企業」と定義し、その組織と人の特徴を明らかにしていった。[19]

　持続的成長企業研究は、定性分析と定量分析を組み合わせて行った。定性分析は、持続的成長企業の定義に則って選択した企業リストから、公表資料による情報収集が可能な8社に関して事実分析を行った。さらに、資料による事実分析だけでなく、インタビューを行い、妥当性をチェックした。

　定量分析は、従業員1000名以上の大手企業および事業部の合計194組織を対象にした定量調査（「組織能力調査」）を実施する他に、いくつかの調査と入手可能な財務データを用いて、約90社の回答結果と業績データとの関係を分析した。

　そのような分析の結果から、持続的成長企業は、次のような3つの組織能力と3対の価値基準があることが明らかになった。

3つの組織能力
- 実行・変革力「徹底した行動とたゆまぬ自己変革」

図表2-9 組織能力の構成要素

	要素	項目
ビジョン共有力	ビジョン共有力	短期的な目標だけでなく将来のビジョンが語られ、全体として共有されている
		決定事項については、結論だけでなく、「なぜそう決まったか」まで共有されている
		ビジョン実現に向けた各部門の進捗や取り組み状況について定期的に共有されている
知の創出力	横断展開力	新規事業や新商品・新サービスの提案が、現場から多く出されている
		指示命令系統や部署にかかわらず、必要な相手と気軽に相談やコミュニケーションができる
		部門の枠を超えた取り組みが積極的に行われている
	意思疎通力	経営層と従業員の間には信頼関係が構築されている
		意見が食い違ったとき、立場や年齢にとらわれずに納得いくまで話し合っている
		仕事上で困難に直面したときには、お互いに相談に乗ったり、知恵を出し合ったりしている
	知の交流力	職場の将来像について、従業員同士で話し合っている
		お互いの成功体験や失敗体験について、従業員同士で情報を交換し合っている
		従業員同士の普段の話し合いの中から新しいアイディアや知恵が生まれている
実行・変革力	実行力	決定事項は、すぐに実行に移されている
		戦略はブレークダウンされ、何に取り組むかが明らかになっている
		決定事項は、結果が出るまでやりきっている
		過去の失敗や成功を振り返って検証し、次の施策展開に活かしている
	変革力	危機的な状況に陥る前に、先を見越して企業変革に取り組んでいる
		過去の経験や慣習にとらわれることなく、新たな施策や考え方を取り入れている
		全体的に、絶えず業務改善が展開されている

（出所）リクルートマネジメントソリューションズ（2010b）p.41をもとに作成。

- 知の創出力「重層的なコミュニケーションや豊かな関係性による知の創出」
- ビジョン共有力「ぶれない軸を意味レベルで共有」

3対の価値基準
- 社会的使命の重視と経済的価値の追求
- 共同体意識と健全な競争
- 長期志向と現実直視

3つの組織能力の構成要素は、図表2-9にある。

これらの3つの組織能力は、過去5年間の企業の平均売上高成長率、平均ROA（総資産利益率）、対TOPIX株価上昇倍率の3つの企業業績に強い影響力があることが示された。3つの組織能力を構造化した結果、業績向上の起点が「ビジョン共有力」であることがわかった。そのビジョンは、会社がめざしている姿や大事にしている価値観であり、その方向性を規定するのが、価値基準である。

持続的成長企業は、異なるビジョンや経営理念を掲げている。しかし、定性分析の結果から、持続的成長企業に共通している見られる価値基準が浮かび上がった。これらが、先に示した3つの対になる価値基準である。

▶ 価値基準①
社会的使命の重視と経済的価値の追求

価値基準は、組織において、前提になっている価値観や行動規範や信念の体系である。それらは経営理念やビジョンのように明確になっているものもあるが、暗黙の前提になっているものもある。持続的成長企業は、一見相反する価値観を持っていて、その双方の観点を持っているがゆえに、厳しいビジネスの世界の中で躍進できたといえる。

1つ目の対になる価値基準は、「社会的使命の重視と経済的価値の追求」である。先ほども述べたが、企業は社会を構成する組織の1つであ

る。現代社会においては、企業の影響は大きい。企業があるから便利な製品やサービスを享受することができ、企業があるから働く場所に困らない。だからこそ、企業は社会の中での役割を意識する必要があり、社会の中での存在意義を常に問う必要がある。

社会的使命を全うすることと経済的価値を追求することは、表面的には相反するように思えるが、持続的成長企業は、社会的使命を追求しながら経済的な成功をおさめてきた。社会的使命を「きれいごと」として扱うのではなく、会社の原動力にしている。

社会的使命を全うするために製品やサービスを開発し、その製品やサービスが誰かの役に立ち、喜ばれることになれば、従業員は自分の仕事に誇りを持ち、意味があるものと思え、動機づけされる。また、そのような社会的使命を追求している会社だからという理由で、それを成し遂げたいと思う人が集まる。採用にも寄与するのである。

私たちが調査した会社の1つにエーザイがあるが、同社は定款において企業理念を以下のように定めている。[20]

第2条　本会社は、患者様と生活者の皆様の喜怒哀楽を第一義に考え、そのベネフィット向上に貢献することを企業理念と定め、この企業理念のもとヒューマン・ヘルスケア（hhc）企業をめざす。

②本会社は、日本発のイノベーション企業として人々の健康憂慮の解消と医療較差の是正という社会善を効率的に実現する。

③本会社の使命は、患者様と生活者の皆様の満足の増大であり、他産業との連携による hhc エコシステムを通じて、日常と医療の領域で生活する人々の「生ききるを支える」ことである。その結果として売上、利益がもたらされ、この使命と結果の順序を重要と考える。

まさに、社会的使命と経済的価値の追求について書かれたものであり、その優先順位に関しても言及している。会社の利益よりも社会的使命を優先させており、その逆ではない。会社の利益を優先させて社会的使命をないがしろにしないための戒めの企業理念であると考えられる。

▶ 価値基準② 共同体意識と健全な競争

　2つ目の対になる価値観は、「共同体意識と健全な競争」である。図表2-10は、私たちが行った、その企業らしさを測定するDNAサーベイの結果のうち、財務データが入手可能な50社における業績上位群10社と下位群10社の企業が選択した自社のDNA（らしさ）を表すワードを分析したものである。

　「真面目な」や「人を大事にする」など、上位群と下位群で共通するものは多い。一方で、上位群にはあって下位群にはないものは、「緊張感のある」「鍛えられる」のような厳しさを表すワードである。業績上位の会社は、温かさを連想させるワードとともに厳しさを連想させるワードも選択されていた。一方で、業績下位の多くの会社は、居心地の良さを連想させるワードはあるが、厳しさを連想させるワードは全くなかった。

　企業が1つの目的を終えても解散しないことを前提とするならば、ゲマインシャフト、つまり、共同体の意識が必要である。「温かさ」に代表される共同体意識がベースにある。しかしながら、温かさだけでは企業は発展しないし、組織メンバーも成長しない。

　「共同体意識」と「健全な競争」、つまり、「温かさ」と「厳しさ」は矛盾するように見える。しかしながら、それらは組織にとっても個人にとっても経済合理性がある。企業を取り巻く環境は変化している。変化の中で、新しいことに挑戦していかないと変化対応ができない。挑戦していくことが安定を生み出す。逆に、安定しているから挑戦ができるという側面がある。毎月の給料がもらえることがわかっているから、失敗してもよいようなことに挑戦できる。

　人は好奇心がある一方で、リスクを嫌い、安定を求める。安全と探索の矛盾する欲求を持っている。ただ、探索ができるのは、安全性が確保されているからであると、イギリス出身の医学者のジョン・ボウルビィは述べる。「セキュアベース（安全基地）」という考え方である。[21]

　安全レベルが適切であれば、子どもは遊び、探索をする。しかし、安

第2章｜組織の状態が良くなれば、パフォーマンスが上がるのか　059

図表2-10 「DNAサーベイ」業績上位・下位企業10社において
選択されたワード一覧

	上位企業のみから 出たキーワード	上位企業と下位企業 共通で出たキーワード	下位企業のみから 出たキーワード
最後までやりぬく 責任感と誠実さ	全力を尽くす		
	責任感の強い		
	あきらめない		
	顧客志向の強い		
	倫理観のある		
		真面目な	
		勤勉な	
		誠実な	
		一所懸命な	
		地道な	
手堅く唐突な 課題の遂行	堅実な		
	確実な		
	規律を守る		
	慎重な		
	石橋を叩いて渡る		
	秩序を重んじる		
		地道な	
		常識のある	
相互の思いやりと 温かさ		人を大事にする	
		和気あいあいとした	
			温かい
			居心地の良い
			面倒見の良い
			思いやりのある
強い連帯感と チームワーク	協力し合う		
			協調的な
高い専門性の追求	プロ意識のある		
	こだわりのある		
	自己啓発を求める		
	専門性の高い		

オープンな コミュニケーション		言いたいことが言える	
		ざっくばらんな	
		フランクな	
自由と個性の尊重	多様性を受け入れる		
	個性を尊重する		
厳しさと競争を通じた 成長	緊張感のある		
	鍛えられる		
理想に向かう 情熱と意欲	チャレンジ精神あふ れる		
	困難に立ち向かう		
合理的な判断と 論理性の重視	物の筋道を重視する		
変化への 機敏で柔軟な対応	活動的な		

（出所）リクルートマネジメントソリューションズ（2010b）pp.230-231をもとに作成。

全レベルが低くなりすぎると、突如、安全への欲求が優先する。子ども
は遊ぶのをやめて、親を探す。もし親が見つからなければ、子どもは泣
く。親が戻ってくると、子どもは親に触れ、安心感を取り戻す。

　その後、ボウルビィと一緒に働いていたメアリー・エインズワース
は、母親とその子どもに対して実験を行った。[22] 最初、母親と子ども
は、玩具がたくさん置かれた部屋に入る。すると、子どもはすぐに玩具
に向かっていき、玩具で遊び始める。その後、他の女性が入ってきて、
母親と数分話をして、子どもと一緒に玩具で遊び始める。遊び始めるの
を見届けた後、母親は、その部屋を出ていき、その後、また母親が入っ
てくるという実験である。

　子どもの様子を観察したところ、米国の子どもたちの約３分の２は、
母親が立ち去ると、遊びを減らしたりやめたりして、不安を表す。母親
が帰ってくると喜びを示し、母親に触れ、すぐに落ち着いて、遊び始め
る。残りの子どもたちは、母親が立ち去っても気にしていないように見
えた。ただし、後の研究によって、母親との別離は子どもたちに苦痛を

第2章｜組織の状態が良くなれば、パフォーマンスが上がるのか　061

与えていることがわかった。

　人は、探索好きで挑戦心はあるのだが、リスクを嫌い、安定を求める。組織メンバーの好奇心を刺激し、挑戦心をかき立てるためには、安心感を提供しつつ、挑戦することを評価する風土や仕組みが必要になってくる。

　たとえば、期初の目標に新たに挑戦する目標を設定し、挑戦したことにプラスの評価をする。結果、成功すればさらにプラスに評価し、失敗してもマイナス評価することはしない。そのようなことを組織として繰り返していけば、挑戦する風土になり、鍛えられるということになる。しかし、失敗しても評価が下がることはないという安心感も同時にある。結果、「温かさ」と「厳しさ」の両面ある組織風土がつくられる。

　人は失敗を嫌う。評価が下がることを嫌う。また、失敗した人をマイナスに評価したがる傾向もある。経営者自身も失敗をしたくない。しかし、経営者自身が挑戦していかないといけないし、組織メンバーに対して、失敗しても大丈夫だということを意図的に強調しないと挑戦したがらない。共同体で人は温かいのだけれども、何もしない人が得だという組織風土をつくらないことも肝要である。

▶ 価値基準③　長期志向と現実直視

　3つ目の対になる価値観は、「長期志向と現実直視」である。

　「組織能力調査」において、「長期的な視点から、会社のための布石を打っている」企業のほうが業績を高める組織能力があることがわかった。つまり、目の前の業績に右往左往することなく、未来志向を持って経営の意思決定や施策を展開している。

　今の業績がなければ、明日につながらない。一方で、今のことばかりを考えていると、やがて手詰まりになる。短期と長期のバランスの問題になる。

　たとえば、上司が答えをわかっていて、部下がわかっていない問題に対して、上司が答えを与えるほうが問題解決は早い。それで部下が学ん

でくれればよいが、同じような問題が起きたときに、部下は上司に答え
を求めてきて、また上司が答えを与える状況に陥る。

　それを避けるために、部下に「自分で考えてみて」と一度突き返す。
部下は部下なりに考えてみて、実際にやってみる。成功することもある
が、失敗をすることもある。つまり、短期的な業績は上がらないのだ
が、そこから学習して、次第に自分で解決していくようになる。短期的
には損だが、長期的に、部下は成長していくので、業績は高まるという
構図である。

　リーダーシップのあり方として、専制型というものがある。自分のや
り方や考え方を優先させ、部下の考えを認めないというスタイルであ
る。優秀な上司が陥りがちなスタイルでもある。リーダーになる人は、
優秀であるがゆえにリーダーになっており、自分はよくわかっていて、
部下がよくわかっていないという場面に遭遇することが多い。部下が未
熟な場合は、なおさら機能するし、上司が答えを言うほうが効率的であ
る。しかしながら、部下は上司に依存するようになる。専制型リーダー
シップは、短期的に部下の業績を高めるが、長期的には下がると述べて
いる研究者もいる。[23]

　上のケースは、上司・部下間での長期と短期の葛藤を扱っているが、
会社全体でも、同じである。教育や研究開発など、短期間で直接的に業
績を上げることは少なくても、長期的な視野で投資を完遂することが、
持続的に成長していくことのカギになる。

▶ 持続的成長企業ではない企業の特徴

　持続的成長企業の研究において、高業績企業と同業界の低業績企業と
の比較を行った。高業績企業と低業績企業は、株価推移で決めていっ
た。たとえば、ある業界のA社とB社の株価上昇率は、1970年代か
ら2000年代にかけて、同業界にもかかわらず、6倍の差になっていた。
取り巻く環境が同じであるから、まさに企業経営の差である。

　低業績企業のB社にヒアリングを行った。以下、同社の実態である。

- 従業員1人1人の成長は応援している。
- 報酬は、年功序列的な運用をしている。
- 組織に貢献していないが、給与が高い中高年がいる。
- しかし、そのことをとやかく言わないのが大人であるという文化がある。
- 会社満足度、職場満足度は高い。
- 会社全体に危機感はない。
- 機能間の壁は高く、互いのコミュニケーションは希薄である。
- 個人は大切にされているが、組織の力になっていない。
- 具体的には、個人の個々のナレッジが組織のナレッジになるような仕掛けがない。
- 組織として、PDCAが回っていない。計画をして行うのだが、結果どうだったのか、次の何をすべきなのか、リフレクションの機会がない。
- 目標がなぜ達成されたのか、なぜ未達成だったのか、について振り返ることなく次へ進んでいる。
- 目標達成のために、期末に卸売業者に押し込み販売を行うが、売上が確定した後、期初にキャンセルを行う。

　B社の幹部は、自社の企業文化を「ぬるま湯」と揶揄していた。「やさしさ」はあるが「厳しさ」が足りない企業の典型である。しかし、A社のように「切磋琢磨する企業文化をつくりたいわけではない」とも話していた。B社のような、従業員にやさしい会社があってもよい。切磋琢磨することだけが会社ではない。しかし、持続可能かどうかはわからない。企業が傾き始めてからでは遅い。
　会社が緩み、緩みが綻びを生む。綻びが、粉飾決算などの不正や重大事故を起こす。場合によっては、組織ぐるみの隠蔽につながり、会社としての信用を失い、破綻する事例を、私たちはたくさん見てきている。「やさしさ」とともに「厳しさ」の両輪を回すことが組織責任者に求め

られている。

　以上、「組織の状態が良くなれば、組織のパフォーマンスが上がるのか」ということを検討してきた。GPTWの研究によると、働きがいのある会社をつくれば、業績は上がるといえる。

　働きがいがある会社は、「リーダーへの信用」「従業員の尊重」や「公正な扱い」そして「仕事への誇り」と「仲間との連帯感」がある会社ということだが、そもそも組織の状態が良いというのは、どういう状態を指すのだろうか。

　さまざまな指標がある中、従業員満足（ES）、幸福度、ソーシャルキャピタル、エンゲージメントなどが、組織の状態が良いことを示す指標としてどうだろうか、と検討してきた。実際、そのような指標が高まるとパフォーマンスが上がることを示した。

　ただし、注意すべきこととして、パフォーマンスが上がると、そのような指標が上がることもあるということだ。つまり、パフォーマンスと組織の状態は、相関があるが、両方向の因果があるのである。それがうまく回れば好循環になる。

　好循環があるならば、悪循環もある。パフォーマンスが下がり、組織の状態が悪くなり、そのことで組織はギスギスして、ますますパフォーマンスが悪くなるということである。その際に、組織責任者は、どこから手をつければよいのだろうか。

　業績が上がるような方向性を示し、戦略をつくることは、必要であるが、それを実行するのは人であり、その人がやる気になるための組織づくりも同時に必要になる。戦略を変えることは短期的にできるが、組織を良くすることは中長期的になる。なかなか変わらないかもしれないが、一度、良い組織をつくると、持続性は高い。ゆえに、持続的にパフォーマンスが高くなる組織をつくることが、組織責任者にとって、重要なことであると考えられる。

　そこで、持続的成長企業の研究を紹介した。持続的成長企業は3つの組織能力と3対の価値基準がある。

第2章　組織の状態が良くなれば、パフォーマンスが上がるのか　065

図表2-11 組織の状態を測定する指標

要因指標

| ES[1]
（従業員満足） | • 仕事（仕事の特性）
• 職場（対課題[2]、対人）
• 上司（対課題[3]、対人）
• 会社（経営トップ層、人事施策、働く環境） |

| 働きがいがある会社
モデル | • リーダーへの信用
• 従業員の尊重
• 公平な扱い
• 仕事への誇り
• 仲間との連帯感 |

| ソーシャルキャピタル | • 社会的なつながり
• 信頼
• 目標の共有 |

| 幸福度[4] | • 1人当たりGDP　• 人生の選択の自由度
• 社会的支援　　• 寛容性
• 健康寿命　　　• 腐敗の認識 |

| ワークエンゲージメント | • 活力
• 熱意
• 没頭 |

| 持続的成長企業 | • 3つの組織能力
• 3対の価値基準 |

（注）1. リクルートマネジメントソリューションズ「ESサーベイ2」より。
　　　2. 職場のメンバーの業務や顧客への行動や姿勢について尋ねる設問で構成。
　　　3. 上司の課題の設定や業務遂行への支援について尋ねる設問で構成。
　　　4. 国連が使っている世界幸福度報告の主観的要因。

066　第Ⅰ部｜組織をつくる

3つの組織能力は、「実行・変革力＝徹底した行動とたゆまぬ自己変革」「知の創出力＝重層的なコミュニケーションや豊かな関係性による知の創出」「ビジョン共有力＝ぶれない軸を意味レベルで共有」であり、3対の価値基準は「社会的使命の重視と経済的価値の追求」「共同体意識と健全な競争」「長期志向と現実直視」である。

　どれも当たり前の話に思えるが、意外と欠けている組織は多い。一度、自組織に当てはめて考えると新しい発見が得られると思われる。管理職を集めたワークショップを開催すると、「低業績Ｂ社に近いんだよね」という声がチラホラと聞こえる。では、どうすればよいのか、どうすれば、良い組織をつくることができるのか。詳しくは、以降の章で展開していく。

　本章では、組織の状態を測定することに言及した。それらの指標は、改めて図表2-11にまとめた。

---

column

組織や個人が良い状態とは

　組織や個人が良い状態にあることを考える際に、「エンゲージメント」「満足度」「主観的ウェルビーイング」（以下、ウェルビーイング）といった概念が用いられることが多い。これらの概念は、いずれも人の望ましい心理状態を表すものだが、重複部分が大きく、違いがわかりにくい。研究雑誌でもこれらの概念の相違について論じているものを見かけることから、研究者の間でも認識にずれがあり、十分に合意が得られているわけではないことがわかる。

　ここでは、実務での活用で、これらの概念を整理する際の参考になるように、学術的な議論をベースに、概念の特徴を図表2-12のようにまとめてみた。[24]　それぞれの特徴の違いは明確に切り分けられるものではないが、なるべく違いに着目して説明を行う。

　「仕事に限定される程度」は、エンゲージメントが最も高く、ウェ

図表2-12 ▶ 学術研究による「良い状態」の定義と概念

	仕事に限定される程度	時間の幅	組織レベルの効果が期待できる程度	主な定義 主な心理的概念
エンゲージメント	高	中期	高	仕事に関連した積極的で充実した心の状態。活力、熱意、没頭の要素からなる(Schaufeli et al., 2002)
職務満足度	中	中期	中	•個人が職務に対して抱いている期待と、実際に職務から受けるものが一致している程度(Locke, 1969) •人々が自分の仕事をどの程度好きか嫌いかに関する態度(Spector,1997)
ウェルビーイング	低	長期	低	幸福に焦点を当て、快楽の達成と苦痛の回避という観点からウェルビーイングを定義するヘドニックな視点と、意味と自己実現に焦点を当て、人が十分に機能している程度からウェルビーイングを定義するユーダイモニックな視点がある(Ryan and Deci, 2001)

(注) 表中の定義は、筆者による訳。

ルビーイングが最も低い。エンゲージメントは「ワークエンゲージメント」「従業員エンゲージメント」という用語もあるように、原則として仕事に関するものを扱う。

他方、満足度では、「職務満足度」の他に、「人生満足度」もあり、後者は仕事を含むものの、仕事に限定されない。したがって、満足度については、職務満足度は仕事に限定されるが、人生満足度はその限りでない。

ちなみにウェルビーイングの研究の際に、人生満足度の測定結果が用いられることがある。そして、ウェルビーイングの先行要因の1つは仕事であるが、どちらかといえば人々の健康や幸福に関連して研究されることが多く、幅の広い概念である。

「時間の幅」については、エンゲージメントや満足度に比べて、ウェルビーイングのほうが長期的なものを想定していることが多い。ちなみに、エンゲージメントは、フローほど短期的なものではないとされている。時間の幅の違いは、概念が扱うものが特定されている程度に規定されるかもしれない。

　エンゲージメントには、現在の仕事に対するワークエンゲージメントと、組織を主に対象とする従業員エンゲージメントがある。エンゲージする対象は異なるが、いずれも現時点のものを扱う。職務満足度は、仕事そのものや、上司や同僚といった社会的なものに加えて、給与や働く環境、組織風土など、さまざまなものが含まれ、仕事が変わると、職務満足度も変化することが示されている。

　このことから、必ずしも長期的に安定しているといえないのかもしれない。ウェルビーイングについては、遺伝の影響なども検討されており、環境変化によって一時的に影響を受けるものの、しばらくすると元のレベルに戻ることも示されている。

　「組織レベルでの効果が期待できる程度」については、エンゲージメントは仕事に没頭して、強く動機づけられている状態であるため、仕事が組織ゴールに即したものであれば、個人のパフォーマンスは組織レベルでの効果につながる。一方で満足度については、仕事満足度に限って考えても、仕事での期待や欲求が満たされた状態であり、その先への動機づけは含まれない。測定時点で従業員が良い状態にあることで、その後も仕事に動機づけられることは考えられるため、その場合は組織にとって望ましい効果が期待できるが、エンゲージメントと比べると、効果は間接的である。

　またウェルビーイングは、あくまで個人が良い状態であることが関心事であり、そこには仕事以外の生活部分も影響してくる。したがって、ウェルビーイングが高いことで、仕事に前向きに取り組む場合には組織への良い効果が期待されるが、こちらも満足度と同様に間接的な効果となる。

　最後に「定義」については、それぞれの概念が何を扱っているかに

ついて見てみよう。エンゲージメントは、仕事に対してメンバーが積極的にコミットしており、充実感を持つ状態を表している。職務満足度は、職務についての好き嫌いといった情緒的な評価であるが、自分の期待に沿った仕事である場合は、高い満足感が得られると考えられている。

　ウェルビーイングの概念が扱う範囲は、他の2つの概念と比べて広く、これまでの研究を俯瞰した結果、ヘドニック（快楽的）なものと、ユーダイモニック（積極的）なものに分けられるとする考え方がある。2種類のウェルビーイングと、エンゲージメント、職務満足度の間にはポジティブな関係があることもデータで示されている。これらの概念間の関係を筆者の1人（今城）が表したものが、図表2-13である。

　組織における3つの概念の使い分けには、以下のような例が考えられる。

　C社は伝統のあるメーカーで、技術力があり、業績は安定している。従業員を大切にする風土で、真面目で誠実な従業員が多く、社員の定着率も高い。このような状態が保たれていることをモニタリングする際には、職務満足度調査が向いている。業績は安定していることから、従業員が現状に満足していることが重要であるからである。

　一方で、バイオテクノロジーのベンチャーであるD社は、規模は小さいが急成長を続けている。技術の変化も早く、若い社員と専門性の高い転職者が多い。仕事は仕組み化されておらず、個人のパフォーマンスが組織業績に与えるインパクトが大きい。したがって、個人が自分の考えで、積極的に、そして、従来の枠にとらわれずに仕事に取り組んでくれることが望ましい。この場合は、積極性や活力を見るエンゲージメントの測定が役立つ。

　ウェルビーイングは、組織が従業員の仕事だけでなく、ライフも含む状況に関心を持つ場合に用いることが適当である。サービス業E社では、パートタイムや非正規の社員が多く、子育てや介護を並行して行っているメンバーが多い。顧客接点がある彼らが情緒的に安定し

図表2-13 ウェルビーイングが扱う範囲

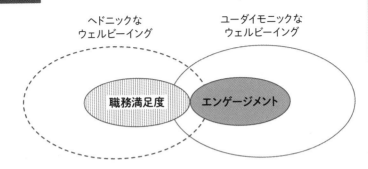

ていることは、業績の向上に寄与する。加えて、昨今の人手不足もあり、なるべく長く、定着して働いてほしいと考えている。そういうケースではウェルビーイングという観点から測定するのが望ましい。

また、これらの概念については、パフォーマンスや離職などとの関係が実証的に検討され、いずれも望ましい効果が報告されているものがある。しかし、一般にどの程度の効果が期待できるか、あるいは、なぜそうなのかについて十分な説明が行われているわけではないことに留意する必要がある。やはり、各概念の特徴を理解して、自組織に合ったものを用いることが肝要だろう。

第 **3** 章

どうすればメンバーのやる気を
促せるのか

「組織責任者の仕事として、メンバーのやる気を高めることは必要な
のか」と問われると、当然、必要だと答えそうである。しかし、大の大
人が、上司から何か言われないとやる気が起こらないとしたら、それは
それで問題だ。自分のやる気は自分でコントロールしてほしいと思う
し、やる気がなく、成果が上がらなかったとしたら、成果主義制度の
下、それなりに低い評価になり、評価に応じた、低い報酬になるだけで
ある。

そうはいっても、1人1人の成果が上がらなかったら、組織の成果は
上がらないわけだし、その責任は組織責任者が取らなければならない。
そうであれば、組織責任者として、メンバーのやる気を高めることが求
められる。やる気を高めるという視点と共に、やる気を削ぐようなこと
はしないという視点も必要になる。むしろ、良かれと思っているマネジ
メントがやる気を削ぐことになっていないか、そちらのほうが心配であ
る。

さまざまな研修の場面で、仕事でやる気が上がった出来事と共に、や
る気が削がれた出来事を聞いている。たとえば、やる気が上がった出来
事であれば、以下のような話が出てくる。

073

- 仕事が目標に向かって、少しずつ進んでいるとき
- 今にも達成できそうなとき
- 今までの努力が認められて、昇進したとき
- 会社で表彰されたとき
- 自分らしい提案ができたとき
- 仲間から称賛されたとき
- 仲間から知的刺激を受けたとき
- チームで一体感が感じられているとき　など

逆に、やる気が削がれた出来事を聞いてみると、以下のような話が出てくる。

- やりたくない仕事を押しつけられたとき
- 意味がないと思われる仕事をやるとき
- 誰でもできる仕事だと思ったとき
- 自分らしさが感じられない仕事を行うとき
- 組織の歯車だと感じたとき
- 上司の理解が得られないとき
- 共感できない組織の方針を強いられているとき
- やり方が決められていて、自分なりの工夫が認められない仕事のとき　など

「やる気」のようなことを扱うときには、人のことを考える前に、自分自身のことを考えてみることで、何が重要かと気がつくことが多い。つまり、メンバーのやる気を考える前に、組織責任者自身がやる気になったことを考えることが起点になる。それは何よりも説得力がある。実際にやる気が上がったという事実の説得力である。ただし、それは自分だけの経験であり、他の人に当てはまらないかもしれない。

ゆえに、より広くモチベーションを考えるために、他の人の経験を聞くと同時に、多くの人の経験を集め、体系的にまとめた学術的な研究が

役に立つ。一連のワークモチベーションに関する研究が、自分が持っている持論を相対化するのには役に立つ。

本章では、モチベーションに関するさまざまな研究を取り上げていく。メンバーのやる気を促す際のバリエーションを豊かにするという観点で読み進めていただけたら幸いである。

1 ワークモチベーションの定義

『広辞苑（第6版）』で、「モチベーション」を引くと、「①動機を与えること。動機づけ。誘因。②物事を行う意欲。やる気」とある。「モチベーション」と「やる気」は、ある意味で同義である。

さらに「やる気」を引くと、「物事を積極的に進めようとする気持ち」とある。「モチベーション」も「やる気」も一般用語であり、日常的にも「今日はやる気が起こらない」とか「モチベーションが上がった」などと使う。

仕事の場面に限定すると、「ワークモチベーション」のような用語を使うのだが、学術的な定義を見てみよう。

ワシントン大学のテレンス・ミッチェルは、ワークモチベーションを「目標に向けて行動を方向づけて、活性化し、維持する心理的プロセス」と捉え、「方向性」「強度」「持続性」の3つの次元から成り立っていると定義している。[1] この定義は、多くの研究者が引用しているので、学術的なスタンダードといえる。

「方向性」とは、どのように達成するのかということを明確にすることを意味する。「強度」とは、目標達成に向けた努力や意識のレベルである。そして「持続性」とは、目標達成するために費やされる時間の長さである。つまり、目標に対して、やり方、努力や意識、そして、費やす時間によって、ワークモチベーションのレベルを捉えているのである。

ミッチェルの定義から、仕事の場面でのモチベーションを扱う際には、「目標がある」というのが前提であることがわかる。一般的に「やる気」というときには、「今日は、天気も良いし、よく寝たので、やる気がある」という具合に、目標を意識するわけではない。

　一方で、仕事の場面では「目標」があることがキーポイントのようだ。単にやる気があるだけでなく、そのやる気が目標方向に向かっていることが大切である。つまり、仕事の中では、目標の結果としての成果が大切であり、成果に結びつくための「モチベーション」でなければ意味がない。

　ミシガン大学教授であった、ノーマン・マイアーは「職務上の成果＝能力×モチベーション」という有名な方程式を提唱しているが、[2] モチベーションは、まさに成果を上げる大きな要素である。

　少し専門的になるが、モチベーションの研究は、「内容理論」と「過程理論」の2つに大別される。「内容理論」とは、私たちは「何に」動機づけられるのかに関する理論であり、「過程理論」とは、私たちは「どのように」動機づけられるのかに関する理論である。組織責任者にとって知っておくべきという観点で、それぞれの理論に関して、主な研究をピックアップしていく。

2 ｜ 内容理論
──私たちは「何に」動機づけられるのか

　私たちは「何に」動機づけられるのかという理論は、内容理論と呼ばれる。組織責任者としては、組織のメンバーの動機の源を知っておく必要がある。動機づけられるポイントは、人によって違うところもあるが、共通するところもある。そういう意味で、動機の源に関する研究を知っておくことは、メンバーへの対処のフレームを提供することになる。

　チャールズ・ダーウィンは、多くの実験と観察によって、人間や動物

076　第Ⅰ部｜組織をつくる

の行動は「本能」が動かしていることを示していった。その後、心理学という学問を形作っていったウィリアム・ジェームズやジグムント・フロイトなどの心理学者たちに受け継がれていき、私たちを駆動させる「本能」の種類をリストアップしていった。

ハーバード大学の心理学者であったヘンリー・マレーは、「本能」という概念をさらに発展させ、人間がそもそも持っている「欲求」に注目し、リスト化していった。生きていくのに必要な生理的な欲求に加えて、私たちが社会生活を送るうえで生じる欲求リストをつくっていった。[3] その項目は、「達成」「親和」「自律」など28種類あり、その後の研究者に多大な影響を及ぼしていった。しかしながら、その種類が多すぎて、扱いづらかったという面もあった。

▶ マズローの欲求段階理論

扱いづらかったマレーのリストに対して、アブラハム・マズローの「欲求段階理論」はわかりやすく、適用しやすい理論であり、現在でも活用している人も多い。[4]

欲求段階理論において、最下層は、人間の本能ともいえる「生理的欲求」である。私たちは、「パンのみで生きている」わけではないが、パンがなければ生きることができないわけであり、その欲求を満たすために働いて稼いでいる。

内閣府の「国民生活に関する世論調査」（2022年10月）では、[5]「働く目的」を聞いているが、「お金を得るために働く」と回答した人は63.3％であった。生理的欲求の食べるためにお金を稼ぐことが、多くの人の働く動機である。ちなみに、「社会の一員として、務めを果たすために働く」人は11.0％、「自分の才能や能力を発揮するために働く」人は6.7％、「生きがいを見つけるために働く」人は14.1％であった。

欲求階層の次のレベルが「安全の欲求」である。日常生活を営むうえで、安全、安定、秩序というものが損なわれることは恐怖である。暴力による服従や解雇をチラつかせる脅しは、安全欲求に影響を与える行為

である。

　3つ目のレベルが「愛と所属の欲求」である。1つ目や2つ目の欲求と通じるところでもあるが、集団に属することもなく、誰とも交わらないで暮らすことは難しい。私たちは、他者と共に生き、他者の力によって生かされている。そういう意味で、どこかに属して、嫌われないようにすることは、人の生存戦略である。私たちは、誰かとつながり、何かの集団に帰属したいという欲求を持っている。

　4つ目のレベルが「承認と尊敬の欲求」である。この欲求は、「熟達」や「自信」などの自分自身への肯定感と、他者からの「尊敬」や「評判」の2種類から成り立っている。自分自身の肯定感と、他者からの評判は裏表の関係にある。他者からの評判が自信につながり、その自信によって事を成すことによって評判を生むという具合である。

　最上層が「自己実現欲求」である。下の層の欲求が満たされると、次はそのすぐ上の層の欲求を満たそうとする。自分でビジネスをつくっていくことや商品を開発していくことは、まさに「自己実現欲求」である（図表3-1）。

図表3-1 ▶ 欲求段階理論（マズロー）

（出所）齊藤（1996）p.53をもとに作成。

マズローの欲求段階理論は、実証性に乏しいとの批判もあるが、この理論が挙げた欲求の種類は網羅的で納得感があることから、今でもさまざまな場面で用いられる。

組織責任者としては、各メンバーたちが、「生理的欲求」「安全の欲求」「愛と所属の欲求」「承認と尊敬の欲求」「自己実現欲求」の、どのレベルにあるのか、あるいは何を重視しているのかを知っておく必要がある。また、組織責任者がメンバーの欲求とその充足を知ろうとしていること自体、メンバーのモチベーションを促進すると考えられる。[6]

▶ X理論とY理論

ハーバード大学で博士号を取得したダグラス・マグレガーは、マズローの影響を受け、ビジネスの世界でも活用できるように、X理論とY理論を提唱した。[7]マズローの理論は、会社や働く現場での話というよりは、一般的な欲求の話であったが、マグレガーは、より働く現場に近い形で研究を行っていた。

管理職が積極的に介入しないと、従業員のモチベーションが上がらないという従来の見方を、マグレガーは「X理論」と呼んだ（図表3-2）。X理論による見方は、以下のような見方である。

- 普通の人間は生来仕事が嫌いで、できるだけ仕事はしたくないと思っている。
- たいていの人間は、強制されたり、統制されたり、命令されたり、処罰するぞと脅されたりしなければ、十分な力を出さない。
- 普通の人間は命令されることが好きで、責任を回避したがり、あまり野心を持たず、何よりも安全を望んでいるものである。

当時の経営者は、X理論的な見方が多かったと同時に、経営書にもX理論を前提にしたものが多かった。それに対して、マズローの影響を受けたマグレガーは、「生理的欲求」「安全の欲求」「愛と所属の欲求」

図表3-2 ▶ X理論とY理論（マグレガー）

X理論	Y理論
• 人は怠け者である • 命令されなければ、力を発揮しない • 人は命令されるのが好き • 責任回避、安全志向 • 動機づけは、賃金、昇進 • 中央からの統制	• 人間にとって仕事は当然のこと • 自分にムチ打って働く • 進んで責任を引き受ける • 創意工夫をする能力を、人は持っている • 自律的である

（出所）マグレガー（1970）をもとに作成。

が満たされた従業員には、X理論的な見方でのマネジメントはうまくいかないことを訴えた。

同僚や経営者からの尊敬の念を得るような仕掛けや成し遂げたいことをサポートするような仕組みを整えること、つまり、「承認と尊敬の欲求」や「自己実現欲求」を促進するようなマネジメントを提唱した。そのような見方のベースは「Y理論」として紹介しており、それは以下のような考え方である。

- 仕事で心身を使うのは当たり前であり、遊びや休憩と変わりはない。
- 人は自分で進んで身を委ねた目標のために、自らムチ打って働くものである。
- 普通の人間は、条件次第で責任を引き受けるばかりか、自ら進んで責任を取ろうとする。

組織を預かり、管理する立場であれば、組織メンバーに対して、うまくやれば褒めて、うまくできなければ叱る、つまり、アメとムチによるマネジメントを行いたくなる。X理論のマネジメントである。アメとム

080　第Ⅰ部｜組織をつくる

チというのは露骨なのかもしれないが、メンバー1人1人のやることを明確に提示して、それができれば、その成果が報われるように、昇給、昇進を提供していく。そのような慣習は、ほとんどの会社で行われており、それで運営されており、X理論のマネジメントで問題がないように思える。

しかし、それでは、従業員の意欲を喚起し、潜在能力を最大限に活かすことができない可能性は高い。マグレガーは、「『アメとムチ』で従業員のやる気を起こそうとする理論はX理論につきものであるが、（中略）『アメとムチ』の理論は、一応の生活水準に達し、生理的欲求、安全に対する欲求より高い次元での欲求がやる気を起こす原動力となったときには、全く利き目がなくなってしまう」と述べている。[8]

マグレガーは、Y理論の礼賛者である。しかしながら、実際の企業現場では、X理論によるマネジメントが今でも行われている。たとえば、コンサルティングファームや外資系金融機関においては、業績を上げれば、昇給や昇進を行い、業績を上げることができなければ解雇という人事制度、いわゆるアップ・オア・アウトの人事制度を行っている。このような制度を取り入れている企業は多い。ということは、Y理論によるマネジメントは理想論であり、やはりマネジメントはX理論が大切となるのだろうか。

マネジメントを行ううえで、X理論に従ったほうがわかりやすいし、導入も易しい。そもそものビジネスの仕組みを考えると、うまくやって、利益を上げれば、配分できる原資も増え、給料を上げることができる。なので、成果を上げれば報われるというルールは、仕事をしていくうえでのルールとして存在すること自体、問題はないと思われる。

問題は後に、「内発的動機づけと外発的動機づけ」の項でも触れるが、組織側が個人をコントロールしようという魂胆が見え隠れすると、人はやる気をなくしてしまうということである。そのことに気をつけることが大切である。

そもそも人には、X理論的な要素もY理論的な要素も、どちらの要素もあるのが真実ではないだろうか。

▶ 動機づけ要因と衛生要因

　マズローの理論の展開として、マグレガーの「X理論とY理論」とは別に、心理学者のフレデリック・ハーズバーグによる「2要因理論」がある。[9] ハーズバーグは、ワークモチベーションを研究するにあたって、約200名のエンジニアと会計士に面接を行った。仕事上の経験に関して、ポジティブな感情（職務満足）になった出来事とネガティブな感情（職務不満足）になった出来事を聞いている。そして、そのように感じた理由の探索を行った（図表3-3）。

　ハーズバーグによると、職務満足に関しては、「達成」「承認」「仕事そのもの」「責任」「昇進」の5つの要因の影響が大きい。一方で、職務不満足に関しては、「会社の政策と経営」「監督」「給与」「対人関係」「作業条件」の要因が影響を及ぼしている。

　職務不満足に対する要因は、改善されないと不満になるが、改善しても動機づけることにならない。一方で、職務満足につながるものは、改善されればより動機づけられることがわかり、2組の要因グループは、系統を分けて考えたほうがマネジメントしやすいと考え、前者を「動機づけ要因」、後者を「衛生要因」と呼んでいる。

　衛生要因は、働きやすさと関係している。仕事を行う際の環境要因であることも多い。働く場所が清潔で、暑くなく、寒くなく、異臭があるわけでもないという「作業条件」や「会社の政策と経営」などがその代表である。これらの要因は、ないと不満を招くものである。不快さを回避するものであり、マズローの欲求段階理論では「生理的欲求」や「安全の欲求」にあたる。

　一方で、動機づけ要因は、働きがいと関係している。「達成」「承認」「仕事そのもの」が主な要因である。マズローの欲求段階理論では「自己実現欲求」や「承認と尊敬の欲求」にあたる。

　組織責任者としては、組織メンバーのマネジメントにおいて、動機づけ要因と衛生要因のどちらも見ておく必要がある。特に、衛生要因については、早めに対処したほうがよいだろう。

図表3-3 「衛生要因」と「動機づけ要因」

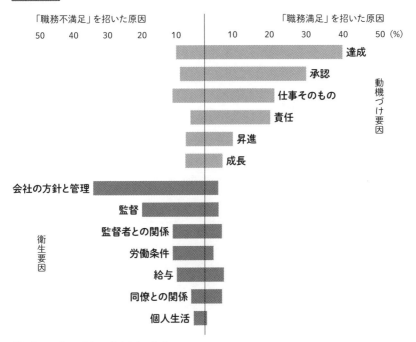

(出所) ハーズバーグ(1968)をもとに作成。

　筆者の1人（古野）は、プロ経営者の行動について、研究調査を行ったことがある。[10]

　その研究において、プロ経営者たちが就任直後の最初にする行為に共通点が見出された。プロ経営者たちは最初に従業員たちの不満に関する内容の聞き取りを熱心に行い、できるだけ不満になる要因、つまり、衛生要因に対する対処を行っていたことが共通していた。

　たとえば、エアコンがない職場の事例である。エアコンがなければ夏は暑く、冬は寒い。そのような職場に夏や冬に行くことはストレスにつながる。行きたくないし、会社は自分たちを大事にしていないと感じる。そこで、新しく来たプロ経営者は、まずエアコンの設置を行った。

　エアコンの設置は、「新しく来た経営者は、自分たちのことを大切に

しようとしている」というメッセージを与えるのに秀逸な施策であった。外から来た経営者に対して、何をやってくれるのだろうかと「お手並み拝見」している従業員に対して、職場の物理的な改善は、信頼関係を築くための、わかりやすく、効果的な方法である。

▶ 職務特性理論

「仕事そのもの」を動機づけ要因として、ハーズバーグは挙げている。働く環境が整い、会社の方向性に共感し、尊敬できる上司や同僚に恵まれたとしても、「仕事そのもの」がつまらなければ、やる気を起こすのは難しい。

現代においても、やる気になってもらうために、昇給や昇進の仕組みを整える人事や経営者も多いと思われるが、「仕事そのもの」に関して、もう少し注目がされてもよいのではないかと思う。

「仕事そのもの」だと漠然としているので、もう少し解像度を高める必要がある。そこに注目したのが、米国の心理学者のリチャード・ハックマンとグレゴリー・オルダムであった。2人は、モチベーションを高めるための仕事の特性をまとめ、ハックマン＝オルダム（職務特性）モデルを提唱した。[11]

ハックマン＝オルダムモデルは、「技能多様性」「タスク完結性」「タスク重要性」「自律性」「フィードバック」の5つの職務特性が、仕事に意味を与え、仕事への責任感を高め、仕事がうまくいったかどうかの結果の把握につながり、その結果、モチベーションを高めるというモデルである。5つの職務特性は、以下のとおりである。

- 技能多様性……職務を遂行するのに、多様な技能や能力をどの程度使うのか。単純な技能しか使わない場合は、退屈して、モチベーションも上がらないと考えられる。
- タスク完結性……業務全般の最初から最後までかかわれるかどうか。仮にかかわれなかったとしても、業務全般を見渡せるかどう

084　第Ⅰ部｜組織をつくる

か。タスク全般にかかわれることで、自分が行っている職務の意味
はわかりやすくなる。逆に、タスク全般が見えないとすると、自分
の職務が何のために行っているのかが見えにくくなり、モチベー
ションを下げる要因になる。

- タスク重要性……自分が行っている職務が、他人の生活や組織、世
の中にどの程度の影響を与えるのか。つまり、自分が行っているこ
とが意味がある、と自分自身で納得できることで、モチベーション
が高まると考えられる。
- 自律性……職務の実行にあたり、スケジューリングや手順の決定
に、どの程度、個人に自由度・独立性・裁量が与えられているの
か。自律性が高くて、自分で決定できることが多ければ、自分の有
用感は増し、モチベーションが高まると考えられる。
- フィードバック……業務遂行の結果、その業務遂行の有効性につい
て直接的に明快な情報をどの程度個人に提供されるか。自分が行っ
たことがうまくいったのか、いかなかったのかがわかることは、仕
事の手ごたえとして重要である。たとえうまくいかなかったとして
も、次を考える材料になり、能動的に仕事に向かう要因になる。

　組織責任者としては、ハックマン＝オルダムモデルはジョブデザイン
にかかわるモデルで扱いやすいモデルといえる。つまり、組織メンバー
の仕事を考えるにあたって、メンバーの仕事の特性を整えることによっ
て、メンバーのモチベーションを高めることができる。
　メンバーが行っている職務は、「多様な技術を使っているか」「タスク
の全般を担っているか、あるいはタスクの全容を見渡すことができる
か」「その職務に意味があるか」「自分で創意工夫ができるようになって
いるか」「職務のフィードバックがあるか」という観点で、メンバーの
仕事をデザインしてあげることで、モチベーションを高めることができ
ると考えられる。

第3章｜どうすればメンバーのやる気を促せるのか　085

▶ ジョブクラフティング

　ハックマン＝オルダムモデルは、メンバーの仕事のデザイン、つまりジョブデザインをうまくやれば、モチベーションを高められる可能性は高まると示唆している。

　さらにモチベーションを高めるためには、ジョブそのものを組織側から提供するだけではなく、メンバーにつくってもらうこともできる。そのほうが、よりメンバーの主体性を引き出せると考えられる。いわゆるジョブクラフティングと呼ばれるものであり、イェール大学のエイミー・レズネフスキーらが提唱した概念である。[12]

　ジョブクラフティングは、3つの次元を扱っている。

　1つ目は、タスククラフティングである。メンバーが行っている仕事（ジョブ）は、複数のタスクから構成されており、その仕事の目的に照らし合わせて、メンバーの仕事経験や持っているスキルによって、そのタスクの量や質を変えていくことができる。

　たとえば、営業であれば、人脈づくり、アポイントメント取り、企画書づくり、プレゼンテーション、交渉、納品などのタスクがある。人によっては、人脈をつくるのはうまいが、企画書づくりが苦手な人がいる。であれば、企画書づくりのタスクは、チームの他の人に手伝ってもらって、人脈づくりのタスクを拡張してもらったほうが、本人のモチベーションも上がるし、チームとしての生産性は高まると考えられる。

　2つ目は、認知的クラフティングである。タスクの変更をしなくても、自分の仕事の認知は変えることができる。ジョブクラフティングの初期の研究で、病院の清掃スタッフの事例が扱われている。そこでは、自分の仕事は、単に清掃をするのではなく、「病院という場所を快適な空間にする」ことであると認知を変えているのである。ハックマン＝オルダムモデルのタスク重要性につながる話である。意味づけを変えることで、仕事へのスタンスは変わっていき、モチベーションは高まる。

　中学校において、職業体験を行う学校は多い。そのような体験を経た中学生に、「仕事のキャッチコピーをつけてください。その仕事が誰に

何を提供する仕事なのか、17文字以内で」という授業を行ったところ、興味深いコピーが見受けられた。

- 「人生の先輩に恩返しをする仕事」（介護施設職員）
- 「日本人のために伝統をつなぐ仕事」（和菓子職人）
- 「お客様のために心の回復を図る仕事」（ケーキ職人）

など、その仕事の本質を突いたコピーであった。[13]

　仕事経験がない中学生であったとしても、その仕事が誰かの役に立っていることがわかるということである。一方で、働いている本人は、最初はわかっていたのかもしれないが、目の前の仕事で忙殺され、誰に何を提供する仕事をやっているのかわからなくなっていることがある。時には、仕事の手を休め、中学生のように、自分の仕事を外から俯瞰するように眺め、誰のために何をやっている仕事なのかを考えることで、仕事へのモチベーションを高めることができる。

　3つ目は、関係性クラフティングである。仕事をするうえで、誰と関係を持つのかというのも、働いている本人が決めていくことができる。先ほどの病院の清掃スタッフの事例では、単に清掃をするだけでなく「快適な空間にすること」が自分の仕事だと認知を変えることで、関係者とのコミュニケーションのあり方も変えることができる。

　つまり、「快適な空間にすること」が自分の仕事だとしたときに、単に掃除をするだけではなく、患者やその家族、あるいは医療従事者に対して、彼らが心地よく感じるようにコミュニケーションを増やすことを行う。結果、関係性も変わってくる。そのことで、本人のモチベーションは高まり、病院の評判も高めることができる。

　組織責任者として、ジョブクラフティングを意識して、組織メンバーの主体性を引き出すことができれば、メンバーのモチベーションを高めることも可能になる。現実的には、メンバーの行う仕事の意味づけをメンバーと共に行い、目標設定を行う際に、メンバー本人の持ち味を加味しながら、本人の希望と組織からの要請を統合する形で、職務を決めて

第3章｜どうすればメンバーのやる気を促せるのか　087

いくようなやり方が、ジョブクラフティングを用いたモチベーション向上策と思われる。

　以上、モチベーションに関する内容理論に触れてきた。少しまとめてみよう（図表3-4）。

　「内容理論」は、私たちが何によって動機づけられるのかという理論であった。組織責任者としては、自組織のメンバーが何によって動機づけられているかを理解することで、メンバーの力を引き出し、組織の成果へ結びつけられると考えられる。

　ダーウィンが言うように、私たちは「本能」によって動かされている。ジェームズ、フロイト、マレーは、本能の種類をリストアップしていった。目に見えない本能を細分化し、名前をつける行為は、粗い概念を精緻化していくことにはよいが、細かすぎると扱いづらくもなる。そうした背景の下、マズローは「欲求段階理論」を提唱していった。実証性に乏しいと批判も多いが、実践場面では扱いやすく、今でも「生理的欲求、安全の欲求、愛と所属の欲求は満たされているので、承認と尊敬の欲求や自己実現欲求が満たせるようなマネジメントをしなければいけない」というような使われ方をしている。

　「X理論とY理論」は、マズローの影響を受けたマグレガーが提唱した理論であるが、こちらも実際に使ううえでは、有効な観点である。X理論は、人は怠け者であり、上司が積極的に関与していかないと人は働かないと見ている観点である。

　Y理論は、人は働き者であり、働きたいという気持ちを尊重し、励ますことによって人は働くという観点である。人は、X理論的な観点、Y理論的な観点をどちらも持っており、自分がどちらに偏っているのか知っておく必要はある。また、自分に対してはY理論だが、人に対してはX理論であるというような人もいて、そこまで含めた自己理解が組織責任者には求められる。また、メンバーも怠惰な人もいれば、自分を律するのが得意な人もいるので、メンバーによって、介入の仕方を変えることも視野に入れておいたほうがよい。

図表3-4 内容理論＝私たちは「何に」動機づけられるのかに関する理論

研究者	理論	備考
マレー	人間が持つ「欲求」を28種類にリスト化（達成、親和、自律など）	生理的な欲求に加えて、社会的な欲求もリストに含まれる
マズロー	欲求段階理論 自己実現欲求、承認と尊敬の欲求、愛と所属の欲求、安全の欲求、生理的欲求の5種類に分類	実証的な検討が乏しいとの批判もあるが、この理論が挙げた欲求の種類は網羅的で納得感があることから、今でもさまざまな場面で用いられる
マグレガー	X理論、Y理論	● X理論……管理職が積極的に介入しないと、従業員のモチベーションは上がらない ● Y理論……自尊欲求や自己実現欲求を促進するようなマネジメント
ハーズバーグ	2要因理論	職務満足に影響を与える「動機づけ要因」と、職務不満足に影響を与える「衛生要因」があり、2つは分けて考えたほうがよい ● 動機づけ要因……達成、承認、仕事そのもの、責任、昇進 ● 衛生要因……会社の政策と経営、監督、給与、対人関係、作業条件
ハックマン、オルダム	職務特性理論	モチベーションにつながる仕事の5つの特性……技能多様性、タスク完結性、タスク重要性、自律性、フィードバック
レズネフスキー、ダットン	ジョブクラフティング	仕事のデザインそのものをメンバー自身に行ってもらうことで、メンバーの主体性を引き出す ● タスククラフティング……メンバーの仕事経験や持っているスキルによって、そのタスクの量や質を変える ● 認知的クラフティング……メンバー自身が仕事の意味づけを変える ● 関係性クラフティング……誰と仕事をするかをメンバー自身が決める

次に紹介したのが、「動機づけ要因と衛生要因」であった。この概念は、現代でも「働きがいを高める要因」と「働きやすさを高める要因」につながることであり、メンバーのやる気を高めるために、何の要因を組織責任者として扱おうとしているのか、意識しておくことが肝要である。

　そして「職務特性理論」は、仕事の周辺環境を整えても、仕事そのものに働きがいを感じなければ、ワークモチベーションは高まらないという観点で、「職務特性理論」の5つの職務特性はチェックリストとして使える。さらに、十分に満たせていない特性があれば、改めてメンバーの仕事をデザインしてあげるのも、組織責任者としては、重要な仕事と考えられる。

　最後に、「ジョブクラフティング」という概念を紹介した。ジョブデザインは、上司から仕事を提供するという側面が強いが、ジョブクラフティングは、メンバーが主体的に自分の仕事をつくっていくという側面が強い。どうせ働くのであれば、自分が能動的に楽しめるように仕事をつくっていく。結果、やる気が上がっていく。

　組織責任者の仕事は、メンバーがジョブクラフティングできるような支援である。各メンバーの得意なことが何であるか、自分なりに自分の仕事が意味づけられているだろうか、という視点で、上司は各メンバー1人1人と向き合っていくマネジメントが求められる。

---

column

仕事の特徴と動機づけ

　仕事の特徴が動機づけに関係することを理論化したものとして、職務特性理論 [14] が有名である。職務特性理論は、職務の特徴と動機づけの関係を検討する際に最もよく用いられており、満足度など心理的な望ましい結果との関連が安定して確認されている。優れた理論であるが、いくつか学術的な批判もある。

まず、職務遂行行動との関係が弱いことがある。職務特性理論では、職務従事者の仕事の有意味感、責任感、また進捗がわかることなどの心理状態に仕事の特徴が影響することで、動機づけ、パフォーマンス、満足度などが高まるとされている。しかし、実証的研究では、想定された心理状態を通してパフォーマンスなどが高まることを示すものが少なく、職務の特徴とパフォーマンスの関係に関して、何が媒介するのかはよくわかっていない。

　次に、仕事の特徴の網羅性についてである。職務特性理論で扱われている仕事の特徴には、たとえば物理的な環境の特徴が含まれていない。屋外で作業をする人にとって、仕事への動機づけは、気温や天候によって影響されるだろう。5つの職務特性は、ホワイトカラーの仕事の特徴としては重要なものだろうが、それ以外のさまざまな仕事を考える際には、不十分である。

　最後に、個人差についてである。職務特性理論で挙げられている職務の特徴は、すべての人に同じように効果があるとは考えにくい。この点について、職務特性理論の提唱者であるリチャード・ハックマンとグレゴリー・オルダムは検討を行い、成長欲求の高い人のほうが職務特性の影響を強く受けるものの、誰にとっても動機づけを高めることを示した。[15]

　しかしながら、個人差についても網羅性にかける部分がある。たとえばフィードバックの効果は、成長欲求だけではなく、調和や誠実性といった性格特性によっても影響を受けると考えられる。

　学術的な批判に加えて、仕事の変化も考慮する必要がある。変化のスピードは、テクノロジーの進展によって速まっている。ハックマンとオルダム自身も、2010年のレビュー論文の中で、仕事の変化に適応するために最初に提案した理論について、修正の必要性を論じている。[16]

　このような状況に加えて、経済学や人間工学など他分野でも仕事の特徴を扱う研究が行われてきたことから、産業組織心理学者のフレデリック・モーガソンとマイケル・キャンピオンは、他分野の研究知見

図表3-5　統合的職務デザインフレームワーク

職務特性
職務の複雑性 • スキルの多様さ、仕事の一貫性、仕事の有意味さ、自律性、フィードバック（職務特性理論） • 注意や問題解決の要求 • タイミングや方法のコントロール • 結果責任 • 専門性
社会的環境 • 他者への対応 • 友情 • 社会的援助 • 職務／仕事の相互依存性 • 他者からのフィードバック
物理的要求 • 身体活動 • 職場環境 • スケジュール • 力仕事の必要性 • 道具やテクノロジーの利用 • 人間工学に基づいたデザイン

環境の影響
社会的影響 • 同僚の職務満足度 • 同僚の職務の複雑性 • ポジティブあるいはネガティブな社会的キュー • リーダーの行動
構造的影響 • 組織構造 　• 公式化 　• 集権化 　• 規模 • テクノロジー 　• 不確実さ • 物理的環境

（出所）Morgeson and Campion（2003）をもとに作成。

も参考にしながら、図表3-5 に示す統合的なフレームワークを提案した。[17] フレームワークを見ると、職務特性理論の5つの特性が組み込まれていることがわかる。提案にあたって、彼らは次のような議論を行っている。

　職務のデザインを考えるときに、メンバーのモチベーションを上げることと仕事の効率を上げることは、時に折り合わないことがある。たとえば、仕事を細分化して、1人当たりの担当を特定の作業に限定することで、効率が高まることが期待できる。一方で、細分化され、

職務の特性と結果を媒介するもの	結果
重要な心理状態 •仕事の有意味感の経験 •仕事の結果に責任を持つ経験 •仕事の結果に関する知識	**心理的結果** •職務満足 •成長満足 •内的な働く動機づけ •仕事のストレス •知的な過負荷／過小負荷
エンパワーメント •意味づけ •コンピテンス •自己決定 •影響	**行動的結果** •仕事のパフォーマンス •欠勤 •離職 •カスタマーサービス •事故 •失敗
知識レベル •問題への反応スピード •増加するシステムの知識 •スキル活用 •情報処理の要求	**人的資源に関する結果** •スキルの必要性 •トレーニングの必要性 •報酬のレベル
	役割の定義 •問題の解決責任 •役割の広さについての自己効力感

単純化された仕事は、従事する人の動機を低下させる可能性があると
いったことである。

　しかし、モーガソンとキャンピオンは、うまく仕事をデザインする
ことで、職務従事者のモチベーションと仕事の効率化を両立させるこ
とは可能だと考えている。1つの要素だけではどちらか一方にしか機
能しなくても、特徴の組み合わせを考えたり、環境の影響を考慮した
りすることで、望む効果を得ることができるようになる。その際に利
用可能なものとして、統合的なフレームワークを提案した。

フレームワークの特徴として、職務を取り巻く環境の影響を想定していること、網羅的に職務特性が挙げられていること、どういった心理プロセスを通じて、結果に結びつくかが提案されていること、さまざまな結果変数が含まれることなどが挙げられる。フレームワークに含まれるさまざまな要素の重要度やふるまいは、会社が置かれた状況やビジネス戦略、コンピテンシー、従業員の特徴など、さまざまなものによって異なる。

　たとえば、ある組織では仕事における自律性の低さが、若手社員のやる気を損ねていることが課題だと考えているとしよう。その影響は職場全体の雰囲気と関係しているか（環境の影響）、あるいは、他者への配慮が必要な仕事だといったことはないか（仕事の特徴）、自律性が低いことは従業員の成長を妨げているかもしれない（心理的過程）など、多様な観点で可能性を考えることができる。

　このフレームワークを使うことで、組織において、介入可能な要素や打つべき施策は何かを考えることができるだろう。

3 ｜ 過程理論
──私たちは「どのように」動機づけられるのか

　動機づけのプロセスを扱った理論を、便宜的に「過程理論」と呼ぶが、その代表が「期待理論」である。期待理論は、カナダ出身で、マギル大学とミシガン大学で学び、のちにイェール大学教授になったヴィクター・ヴルームが提唱した理論である。[18]

　自分の努力がその後の成果にどのように影響するのかという期待、そして、その成果からもたらされる報酬がどのようなものになりそうかという期待。そのような期待によって、私たちはどのくらい努力するのかを決めているというのが、期待理論のコアである。

　たとえば来年、海外へ留学するために、英語の勉強を行う。毎日、

094　第I部｜組織をつくる

3時間の勉強をすることをノルマにする。モチベーションがなければ続かないが、そのモチベーションはどこから来ているのだろうか。「1日3時間の勉強をすることで、TOEFLの点数を高めることができる。TOEFLの点数を高めることで、希望する大学に行くことができる。また、英語の勉強は、大学に入った後の授業で役に立つ」と考えるのが期待理論である。

今、ここで頑張ることは、仕事の成果につながり、その成果によって、チームの業績達成につながり、上司やチームメンバーから褒められる。それが、昇給や昇進につながると期待するから、仕事を頑張るという論理である。

▶ 目標設定理論と目標管理制度

ヴルームが期待理論を提唱した後、「目標設定理論」に関連する研究が進んでいった。

- 具体的で困難な目標があると、目標がない場合と比べて、高い業績につながる。
- 目標設定する際に、自分が参加することによって目標に対するコミットメントは上がり、結果、高い業績につながる。
- 金銭的なインセンティブ、他者からの励まし、結果のフィードバックがあることが業績につながる。

というようなことが、米国の心理学者エドウィン・ロックの研究結果からわかってきた。[19]

この目標設定理論の研究結果を受けて、目標管理制度（MBO: Management By Objectives and Self-control）が多くの企業に導入されている。労務行政研究所によると、日本におけるMBOの実施率は、上場企業ならびに上場企業に匹敵する非上場企業の約8割に達している。[20]

第3章｜どうすればメンバーのやる気を促せるのか　095

組織にとってMBOは、非常に使い勝手の良い制度である。組織が達成したい目標があり、その目標を達成するために、個々のメンバーの個人的な目標に振り分けることができ、その目標に対する達成状況を管理することで、組織全体の目標管理に結びつけることができる。

　メンバーの評価も、期初に策定された目標に対する達成度に応じて、決定することができるので、組織責任者としても組織メンバーとしても納得感が得られやすい。そもそもの目標設定理論に沿って考えると、組織メンバーのモチベーションは高まり、業績は上がるはずである。

　しかしながら、実際にそうだろうか。筆者自身（古野）は、会社がMBOを導入した際に、モチベーションが下がった経験がある。MBOが導入される前は、次のように考えて働いていた。会社には、会社のパーパスや会社のビジョンがある。

　そこでは、会社が行おうとしていることが表現されている。その会社が行おうとしていることに対して、自分の能力や経験、そして会社の中での役割を鑑みたときに、自分がこの半年、あるいは1年に行うことは、なんとなく見えている。その見えていることを粛々と行っていた。

　そういう心情にあるときにMBOが導入されて、自分の上司と自分の目標についての話をした際に、会社側からのコントロール感を抱いたのである。今やろうと思っていたのに、わざわざ言われると、やる気をなくすという状況である。

　当時は、同じように感じたメンバーも多く、MBOの導入は必ずしもポジティブな効果を生まなかったと記憶している。そのような事態を避けるにはどうすればよいのか。「内発的動機づけ」と「外発的動機づけ」について触れて、考えていきたい。

▶ 内発的動機づけと外発的動機づけ

　金銭的な報酬や称賛などを得るために、努力する。一方で、やることそのものが面白くて、ついつい頑張ってしまうこともある。そのように、やっていることそのものに動機づけられていることを「内発的動機

づけ」と呼ぶ。それに対して、報酬や罰などの外的な要因によって動機づけられていることを「外発的動機づけ」と呼ぶ。X理論による動機づけは外発的動機づけにつながっており、Y理論による動機づけは内発的動機づけにつながっている。

米国の心理学者エドワード・デシは、大学生を対象に、パズルの実験を行った。あるグループには「時間内にパズルを解くと1ドルの報酬を与える」と伝え、もう1つのグループには「純粋にパズルを楽しむよう」指示をした。そして、各セッション後に設けられた休憩時間にもパズルをどれだけ行ったのかの時間を測定した。[21]

結果、休憩時間にパズルをした時間は、報酬を与えられるグループのほうが、純粋にパズルをしたグループよりも短かった。さらに、報酬を与えていたグループを報酬なしにしたところ、休憩時間にパズルをする時間は、より少なくなった。

本来であれば、面白いはずのパズルであるが、報酬と結びつけることで、やること自体の興味を下げることをデシは発見し、「アンダーマイニング効果」と呼んだ。つまり、内発的動機づけられたものを外発的動機づけの中に組み入れることで、モチベーションを下げる結果になるという話である。

デシによると、人間は自らの行動の主体者でありたいと思っており、それらが充足した際には内なるモチベーションが生起するが、報酬を介することによって、他者からコントロールされているという意識が高まり、内発的動機が減じてしまうと述べている。[22]

組織責任者として、この話は厄介である。なぜなら、メンバーの意欲を高めようと介入すること自体が、外発的に動機づけを行うことであり、その意図が見え隠れした瞬間に、メンバーは操作されていると感じ、モチベーションを下げてしまうからである。内なる動機を損なうことなく、メンバーのモチベーションを高めるためにはどうすればよいのだろうか。

第3章｜どうすればメンバーのやる気を促せるのか　097

▶ 自己決定理論

　デシたちは研究をさらに発展させ、内発／外発という単純な二分法を超え、外発的に動機づけられた活動を自己のものとして取り入れていく過程を「内在化」と呼び、その度合いに応じて、いくつかのレベルに区分した。

　個人からすると、外部から与えられたものであったとしても、それを取り入れる際に、自分で決定していると思えれば、意欲は高まり、それはむしろ外発的動機というよりも内発的動機に近い状況をつくることができる。目標設定の際に、上司が部下に、組織側から考える役割期待を提示し、それに対して、部下が目標そのものをつくるような行為は、まさに外発的動機づけの内在化にあたるわけである。

　外的報酬には、人を動機づけるけれど「コントロールされていると思わせる機能」と、その人が「有能であることを伝達する機能」がある。「あなたが優秀だと思っているから、この仕事をやってほしいし、うまくやれば金銭的報酬も提供できる」というのは、まさに外発的動機づけであり、上司から部下に対して、仕事をアサインする際によく使う手法である。

　「コントロールされている感」が前面に出てくると、アンダーマイニング効果で内発的動機は低下するが、「有能感」が伝わるとアンダーマイニング効果の低下は見られず、内発的動機を担保することができる。

　デシがアンダーマイニング効果の研究を1970年代に発表した後、多くの研究が行われ、デシたちは、そのような研究を自分たちでまとめていった。[23] その結果を見ると、金銭のような物質的報酬は、アンダーマイニング効果が認められる一方で、「頑張ったね」というような言語的な報酬では、アンダーマイニング効果は認められなかった。

　つまり、金銭のような物質的な報酬が用意されるとコントロールされている感が生じる一方で、言語的な報酬の場合は、コントロールされているよりも有能感が生起され、内発的な動機を損なうことはなかったということである。

図表3-6 過程理論＝私たちは「どのように」動機づけられるのかに関する理論

研究者	理論	備考
ヴルーム	期待理論	自分の努力が成果にどのような影響を与えるのだろうという期待、および、その成果からもたらされる報酬がどのようなものになりそうかという期待によって、どのくらい努力するのか決めている
ロック	目標設定理論	研究結果からわかったこと ● 具体的で困難な目標があると、目標がない場合と比べて、高い業績につながる ● 目標設定する際に、自分が参加することによって目標に対するコミットメントは上がり、結果、高い業績につながる ● 金銭的なインセンティブ、他者からの励まし、結果のフィードバックがあることが業績につながる
デシ	内発的動機づけ、外発的動機づけ	● 内発的動機づけ……やっていることそのものに動機づけられていること ● 外発的動機づけ……報酬や罰などの外的な要因によって動機づけられていること
デシ、ライアン	自己決定理論	外発的動機による活動を自己のものとして取り入れていく過程を「内在化」と呼ぶ。外部から与えられたものであったとしても、それを取り入れる際に、自分で決定していると思えれば、意欲は高まる

　金銭的報酬と動機づけにおいて、よく誤解されるのは、金銭的報酬によって動機づけされないという類いのものである。しかしながら、人は金銭的報酬によって、動機づけられる。それは多くの研究で実証されている。一方で、アンダーマイニング効果は最初、金銭的報酬を約束し、その後、その報酬がないと言った後に、言われた人がもともと行っていた活動をやめてしまうことである。

　ここからいえることは、ある仕事に対して、金銭的報酬を利用してしまったら、ずっと利用し続ける必要があり、金銭的報酬をやめたら、その仕事はやらなくなってしまう可能性が高いということである。

　実際の場面で考えると、仕事の成果と金銭的な報酬を直接的に結びつけてしまうことを行いすぎると、成果が上がりそうな仕事しかしなくなるということと、仕事そのものよりも成果を見せることに目が行きがち

第3章｜どうすればメンバーのやる気を促せるのか　099

になるということだ。仕事には、すぐには成果が上がらないものや成果が見えにくいものがあり、そのような仕事に携わっている人たちには、金銭的な報酬で報いていくことは不向きであるということである。

　あるいは、仕事のアサインの際に、組織からの要望を強く出していくと、本人からの要望は引っ込んでいってしまう。組織側からすると、組織側が考えている目標をやってくれるわけだから、それはそれでありがたい。しかしながら、より高次な仕事を自分でつくって、高いモチベーションでやりきるようなことはなくなり、指示待ちのメンバーだらけになってしまう。メンバーは真面目に粛々と仕事はするかもしれないが、競合に打ち勝つような優れたアイディアや俊敏な動きにはならない可能性は高い。

　ということを鑑みると、メンバーには、組織からコントロールされているのではなく、自分でコントロールして、自分で決定しているという認知の下、仕事をしてもらう必要がある。自分で選択しているという認知である。デシたちが言いたかった自己決定理論の核心である。次節は、自己決定理論を実際に活用するためには、どうすればよいのかについて触れていきたい。

4 ｜ 理論をどのように活用すればよいのか

▶ 内発的動機づけ／外発的動機づけを超えて

　内発的動機づけは強力であるが、いつも内発的動機だけに依存して生きていけるわけではない。実際、最初は、特に意思はなく、言われたとおりに働いていたが、いつの間にか、無我夢中で働いていたという経験もある。あるいは、最初、内発的動機づけで働いていたところ、徐々に意欲が薄れていったが、達成した後の報酬をよりどころに自身のモチベーションを高めていったケースもある。

100　第Ⅰ部｜組織をつくる

内発的動機づけと外発的動機づけは、ある意味、一体となって作用することが現実場面としては多い。しかし、外発的動機づけだけでは、自己決定している意識は低くなり、モチベーションには限界がある。内発的動機づけをうまく引き出す必要性がある。

　常套手段としては、目標設定の際に、メンバー本人に設定してもらうというやり方である。つまり、自分で自分の目標を設定してもらうのである。その際には、組織の状況を伝え、メンバーへの期待や要望は伝えるものの、目標そのものは、本人に設定してもらうのだ。そうすれば、やらされ感や組織側からのコントロール感は薄らぐ。

　ただし、目標設定をすべてメンバー本人だけに任せればよいかというと、そうでもない。自ら設定する目標は必ずしも難しいものではなく、できそうな目標にとどまることも多い。実際に、他者から与えられた目標のほうが自ら設定する目標より高い成果を上げていたという研究もある。[24] より挑戦的な目標は、自らではなく他者から与えられて、頑張ってやってみた結果、達成してしまうような状況である。そのようなことを加味すると、本人からの申請と共に組織側からの期待を含めて、それらを統合した目標設定が肝要になってくる。

　複数年にわたって、業績を上げている営業マネジャー20名に対して、メンバーに、どのような行動をとっているのかということを研究調査したことがある。そこで共通していたことは、目標設定のこだわりであった。本人のやりたいことと組織側の期待のすり合わせの時間を長くとっていた。

　ある営業マネジャーは、1人のメンバーの半年の目標に対して、1カ月以上にわたって、毎週1時間のすり合わせを行っていた。それは、普通の業績を上げている営業マネジャーの倍以上の時間をかけていたことがわかった。組織側の期待を踏まえつつ、本人がこれを頑張るんだと腹を据えるところまでいけば、メンバーのモチベーションは高まり、業績につながるという話である。

　結局、本人にやりたいことがあることがベースになる。「やりたいことは特にありません。仕事を提示されれば、頑張ってやります」という

メンバーもいる。しかしながら、指示待ちで動いているグループでは、自らの意志で取り組んでいるグループの成果を上回ることはできない。メンバーそれぞれの主体性を引き出すことが組織責任者の役割になる。

先の研究でわかったことは、やりたいことがないというメンバーに対するアプローチとして、入社動機にさかのぼって聞いているマネジャーが多かったことである。

「そもそも何がやりたくて、この会社に入ったのだろうか」という問いかけである。

「幼い頃に病気がちであったが、病院で励まされたので、医療という領域で貢献したくて入社した」「メカが好きで、何かものづくりに携わりたくて、入社した」といった入社動機を思い出すメンバーがいる。当然、入社動機をよく覚えているメンバーもいるが、うろ覚えのメンバーもいる。

しかしながら、何かのきっかけで、そこで働こうということを決めていて、そこでは主体的な意思決定をしているわけであるから、その感情を呼び起こすことに意味がある。この会社に入ることは、自分で決めたことだから、これからの仕事も自分で決められるという自己決定感の促進である。

そのような入社動機までさかのぼることによって、改めてこの仕事でやりたいことが見えてくることもある。ただし、限界もある。入社動機と現在の仕事が乖離していることもあったり、入社動機がそもそも曖昧であったりということであれば、自分で自らの目標を設定することは難しくなる。

その場合は、期待を伝えることである。組織が置かれている環境とメンバーの持ち味を考えた際に、こういうことをやることを期待していると伝えるのである。その期待に対して応えるか応えないかは、メンバー本人次第である。100%でないものの、おおよそのメンバーはその期待に応えようとすることが多い。メンバーはコントロール感を持ちつつ、組織の期待に応えていくという構図になる。業績を上げている営業マネジャーはそういうことを行っている。

先ほど、筆者自身のモチベーションが下がったという話をした。実際にはその後、自分で目標を設定し、その目標をめぐって上司と話ができる時間は十分にあった。目標設定がうまい上司でもあったので、少しチャレンジングなのだが、それならやってみたいと筆者自身が思える期待が伝えられた。そのおかげで、組織からのやらされ感やコントロール感はなく、意欲が湧いたという経験を持った。

　人は、内なる動機によって動くが、外からの刺激によっても動くことは間違いない。外からの刺激がコントロールしようとするものではなく、期待であり、コントロールするのは当事者であることが伝わっているという状況、つまり、外発的動機づけの扱いをその人がコントロールできる状態にしてあげることで、個人が行いたいことと組織としてやってもらいたいことが統合されると考えられる。

　メンバーの内発的動機をうまく引き出すための目標設定という観点で、別のアプローチを紹介する。それは、組織の置かれた状況とそのメンバーの能力や経験をテーブルに出してもらうことである。そうすると、組織において、そのメンバーが貢献できそうなことが見えてくることがある。

　たとえば、50代で役職を外れ、自分が何をすればよいのかがわからないというメンバーがいる。社員の高齢化と共に、そのような状況が多くの会社に見受けられる。そういうケースにおいて、組織の課題に関する状況を共有することが有効である。一般に、組織の中にある仕事を切り出すのは難しくても、課題を列挙するのは難しくない。

　組織の課題を共有していくと、シニアメンバーは、自分が解決できそうな課題を見つけることがある。「この課題については、自分に取り組ませてください」となれば、自分の仕事を自ら手を挙げて取りに行くことになる。それゆえに、高い意欲で仕事に向かうというケースはよく見られる。

　若いメンバーでも年配のメンバーでも、組織側の要請と本人の主体的な思いの統合によって、内発的動機と外発的動機の統合が図れていくと考えられる。それは、内発的動機づけだけに依存することや外発的動機

づけだけに依存する施策では得られない成果を上げると考えられる。

　組織側の要請と本人の主体性を主軸に、仕事のデザインを、上司とメンバーが一緒になってやっていく。その際のチェック項目として、ハックマン＝オルダムモデルが役に立つ。その仕事は、「使う技能は多様か」「タスクは完結しているか」「タスクは重要か」「創意工夫ができるか」「結果のフィードバックはあるか」と問うていくと、仕事そのものに動機づけられるポイントが見えてくるだろう。

　そのような場合に有効な手法は2つある。

　1つは誰かと一緒にやることである。1人では続かないが、一緒にやってくれる同僚がいれば、頑張ろうと思える。今日はやりたくないと思っても、誰かが待っているのであれば、行かないとマズいと思って、とりあえず職場に行く。

　もしくは、内発的動機である。仕事自体が自分にとって面白いかどうかという視点である。たとえば、苦手意識があったプレゼンテーションについて、昨日は、こうやってうまくいかなかったから、今日はこうやってみようと創意工夫をすることで、だんだんとプレゼンテーションのスキルが向上し、面白くなっていく。賞賛されることも増えていき、自分が向上したことが、続ける意欲の源になる。

　そこでの上司の役割は、とりあえず見守ることと創意工夫をするためのヒントを提示することである。ここが悪いから、こうやってみるのはどうかと伝えることで、やってみようという気が起きる。内なる意欲を起こすことにつながる。

▶ 仕事のデザイン、コミュニケーションのデザイン、個人選択型の施策

　モチベーションを高めていくという観点で、「仕事のデザイン」と共に、「コミュニケーションのデザイン」と「個人選択型の施策」が必要であると考えている。図表3-7は、従業員規模300名未満の中小企業に勤める従業員1万人に対して、厚生労働省が行った調査である。[25]

図表3-7 人材マネジメント施策の有無と働きがいの関係

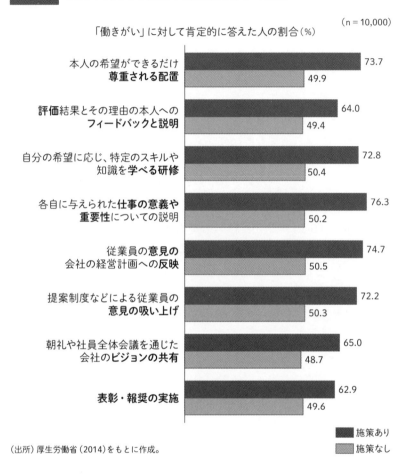

(出所) 厚生労働省 (2014) をもとに作成。

　それぞれの施策について、その施策の有無と本人の働きがいを聞いたものである。この図を見ていると、働きがいを高めるためには、評価のフィードバックや表彰、仕事の意味の説明といった「仕事のデザイン」の側面、経営への意見や提案、経営からのビジョンの共有というような「コミュニケーションのデザイン」の側面、そして、手挙げの異動の制度、手挙げの研修といった個人が「選択できる施策」の側面があること

第3章 | どうすればメンバーのやる気を促せるのか　105

がわかる。

　仕事のデザインは、前節まで触れてきた、ハックマン＝オルダムモデルやジョブクラフティングとつながる話である。

　一方で、コミュニケーションのデザインは、自己のコントロール感につながる話である。経営へ何かを言えることは、自らの環境を自分の手で変えることができることであり、経営からの情報は、自ら何をすればよいのかを考える材料になる。

　また、選択できる施策も自己のコントロール感を高める。組織に参画して組織そのものを良くするような動きもできるという観点で、目の前の仕事に対する意欲を高めるだけでなく、組織を良くしていくための意欲を高める。

　個人選択型 HRM 施策が、個人の選択感にどのような影響を及ぼすのか。そして、個人の選択感が組織に対する離職意識、組織コミットメント、そして人生・生活満足度にどのような影響を及ぼすのか、私たちは調査を行った。[26]

　個人の選択感は、仕事、働き方、キャリアを「自分で選んでいると感じている」かどうかの度合いを聞いている。そして、そのような選択感と選択ができる施策の関係性を調査した（図表3-8）。

　この表からわかるとおり、個人が選択できる制度が整っていれば、個人の選択感は増す。そして、個人の選択感が高まれば、離職意識は低下し、組織コミットメントは増し、人生・生活満足度は高まるのである。

　ここで言いたいことは、自分で決定したと感じれば、やる気が高まるということだ。何の仕事をするのか、その仕事をどのように行うのかを自分で決定していると思うことができ、自分が所属している組織に対して影響力を持つことができるということが、やらされ感を低下させ、やる気を促すことになる。

　このような背景において、組織責任者として、メンバーにどのようにかかわることが効果的だろうか。米国の心理学者であり、自己決定理論の提唱者である、リチャード・ライアンとエドワード・デシによると、メンバーの自律性を奨励することである。つまり、目標を決めることや

図表3-8 個人選択型 HRM の導入状況が個人選択感に及ぼす影響

現在の会社で導入されている制度や仕組みについて、あるものをすべてお選びください（複数回答／n = 991）。

		個人選択感（1〜6点）		得点差	導入率（%）
		導入あり	導入なし		
仕事の選択支援	①職種や仕事内容を限定して働く制度	4.0	3.5	0.5***	20.2
	②新規事業や業務改善などを会社に提案できる制度	4.0	3.5	0.5***	15.7
	③自己申告など、異動や働き方の希望を会社に伝える制度	3.8	3.5	0.3***	32.6
	④社内公募など、他部署へ手挙げで異動を希望する制度	3.8	3.5	0.3***	27.2
働き方の選択支援	⑤フレックスタイムなど、働く時間を柔軟に選べる制度	3.9	3.3	0.5***	46.8
	⑥テレワークなど、働く場所を柔軟に選べる制度	3.9	3.4	0.5***	45.2
	⑦短日・短時間勤務など、フルタイムではない働き方を選べる制度	3.8	3.5	0.3***	45.3
	⑧転勤がない、勤務地限定制度	3.8	3.5	0.2***	31.6
キャリアの選択支援	⑨人事や社外の専門家にキャリアについて相談できる制度	4.2	3.5	0.7***	9.9
	⑩管理職・専門職を行き来できる等級制度	4.2	3.5	0.6***	9.6
	⑪面談などで上司にキャリアについて相談できる制度	3.9	3.5	0.5***	31.3
	⑫希望する研修や講習を受講できる制度	3.9	3.5	0.4***	31.7
	⑬副業・兼業の許可	3.9	3.5	0.4***	17.5
	⑭育児や介護以外の休暇・休職制度（ボランティア、留学など）	3.9	3.5	0.4***	26.0
	⑮育児や介護などの休暇・休職制度	3.7	3.5	0.2**	65.2

（注）*** p < 0.001、** p < 0.01
（出所）リクルートマネジメントソリューションズ（2022b）。

組織としての意思決定プロセスに参加させること、メンバーの目標達成に向けて、やり方は任せるものの、やり方を創意工夫させることを支援することを奨励している。[27]

　自分で決めた目標だとしても、達成が見込めないとやる気を失うことも、しばしばあるだろう。その際のサポートの1つは、寄り添うことである。そばにいて、応援する。それだけで頑張れる人も多いだろう。さらに、どう頑張ると達成できそうか、その筋道であったり、そのためのやり方をアドバイスしたりすることも有効である。

　こうすれば、うまくいくという方法論を伝授する。しかし、組織責任者の経験や知っていることだけでは、限界がある。他のメンバーのやり方も共有することで、試してみたいレパートリーを増やすことができる。試してうまくいけば、やる気は上がるし、うまくいかなかったとしても、次のやり方を試すことで、自分なりのやり方が確立していく。その過程が楽しめるようになれば、仕事へのモチベーションは高まり、業績も上がっていく。

▶ 自己決定理論を超えて

　自分で決定できることが、意欲を高めるのはわかるが、組織には組織の事情があり、メンバー1人1人の言うことを聞いていたら、組織運営はできないという声が聞こえてきそうである。

　たとえば、会社が大きくなってきたので、名古屋に支社を出そうと考える。そこで名古屋支社を立ち上げてくれるメンバーを募る。しかしながら、誰からも手が挙がらないということもある。そうすると、経験、スキル、プライベートの事情、年齢、その地域への所縁、本人のこれからのキャリア、そして本人の意向（ここでは積極的に嫌がらないだろうという想定の下）を加味して、支社の立ち上げメンバーを選定することが多い。

　本人は嫌ではないが、そんなに積極的になれない。本社から外れたと気落ちするかもしれない。そういう状態のメンバーにどのように声をか

108　第Ⅰ部｜組織をつくる

けるのか。

　会社の中での異動は、成長の機会である。慣れ親しんだ部署から違う部署への異動、転勤であれば、慣れ親しんだ場所から新しい場所への引越しというのは、機会である。社命でなければ、立ち上げのような機会にかかわることはないかもしれない。あるいは、そのような場所に住むことがないかもしれない。慣れ親しんだ場所から新しい場所へ動けば、学ぶこともたくさんあるし、新しい発見もある。

　違う部署へ異動すれば、専門性を磨くことができなくなる。転勤が伴う異動になれば、元の地域で築いたコミュニティを捨てないといけない。労力がかかり、面倒なことでもある。

　しかしながら、成長の機会でもある。そういう話を丁寧にしていくことで、ネガティブな面は払拭できていくだろう。そして、なるべく早い段階でコミュニケーションを始めていくことが望まれる。異動の辞令は突然あることが多いが、できるなら、辞令の前にコミュニケーションに努め、本人が納得した後で辞令を伝えていくという順番であれば、意欲の低下が防げると思われる。

　自分に向いている仕事は自分が一番よくわかっているという前提は、必ずしも正しくない。上司や人事は、見ていないように思えて、よく見えていることもある。Ａさんは、Ｘという仕事は向いていないと思っているが、上司や人事から見たときに、Ａさんには向いていると思っている。そして、実際、Ｘという仕事ができるポジションに異動させてみると、とても向いていたという話はたくさんある。

　最近、ジョブ型の人事制度を採り入れ、手挙げの異動制度を導入する企業も多いが、会社都合の異動の良さもあるので、会社都合と本人都合のハイブリッドでの異動制度が望ましい。

　異動の話に関連して、組織の中に、誰もやりたがらない仕事があるのだが、どうすればよいのかという問題がある。結論から言うと、こうした仕事は、誰かに押しつけるのではなく、みんなでやるとよい。

　明治時代、東京大学で動物学・生物学を教え、大森貝塚を発掘したエドワード・モースは、横浜で肉体労働している人を見て、以下のような

第3章｜どうすればメンバーのやる気を促せるのか　109

記述を残している。[28]

　「変な、単調な歌が歌われ、一節の終わりに揃って縄を引き、そこで突然縄をゆるめるので、錘_{おもり}はドサンと音をさせて堕ちる。すこしも錘をあげる努力をしないで歌を歌うのは、まことに莫迦_{ばか}らしい時間の浪費であるように思われた。時間の十分の九は歌を唄うのに費やされるのであった」

　また、日光で旅をしているときにも、モースは同じような光景を目にした。[29]

　「裸体の皮膚の赤黒い大工が多人数集まって、いささかなりとも曳_ひくことに努力するまでのかなりの時間を、いたずらに合歌を怒鳴るばかりである有様は、まことに不思議だった」

　狩猟採集民にしても農民にしても、あるいは職人にしても、労働といえば肉体労働が主で、しんどいものだったと考えられる。だからこそ、みんなで歌を唄い、声を出し合って、励まし合いながら進めていったのではないかと推測される。1人でやるには辛い仕事も、みんなで歌いながらやると何とか乗り切れる。時々休みながらであれば、やりきれる。そういうことが、働くことの原点にあると思われる。
　私たちの会社では、企業向けの研修を行っているのだが、研修が始まる前に、会議室の机や椅子を並べ直すことがよくある。また、研修が終わったときに原状回復を行う。そのときに、スタッフの皆さんと、あるいは、研修の受講者と机や椅子を動かすのだが、なぜか仕事をしている気持ち良さがある。1人でやるのは、少々つらいが、仲間と共にやると楽しくなってくる。
　ここで言う誰もやりたがらない仕事は、肉体労働ではないかもしれないが、そういう仕事こそ、みんなでやって、互いに励ましながら行うことで、つらい仕事は楽しい仕事になる。副産物として、一体感が生まれ

110　第Ⅰ部│組織をつくる

ることもある。そういう観点で考えてみるのはいかがだろうか。

▶ やる気を削ぐようなことはしない

　本章の最後に、やる気を削ぐようなことをできるだけ排除するというテーマに触れたい。やる気を促すという観点以上に、組織責任者は、やる気を削ぐようなことをやっていないかどうかという観点が大切である。なぜなら、組織運営をする際に規律や秩序を保とうとしたときに、やる気を削ぐようなことを知らず知らずのうちに行っていることが常にあるからだ。

　以下、ある会社で、やる気を削がれた経験に関して取材を行ったときに出てきた言葉である。

- 会議を通すための、内向きの仕事が多い。
- 無駄な会議が多い。
- 誰のためにもならない仕事が多い。
- 誰でもできる仕事が多い。
- 人事制度、コンプライアンス上のルールや制約が多い。
- 公平でないと感じる制度（評価、昇進・昇格、報酬など）や制度の運用が多い。
- 派閥があり、政治的な駆け引きが横行している。
- 変革を嫌い、現状維持ムードである。
- 形式的で、本質的な議論がされていないという場面が多い。
- 意味があり、ワクワクするようなビジョンがあるわけではない。
- 部門間の壁が高くて、コミュニケーションが少ない。
- 経営者に対して、意見を言う場が少ない。
- 仕事の細分化が進み、全体が見えない業務が多い。
- 組織としてのPDCAサイクルが回っていない。
- 上司から理不尽な扱いを受ける。

第3章｜どうすればメンバーのやる気を促せるのか　111

図表3-9 ▶ モチベーションに関する理論と実践

	研究者	理論	(参考)たとえば、どのような場面で使えそうか
内容理論	マレー	人間が持つ「欲求」を28種類にリスト化（達成、親和、自律など）	メンバーのやる気の源泉を考えるときのリストとして役立つ
	マズロー	欲求段階理論	メンバーが組織や組織責任者、仕事に対して、どのようなことを求めているかを知る際のフレームワークとして活用する
	マグレガー	X理論、Y理論	組織責任者自身が、どちらの見方をしているか点検することで、自身のマネジメントを振り返る
	ハーズバーグ	2要因理論（衛生要因と動機づけ要因）	●働きやすさにおいて環境整備したが、メンバーのやる気が起きない ●働きがいを追求したが、メンバーの不満が大きい
	ハックマン、オルダム	職務特性理論	仕事をアサインするときに5つの観点で「それが満たされているか」を点検したいとき
	レズネフスキー、ダットン	ジョブクラフティング	●メンバーにとって不本意な異動を行わざるをえないとき ●メンバーの自律性を引き出したいとき
過程理論	ヴルーム	期待理論	メンバーが頑張れるように仕事を設計したいとき（メンバーが「それを頑張ればうまくできそう」と思える仕事かどうか）
	ロック	目標設定理論	期初のメンバーの目標設定場面
	デシ	内発的動機づけ、外発的動機づけ	●良かれと思って出した施策や報酬がメンバーにとってもそうなのかを考えたいとき ●組織責任者としてメンバーにやってもらいたいことを、うまくやってもらう方法を考えたいとき
	デシ、ライアン	自己決定理論	仕事のアサインをするとき、金銭報酬を効果的に用いたいとき

仕事そのものにかかわるもの、コミュニケーションにかかわるもの、制度にかかわるものに分かれるが、「仕事のデザイン」「コミュニケーションのデザイン」「個人選択型の施策」によって解決できる問題も多い。私たちは、つい、やる気を促進する施策に目を向けがちであるが、やる気が削がれるという側面も同時に見ていく必要がある。

　メンバー1人1人の意欲についてケアして対応していく一方で、自組織のメンバーに対して、「やる気が上がったこと」ならびに「やる気が削がれたこと」を聞くことによって、自組織全体の問題を浮かび上がらせ、対処していくことも必要である。モチベーションにかかわる理論をベースにしつつも、自組織で起こっていることを明確にするためにヒアリングやワークショップを行い、対応していくことも組織責任者の仕事である。

　本章で紹介した理論がどのような場面で使えるかを一例としてまとめると、図表3-9のようになる。もちろん、この理論が記載の場面で万能なわけでもないし、これらの理論が他の場面で使えることも多いが、理論という先人の英知を使うきっかけとなれば幸いである。

---

column

給与と働く意欲

　産業組織心理学の分野では、採用選考や人事評価などについては多くの研究がある。しかしながら、人材マネジメントや経営の観点から重要と思われる「報酬」に関する研究はこれまであまり注目されてこなかった。たとえば、2012年の『心理学ハンドブック──産業組織心理学』では、動機づけの章の中で報酬については触れられていない。[30] 一方で、現状を見ると勢いのある企業は、高い報酬で優秀な人材を集め、成果を上げている。多くの企業にとって、報酬制度の設計は重要な関心事であることは間違いない。

　そこでここでは、報酬と動機づけやパフォーマンスとの関連につい

ての研究に関するレビュー論文をもとに、報酬に関する研究について、かいつまんで紹介する。

　産業組織心理学の分野で、仕事への動機づけについては、多くの研究がある。そこでは報酬が社員の仕事への動機づけに関連することについて、どう考えられてきたのだろうか。

　マズローの欲求段階理論や、ハーズバーグの2要因理論といった古典的な動機づけに関する理論を見ると、金銭報酬に代表される外発的な動機づけは、ネガティブなものとして扱われている。加えて、内発的な動機づけで行っている活動に金銭報酬などの外発的な動機づけを与えると、内発的動機づけが損なわれるというアンダーマイニング効果もあり、金銭報酬は社員の仕事への内発的な意欲を削ぐと考えられてきた。

　しかし、近年、内発的動機づけの研究者であるマリリン・ガニエとエドワード・デシが、自律性を支援する組織風土があれば、報酬が内発的動機づけを損なう可能性は低く、場合によっては内発的動機づけを高めることができると述べている。[31]

　メタ分析でも、内発的動機づけとパフォーマンスの関係は、外発的なインセンティブがない場合（r = 0.27）だけでなく、インセンティブがある場合（r = 0.36）にも有意となり、後者のほうが、関係性が強いことを示している。[32]

　創造性に関する文献でも同様の変化が見られ、以前は内発的な動機づけは創造性を高めるが、外発的な動機づけは創造性を損なうとの見解であったが、[33] 後のレビュー論文の中で、外発的報酬が創造性にプラスの結果をもたらしうるとしている。[34]

　ちなみに、外的報酬を与えてもアンダーマイニング効果が現れない理由について、ガニエとデシは、外発的動機づけには情報の機能とコントロールの機能の2つの機能があることを用いて、説明を行っている。[35]

　コントロールの機能が際立つ場合には、報酬をもらうことで外からコントロールされているとの感覚が強まって、自律的でありたいとい

114　第Ⅰ部｜組織をつくる

う基本的な欲求が満たされないことから、アンダーマイニング効果が生じる。一方で、企業で得る報酬の場合は、自分が十分な成果を上げている、あるいは自分に高い能力が備わっていてそれが認められている、などを知らせる情報の機能が優勢であるので、有能でありたいとの欲求が満たされることで、アンダーマイニング効果は生じにくいと考えられる。

　別の視点からの説明では、外発的動機づけは内発的動機づけを損なうかもしれないが、パフォーマンスについてはその限りではないとの指摘もある。[36] パフォーマンスは外発的動機づけでも高まるため、企業がパフォーマンスの向上を目的とする場合は、外発的動機づけでも問題ないとするものである。外発的動機づけは内発的動機づけに対するアンダーマイニング効果をもたらすものの、そのマイナスの影響を超えるプラスの効果があるのか、あるいはアンダーマイニング効果はそもそも生じないのかははっきりしない。

　この疑問への回答が、組織心理学分野で外発的動機づけと内発的動機づけの関係を見た17の研究のメタ分析結果から得られている。メタ分析では、外発的報酬を与えることが内発的動機づけにマイナスの影響を与えることが示されている。

　しかし、外発的報酬がパフォーマンスに及ぼす影響を検討した11の研究では、その効果はポジティブであった。つまり、外発的動機づけがパフォーマンスに及ぼすプラスの効果が、内発的動機づけを介して及ぼすマイナスの効果を上回った可能性を示している。[37]

　報酬は、企業が求めるパフォーマンスに向けた社員の動機づけに、確かに効果を発揮する。ただし、外発的動機づけが内発的動機づけを損なう可能性は、多くの研究が示すところである。特に外発的動機づけのコントロールの機能のみが顕著な場合は、内発的な動機づけが損なわれることから、動機づけのために常に外発的な報酬が必要になる。加えて、外発的報酬と報酬の対象となる行動の結びつきが強まる分、役割外行動や自分を成長させるための行動、ストレッチな目標追求といった行動には結びつきにくいといえそうである。

企業は、すでに動機づけの観点から報酬を設計しているだろう。その際に、ここで論じた観点を改めて考えることで、報酬の効果を一段と高めることが可能になるかもしれない。

第 **4** 章

組織の中での
コミュニケーションを整える

———

　海外子会社に関して、定性調査を行ったことがある。業績不調の要因を探る調査であったが、そのような会社において、必要な情報が流通していない事例が散見された。

　営業は、顧客の情報を聞いているのだが、その情報が開発に届いておらず、売れるかどうかわからない商品を開発している。あるいは、営業組織の受注の予測と生産計画が連動できていない。私たちが当たり前に思っている、組織間での情報共有の場がないと会社がうまく回らないことが、多くの会社で見受けられた。

　その調査の後、ある業績不振の会社と会議を持つことになり、どのような施策を考えていったらよいのかを議論することになった。議論の結果、その会社において、以下のような施策を行っていった。

　まず、必要な会議の設定を行った。組織間での必要な情報が何で、審議したい議題が何か、そして、それを議論するために必要なメンバーが誰で、どのくらいの頻度で行うことが適切なのか、というきわめて基本的なところから決めていった。チェスター・バーナードが、組織が正常に機能するためには、円滑なコミュニケーションが必須であることを実感した出来事であった。[1]

　第2章でも触れたが、持続的成長企業は、重層的なコミュニケー

ションを丁寧に行っている。定例会議のようなフォーマルなコミュニケーションもあれば、自主勉強会のようなインフォーマルな集まりもある。また、縦横のコミュニケーションだけでなく、斜めのコミュニケーションも盛んである。持続的成長企業に話を聞くと、必要であれば、隣の事業部の事業部長に、一般社員が話をすることもよくある。しかるべきルートでないと話ができないと言っている会社とは対照的である。

組織の中でのコミュニケーションの出発点は、「目的の共有」である。この組織が何のために存在するのか、何に向かっていこうとするのか、それがわからないと組織がどのように進めばよいのかわからない。

第3章でハーズバーグの2要因理論を説明したが、その中でも「会社の方針がわからない」と不満足の要因になるとのことであった。組織がどこにいこうとしているのかを共有することは、組織の要件としても必須であるとバーナードも述べている。[2] 目的の共有を図っていくことは、同時に組織としての「凝集性の促進」を図ることにつながる。

さらに、組織の中での仕事は1人で完結することは少なく、組織内メンバーとの「協働」、組織間の「連携」が必要になってくる。海外子会社の例で述べたように、そのような連携を促すための場の設計をして、コミュニケーションを図っていくことが組織責任者の仕事として求められる。

加えて、組織の中での「学び」という観点でもコミュニケーション設計は肝要である。各メンバーが持っている知識を共有することは、組織能力を高めることにつながる。また、メンバーが組織運営に意見していくようにすれば、組織運営能力を高めると共に、メンバーの組織運営参加感を増すことにつながる。そのことはやる気を促すと考えられる。

つまり、組織で成果を得るためには、コミュニケーション設計が大切であり、「組織目的の共有」「凝集性の促進」「協働・連携の実現」「学びの促進」「やる気の促進」につながる、大事な要素である。

そのような文脈で考えていくと、組織責任者が、ある組織に就任する際には、当該組織において、どのような情報がどのように流れているのかという実態をつかむと共に、理想についても考えておく必要がある。

グループメンバー全員での会議、必要なメンバーだけを集めた会議、プロジェクトでのミーティング、上司・部下間の１on１ミーティングの設定と共に、インフォーマルな場の設定をして、組織の中のコミュニケーションを整えていくことが組織責任者には求められる。

「組織目的の共有」「凝集性の促進」「協働・連携の実現」「学びの促進」「やる気の促進」の５つは、成果を上げる組織に必要なコミュニケーションの目的である。その目的を実現するためには、工夫が必要である。

なぜなら、「組織メンバーに何かしらの情報を伝えると、組織メンバーは理解し、それに沿って従順に、仕事が進められ、物事が動いていく」ことはめったに起こらないからである。組織メンバーは、それぞれの事情を抱えており、さまざまな価値観を持っている。それぞれの働くスタイルがあり、多様なこだわりを持っている。組織の目的を100％理解しているわけではない。仮に理解していたとしても、そのとおりに行動するかどうかは別問題である。

前任者から、ある組織を引き継ぎ、組織責任者として就任したとすれば、新たな組織責任者は、より良い方向に組織を持っていきたいと考える。組織メンバーは、新しい方向性に対して、従順であればよいのだが、心理的な抵抗を示すことも多い。

あるいは、営業組織と開発組織のように、組織と組織の間には、違う価値観があり、対立関係にあることも多い。そのような対立関係に対応することも、組織責任者の重要な役割である。

本章では、組織を動かそうとしても抵抗してくるメンバーへの対処、あるいは、組織間での対立を解消していくコミュニケーションメソッドの１つであり、組織を動かすうえで重要と思われる「対話」を中心に、組織責任者に必要なコミュニケーションに関連する話を扱う。

第４章｜組織の中でのコミュニケーションを整える　119

1 | 対話の重要性

▶ 対話の効能

　以下は、組織開発の始祖であるクルト・レヴィンの教えを実践したハーウッドの工場で、従業員を2つのグループに分けて、実験を行った話である。[3]

　その工場では、より成果を上げるために、今までの作業手順を変えていく必要があった。どのような方法が有効なのかを探る実験であった。

　1つのグループ（便宜的に「グループA」と呼ぶ）は、作業手順が変更されたことを経営者から告げられ、その後、変更点について事細かく説明を受けた。そして、その変更点に従って、作業を行う。上司から指示があり、部下はそれに従う。きわめて普通の手法である。

　もう一方のグループ（「グループB」）は、経営者が今の作業手順の問題点を説明し、解決策を従業員に求めた。従業員は、自分たちが何をやるのかを自分たちで考え、新しい作業手順をつくった。結果、グループAに比べてグループBのほうが大きな手順変更を試み、行動の変化もグループBのほうが大きくなった。

　一方、グループAでは不満が噴出した。変化への心理的抵抗とやらされ感で、マネジャーと従業員の関係性は悪化し、従業員の士気は低下した。結果、生産性も低下し、以前の3分の2まで落ち込んでいった。

　グループBでは最初、作業に慣れていなかったため、生産性は低下したが、すぐに元に戻り、徐々に変革以前のレベルより生産性は高くなっていったのである。従業員は変化を受け入れ、マネジャーとの関係性は良好であった。

　グループAとグループBの違いは、コミュニケーションのあり方にある。グループAは、経営サイドからの一方的なコミュニケーションである。一方で、グループBは経営サイドからも話はあるが、従業員

120　第Ⅰ部｜組織をつくる

側からの話もある。互いの立場から話し合いを行い、双方が対立するのではなく、経営にとっても従業員にとっても納得できる施策を模索していくことを行っている。いわゆる「対話」というメソッドを使って、成果を上げていったという実験であった。

　経営と現場は、双方の利害が違っていることが多いために、対立が起きやすい。それゆえに、双方の言い分を話す場が重要になってくる。つまり、対話の場が重要である。対話がうまくいけば、双方に納得感のある合意がとれる。そのことが対話の最も大きい効能である。

　そこでの合意は、双方にとって、単純な妥協案でもなく、双方が最初考えもしなかった新しい何かが生まれることもある。

　以下は、実際にあった話である。

　ある経営者が「もう少し売上を上げてほしい」と現場の人向けに語った。経営者は売上を上げてほしいんだなと現場は理解し、そのための方策を考える。しかしながら、ある若い社員が「なぜ売上をさらに上げないといけないのでしょうか」と経営者に対して素朴な疑問を呈する。

　「株主が納得しないから」と経営者が回答した。

　「株主は売上を上げることを求めているのでしょうか。今まで100％の仕事をしてきて、これ以上に売上を上げるためには、労働時間をさらに増やしていく必要があります。そのことで疲弊して、人が辞めていって、組織の状態が悪くなることを株主は望んでいるのでしょうか」と若い社員は言った。

　経営者にとって、労働時間を増やすことは本意ではなかった。より効率的な方法を模索し、労働時間を増やすことなく売上を上げることを行ってほしかった。自分の本意をきちんと伝える必要性を感じた。そして、丁寧に語り直した。しかしながら、そう簡単に効率的な方法は見つからなかった。

　しかし、経営者としては、効率的な方法をみんなが模索していったことが成果だと思った。中長期的な視点で経営を考えて、場合によっては売上を伸ばさないという決定も必要なのかもしれないと経営者は考えるに至り、今年の売上を伸ばすより、中長期的に売上を伸ばすための施策

第4章　組織の中でのコミュニケーションを整える　121

を考えていくことにシフトしていった。

　現場をわかっている人との会話は、経営者にとって、とてもありがたいものである。そういう声をなるべく拾っていくことが大切であると思い、その経営者はリバースメンタリングを取り入れるようにした。

　リバースメンタリングとは、年長者が若手にメンターするのではなく、若手が年長者にメンターすることである。その経営者は、どういう経営をしていけばよいのかという相談を若手社員にするという仕組みを取り入れた。年長の経営者は、経験が豊富で、難しい経営問題を考えることはできる。一方で若手社員は、年長者よりも時代の流れに敏感で、将来は長い。年長の経営者が持っていない視点を持っている。その視点を取り入れようとして、その経営者はリバースメンタリングを始めた。

　合意がとれること、そして、場合によっては、当初考えもしなかったような合意や展開がなされること。それらが、対話の効能である。どちらにせよ、1人で考えているだけでは見えなかったことが、対話を行うことによって、見えてくるという効能がある。経営からすると現場の細かなことが見えないので、現場の実情をわかっている人の意見は、より成果を上げるために必要な情報である。そのような現場の意見を拾うためにも、対話が貴重な手段になってくる。

　それらの効能に加えて、こちらのほうがより重要な場合が多いと思われるのだが、対話はメンバーを人として扱っているという観点で、メンバーのやる気を引き出す効能がある。

　人は、自律性を重んじる。誰かにコントロールされていると感じると、コントロールされまいとして抵抗する。一人前の人間として扱われたいと思い、そのように扱われないことに憤りを感じる。グループAの状態である。一方、自分に選択権があると認知すると、ストレスを下げ、健康状態が良くなり、幸福感は高まる。グループBの状態である。対話の効能である。

　対話を促進させるというのは、メンバーのコントロールされている感を減らして、コントロールしている感を増やすことである。コントロールに関して、もう少し触れておく。

「今年はうまくいった。皆さんのような素晴らしい仲間と仕事ができて嬉しい。来年はもっと頑張ろう」と社長は語る。しかしながら、このような話に対して、社員はその言葉を鵜呑みにしないことも多い。社長は「もっと頑張ろう。みんなはできるはずだ。信じている」と語っても、社員には「優秀な社員もいるのに、他のお前たちはサボっていたんじゃないか」と聞こえる。社長の言葉とは裏腹に、社員は侮辱されているように感じる。優秀な社員を表彰することで、自分もそうなりたいと思う人もいるが、会社にコントロールされていると感じる社員もいる。

あるいは、「おかげさまで売上目標が達成されました。どうもありがとうございました」と社長が話したとする。社長としてはねぎらいの言葉である。しかしながら、社員はそのように受け取らないこともある。「あなたのために働いたわけではない」のに、わざわざ言われることにコントロール感を覚えるのである。社員の表彰や社長の熱いスピーチは、一方的であり、ネガティブに働くことが多いので注意が必要である。そういう意味で、双方向の対話が意味をなすのである。

古典的な研究で、ノイズ音が入るという設定の下、参加者に難しいパズルに取り組んでもらった実験がある。[4]

1つのグループでは、ボタンを押せばそのノイズを止められると告げられている。別のグループでは、ノイズ音はコントロールできないという設定である。実験の結果、自分で騒音をコントロールできると思ったグループは、騒音に対するストレスは低く、忍耐強くパズルに取り組むことができたが、コントロールできないと思っているグループは、ストレスが高くなり、パズルを早々に諦めてしまった。コントロールできると思ったグループの参加者は、実際に騒音を止めるボタンを押したわけではない。自分がコントロールできると認知していることが結果につながる。

ある会社での話である。社員の自主性を重んじることを決めたので、自分たちで行いたい仕事を決めていくということを試みた。そうすると、法務部門をやりたい人がいないことが判明した。最悪、すべて外注してみようと経営は考えた。

第4章｜組織の中でのコミュニケーションを整える　123

しかしながら経営は、法務部門をやりたい人がいないことを告げ、再度、法務部門を行いたい人を募集してみた。そうすると、もともと法務部門を担当していた社員から、「自分がやります。会社全体を見渡すと自分でやるのが最も適切と思います」と申し出があった。

　その後のその社員の働きぶりは、全く変わった。人から強制されたのではなく、自分で選んだ仕事ということで意欲が上がったのである。ちなみに、その会社は、働きがいのある会社ランキング上位の常連であり、女性ランキング小規模部門では1位になっている。[5] また、厚生労働省が推進しているストレスチェックにおいて、日本で最も働きやすい職場（2022年度）にも2年連続で認定されている。[6]

　米国の心理学者のアダム・グラントは、大学の卒業生に寄付を募る際に、4種類のメールを用意した。[7] 1つは、「寄付をした人は、いい気分になりました」という、利己的な理由でのメッセージ。2つ目は、「あなたの寄付で学生や教職員の生活が良くなります」という、利他的なメッセージ。3つ目は、利他的と利己的の両方のメッセージを含めたもので、4つ目は、利他的なメッセージと利己的なメッセージの順番を変えたものであった。そして、今まで寄付の実績がなかった卒業生をランダムに選び出し、それぞれ2000通を送って寄付率を比較していった。

　利己的なメッセージ、利他的なメッセージの寄付率は、それぞれ6.48％、6.56％でほぼ同じであった。ところが、利己＋利他のメッセージ、利他＋利己のメッセージの寄付率は、2.80％、3.17％であった。利己と利他の両方を含むメッセージは、単独のメッセージの約半分の効果であったことがわかる。利己と利他の双方のメッセージを含んだほうが、効果的と思われたが、双方あることで、逆に寄付を迫られており、操作的で、コントロールされていることを感じたと思われる、とグラントらは説明している。

　話がコントロール感に関する話に逸れたが、対話の大きな効能として、コントロール感を相手に持ってもらうところにある。対話をすることは、相手を大切に思っており、相手の意見や感情を重んじるということと同義である。自分にコントロール感があると思えれば、やる気は促

進されるし、組織に対するコミットメントは高まる。「対話」は、第3章で扱った「やる気」につながることを改めて理解していただければありがたい。

▶ 対話とは何か

『広辞苑(第6版)』を引くと、「対話」とは「向かい合って話すこと。相対して話すこと。2人の人がことばを交わすこと」とある。この定義だと、対話は、日常の会話や話し合いと同義であり、組織の中で成果を上げるためのコミュニケーションという意味合いから少し遠いので、違う角度から掘り下げてみよう。

物理学者であり、対話に関する造詣が深いデヴィッド・ボームは、「対話」について、一般的に使われているものと少し異なった意味を与えている。

誰かと向き合って、話をしてみる。そうすると、「自分が言おうとしたことと、相手が理解したこととの間に差があると気がつく。この差を考慮すれば、最初の話し手は、自分の意見と相手の意見の両方に関連する、何か新しいものが見つけ出せるかもしれない。そのように話が往復し、話している双方に共通の新しい内容が絶えず生まれていく。(中略)2人の人間が何かを協力してつくると言ったほうがよいだろう」とボームは語っている。[8]

さらにボームは、「新しいものが創造されるのは、人々が偏見を持たず、互いに影響を与えようとすることもなく、また、相手の話に自由に耳を傾けられる場合に限られる」と続ける。「偏見を持たない」「影響を与えようとしない」「自由に耳を傾ける」というのは、対話の効能を引き出す条件であるが、これは難しい。こちらがそのようなスタンスで臨んでも相手がそうでなければ、対話は成立しない。対話する場合は、この場はそういうルールであることを双方で認識しておく必要があるということだ。

ボームによると、「対話(dialogue)」という単語は、ギリシア語の

「dialogos」という言葉から派生している。「dia」は「〜を通して」、「logos」という単語は「言葉」の意味であり、「対話」は、人々の間に流れている「意味の流れ」であり、人々の間で意味の共有をすることは、人々や社会をつなぐ役目を果たしている。

　一方、「議論 (discussion)」という言葉は、「打楽器 (percussion)」と語源が同じである。議論を行うことの目的は、相手に打ち勝つことにある。相手を説き伏せるために、データを揃え、ロジックをつくる。

　しかし、対話では勝利を得ることが目的ではない。参加している人みんなが勝利することをめざすものである。独自の意見を持つことは奨励されるが、それを押し通すことは奨励されない。何かの間違いや欠けている視点が指摘されると、本人はしまったと思うかもしれないが、欠けている視点がわかることは、場にとって有効なことである。

　しかしながら、日常の場面で、そのような対話が行われることは少ない。特に、それぞれの価値観に根差したものであれば、なおさらである。営業を何十年も行い、営業担当の経営幹部になった人は、お客さまに喜ばれることが会社の発展につながると思っている。そのために、お客さま1人1人が喜ぶような製品やサービスにこだわる。場合によっては、特別仕様のものを必要とする。

　一方で、標準製品にこだわる製造の責任者は、特別仕様を嫌う。そのことで製造コストが上がり、ミスも増える。そこで、互いが互いに議論し始め、どちらかが勝ち、どちらかが負けるということが起きる。下手をすると、そこにはわだかまりが残り、互いが互いのことをわかっていないと思うようになる。この前は負けたので、今度は勝つことが目的になったりする。それは会社の発展にプラスにならない。自分の主張はするものの、固執することなく、会社のことを考えたときにどういう方法がよいのか、対話していくことが求められる。良い組織は、対話がうまくできる組織になると考えられる。

　組織責任者が必要とされるのは、平時よりも有事のときが多い。突発的な出来事や想定外のことが起こったときに、組織責任者として、決断をしたり、新たな方向性を示したりすることが必要になってくる。組織

に危機が迫れば、メンバーは不安になり、組織責任者に頼る。そういう場合には、組織責任者は大変だが、リーダーシップを発揮しやすい場面でもある。

　一方で、目の前に迫り来る危機がよく見えない。あるいは、何らかの危機がありそうなのだが、今すぐではなく、ゆっくりと危機が進んでいるような状況の際に、リーダーシップを発揮するのは難しい。業績がゆっくりと下がっている。業界内でのシェアが下がっている。組織内での高齢化がゆっくりと進行している。離職者が徐々に増えている。その際に、組織責任者が危機を訴えても、現場は変わらず、笛吹けど踊らずという状態に陥る。ある意味、組織責任者として、最も難しい状況だ。

　そのような状況の際には、対話という手段が有効と考えられる。時間的な猶予がある場合は特にそうである。逆に、すぐに対処しなければ間に合わない状況であれば、対話という手法だと時間がかかってしまい、組織は危機的な状況を脱せなくなる可能性があるので、対話という手法は使いづらいことも理解しておく必要がある。

　そのような文脈で、以下では対話が必要な場面として、組織責任者が「組織を変えていく」ということに焦点を当てながら、話を進めていく。まずは、人は変わることに対して、なぜ抵抗するのかについてから始めたい。

2 ｜ 変わることになぜ抵抗するのか

▶ 変化に対する抵抗の理由

　組織メンバー1人1人の意識と行動が変わらないと組織全体は変わらないが、組織メンバーの意識と行動は、そう簡単に変わらない。

　変化に対する抵抗には、いくつかの理由がある。

　1つ目の理由は、変化は労力だからである。これまで親しんできた仕

事のやり方や手続きは、慣れているし、効率が良い。そのやり方を変えることは、少なくとも効率が落ちることを意味する。

　たとえば、今ではパソコンで文字を入力して文章を書くのが当たり前になったが、昔は手書きであった。社内での通達文を書くのも手書き、プレゼン資料も手書きであった。パソコンに入力するためには、タイピングができないといけないが、手書きに慣れていた人は、その習得まで労力と時間がかかる。そのため、パソコン導入以降も手書きを続けていた人も多かった。

　2つ目の理由は、馴染みがないものに対する抵抗である。人は、馴染みがあるものは受け入れやすいが、新しいものに対して警戒をする。新奇恐怖症である。たとえば、投資家は自国の株を購入したがる。日本の投資家は、世界の株式に占める日本株の割合は9％にすぎないのに、日本の企業に80％投資している。9) 馴染みがあるほうが安心である。組織変革において、今までやったことがない新しい行動を促す際、新しい動きに躊躇してしまう特性を私たちは持っていることに留意しないといけない。

　ただし、その特性も人によって違う。つまり、新しいことに対する警戒心が強い人もいれば、興味を抱く人もいる。変革を行うにあたっては、新しいことに抵抗がない人から変えていくやり方は、組織を変える常套手段である。

　変化に抵抗する3つ目の理由は、そもそもの信条や価値観に反していることが求められる際に起きる。たとえば、指示命令型のマネジメントからコーチ型のマネジメントへの転換が求められているとする。それまで自分が受けてきたマネジメントも自分がやっているマネジメントも、部下に対して上司が指示することが当たり前で、それが良いと思っていたとしたら、部下の話を聞きながら、支援的なマネジメントを行うことに納得できないことが起こるだろう。

　つまり、部下はきちんと指示しないと動かないと思っているし、仮に、やりたいことを聞こうとしても「それは上司が決めてください」と言われているのが現状だとしたら、マネジメントのやり方を変えるのは

128　第Ⅰ部｜組織をつくる

難しいだろう。

　そのようなマネジメント観の変更だけでなく、会社のバリューや価値観の変更、人材マネジメントポリシーの変更が伴う人事制度の変更は、組織メンバーがそれまで信じていた信条や価値観の変更が求められる。そのようなメンバーは、最後まで組織変革の抵抗勢力として存在するか、自分の価値観と合わないということで、その組織から離れるということもある。

　変化に抵抗する4つ目の理由は、ポリティカルなことに起因する。組織の中で力を持っている人の立場が脅かされるような変革は、一筋縄ではいかない。しかしながら、組織を変えようとすれば、誰かの立場が脅かされるようなことが起こる。

　たとえば、構造改革の一環で、2つの支店を1つに統合するような動きを行えば、支店長の1人は支店長でいられなくなる。穏やかでない話である。組織全体の方向性には納得するものの、自分の利益を損なうような行動を自ら起こそうとはしないだろう。

　リーダーは、優秀なメンバーに重要な仕事を任せるようにすると思うが、実際にはそうでもないケースも多い。自分の地位が脅かされると感じさせる優秀なメンバーがいたときに、リーダーはそのメンバーに重要な仕事をさせないことがたまにある。また、周りのメンバーにそのメンバーが優秀だとわからせたくないので、周りのメンバーとコミュニケーションさせないような仕事をやらせるようなことが起こる。[10]

　マネジャーは、情報を小出しにすることがある。メンバーと比べて、自分だけが知っている情報を持っていることで、自らの地位が保てるという構図である。そのような状態であれば、組織を変えるために必要な対話を行うのは難しくなる。組織としての方向性やその方向に向けた行動について、メンバーに納得して、前向きに行ってもらうためには、組織を構成するメンバーの意見を聞き、メンバーの合意を引き出すような対話型のコミュニケーションが不可欠である。

　その場合の前提条件として、メンバーが組織責任者と同等の情報を持っており、組織責任者の視座で考えることがあるが、隠された情報が

第4章　組織の中でのコミュニケーションを整える　129

あるとすると、その前提条件が満たされないことになる。

▶ 労力と馴染みのなさによる抵抗に対する対応

　変化に抵抗する人たちへは、どのように対応していけばよいのだろうか。まずは、クルト・レヴィンが行った、いくつか古い実験の話から始めよう。

　まだ栄養に関して人々が十分な知識を持っていなかった時代に、米国中西部の人たちに行った実験である。Aグループの人々には、牛乳を飲むと健康に良いという講義を行った。Bグループの人々には、単に講義を行っただけではなく、牛乳と健康に関する討論も行い、牛乳の消費量を増やす決定をしてもらった。両グループとも、所要時間は同じにしたのだが、4週間後、牛乳の消費量が増えたと報告したのは、Aグループ（講義）が20％未満。一方、Bグループ（講義＋討論＋決定）では約50％であった。[11]

　次に、オレンジジュースの事例である。

　栄養士が母親1人に25分間を費やし、面談して、オレンジジュースを子供に与えたほうがよいことを伝え、一方では、同じ時間をかけて6人の母親の集団に話をして、その後、話し合いをしてもらい、自分たちでオレンジジュースを子どもに与えたほうがよいと決めた。2週間後、個人ごとに働きかけたグループでは4割程度の実行であったが、集団に働きかけた結果は、9割近くの実行であった。[12]

　ここでの結果は、1人1人に行動を変えるように促すよりも、集団のみんなで話し合い、みんなで決定していったほうが、各人の行動が変わるということである。

　なぜ、そうなるのだろうか。

　1つの要因として、私たちが持つ同調性がある。集団の誰かが牛乳を飲むのならば、私も牛乳を飲むという特性である。そもそも私たちの脳は、他の人の脳と同調したがる傾向がある。第1章で同調行動の話題を扱い、人が同調したがることについて触れたが、実際の脳活動でも同調

130　第Ⅰ部｜組織をつくる

行動が見られた。

プリンストン大学の神経学者のウリ・ハッソンは、MRI（磁気共鳴画像）を用いて、1人の話し手に対して20代の12人の聞き手の脳活動のパターンを記録する実験を行った。[13] 実験によると、話し手の脳活動と聞き手の脳活動が同期することがわかった。この同期のパターンは、言語処理を行う領域だけでなく、広範囲の神経回路で同期する。レヴィンが言及した集団では、話し合うことによって、参加者の脳は同期し、脳の中に刻み込まれ、その後の行動変容を促したと考えられる。

正しいと思っていても、行動に移すことは難しい。正月に立てた目標を達成している人は少ないし、[14] 忘れてしまうこともしばしばである。禁煙、ダイエット、禁酒ができなくて悩んでいる人も多い。行動を変えるのは、個人では難しい場合も多い。だから、1人ではなく、集団としてやっていくほうが楽である。

このことは、第1章で触れた社会的学習と関係してくる。他の人がやっているのを模倣することは、人が得意としていることである。自分と一緒に禁煙してくれる仲間がいれば、禁煙できる確率が高まる。同様に、グループのみんなで決めたことは、みんなで実行していく確率が高まる。やることを忘れたとしても誰かがやっていることを見ると思い出すし、挫折しそうになったときに励ましてくれれば、なんとかしようとやる気は起きてくる。私たちは自分だけのために何かをやるのは難しいが、誰かのため、チームのために行うことは得意なのである。

これまで行ってきた慣習や行動を変えようとする際には、集団の力を利用したほうがよくて、それも集団の中でコミュニケーションをすることで、その確率を高められると考えられる。

▶ 組織を変えることを阻むメンバーの心理的問題

人の信条や価値観を変えるのは難しい。というよりも、人の信条や価値観は変わらないと思っていたほうがよい。しかしながら、環境変化に伴い、組織の方向性や組織が理想とする価値観を変えないといけない場

合もある。組織メンバーには、少なくとも、組織が変わることも理解してもらい、その邪魔にならないように動いてもらう。あるいは、何らかの妥協できるところを探ることが必要になってくる。

そういう意味で、組織メンバーたちの中にある信条や価値観の背景にあるものは何か、何であれば合意できそうか、妥協できそうなのか、ということを探るようなコミュニケーションが必要になってくる。そのようなコミュニケーションも「対話」である。

組織責任者としては、良い対話をするために組織メンバーたちの信条や価値観の背景にある心理的問題やバイアスに関して、どのようなものがあるのかを知っておくことが効果的である。ここでは、組織責任者がいい対話を行ううえで、気をつけたい心理的問題について、いくつか紹介しよう。

1つ目に重要だと思われる心理的問題は「公正バイアス」である。人は、単に損得勘定で動いているわけではなく、公正でありたいと思っているし、自分は公正であり、相手と意見が異なる場合には、相手が公正でないと思う傾向がある。

たとえば、新しく就任した組織責任者は、これからの環境を考慮すると、今までのやり方やサービスでは成果が上がっていかないと思っており、それゆえ、これまでのやり方を一新しようと考えている場合を想定してみる。

一方、組織メンバーは、組織責任者の見方と違っていることがよくある。たとえば、日々顧客と接していて、今までのやり方でも十分に通用しているし、これからも通用すると思っている。もっと言うと、新しく就任してきた人に、自分たちが取り扱っている市場がわかっていないのではないか、自分たちを操って、自分の出世のために、改革を行おうとしているのではないかと疑っている。

前述したように、人は基本的に変化したくないと思っているので、変化を促す組織責任者に対して、ネガティブな感情を起こすことがある。組織責任者が正論を吐いても、何か裏があるのではないかと思っていることもある。さらに、人は、相手が公正でないと思ったら、自分が損を

してでも相手を罰したいという欲求を持っている。

実験経済学の有名な実験として、最後通牒ゲームがある。

匿名状況において1回限りで、「分け手」が「受け手」に元手を分けるゲームである。たとえば、元手として1万円あって、分け手は8000円が自分で、受け手に2000円を渡すというように決めることができる。受け手はそれを受け入れるか拒否するか決めることができる。拒否すれば受け手は1円も受け取れない。受け手は、1円以上の提示があれば、いかなる提示であっても得をする。

ゆえに、分け手は99％が自分で、受け手は1％というような提示もできるわけだが、実際には、多くの国において、分け手は40％以上を提示することが多い（50％が最頻値）。また、20％を下回るような提示をした場合には、受け手から拒否されることが散見される。[15] 実験後のインタビューによると、少額の提案を拒否した受け手は、分け手の強欲さに対する怒り、不公正な行動に罰を与えたいという欲求を表明する。

元手を分配する場合には、合理的な理由がない限り、半々に分けることが公正であると多くの人は考える。そして、公正でない場合に、経済的に損をしてでも相手を罰するような行動をとる。

先ほどのケースでいえば、組織責任者の改革に対して、組織責任者の出世欲でやっているとメンバーが受け取っているとしたら、組織責任者への罰として、とりあえず抵抗する。あるいは、表向きは服従しつつも、全くそれに従わないことが起こりうる。そのようなメンバーの心情を前提にした対話が必要になってくる。

ここで対話が必要と述べたが、そのような面倒な手続きをしない方法もある。つまり、組織責任者が描く方向性や理想とする価値観と、その組織メンバーの方向性や価値観が合わなかったとき、組織責任者は、「組織の方向性や価値観に合わせてほしい。合わないと思うのなら、邪魔をしないでほしい。その代わり、仕事はきちんとしてほしい。それが嫌であれば、この組織を去ってほしい」というオプションもある。そのほうが対話をするより面倒でなく、現実、多くの組織や組織責任者がやっていることである。

第4章｜組織の中でのコミュニケーションを整える　133

問題は、そのように思っているメンバーがどのくらいいるのか、そのメンバーが組織にどう影響を及ぼすのか、あるいは、そのメンバーが辞めることが組織にどのような影響を及ぼすのか、足りないメンバーを採用・教育する時間とコストは見合うのか、ということであり、それらを総合的に判断したほうがよい。

　組織の価値観と合わないと思っているメンバーは少数であり、そのメンバーは特に悪影響を及ぼすことがない、あるいは、そのメンバーたちが去ったとしても組織に大きな影響を与えることがなければ、面倒な対話をしなくてもよい。逆に、そうでない場合には、対話をしていくことが成果につながる。

　話が少し横道に外れたが、心理的問題の2つ目は「確証バイアス」である。このバイアスは、仮説や信念を検証する際に、それを支持する情報ばかりを集め、反証する情報を無視、あるいは集めようとしない傾向である。確証バイアスがあると、正しい判断ができないことも多いし、「公正バイアス」をより強化する働きがある。つまり、自分の信念に一致した情報を肯定的に評価し、一致しない情報を否定的に評価する、あるいは、無視するようになる。[16]

　米国において、「死刑を強く支持する学生」と「死刑に強く反対する学生」計48名を選んで、全員に2つの研究結果を提示した。[17] 1つは死刑の有効性に関する証拠、もう1つは効果のなさに関する証拠の研究結果である。その資料そのものは偽物であったが、学生たちはその研究結果をどのように受け取っただろうか。

　結論からいうと、自分に都合の良い研究を支持し、そうでない研究については説得力がない研究だと見なした。死刑支持者は、社会の制度として死刑が必要という思いを強くし、死刑反対者は逆に、死刑に反対であるという思いを強くした。

　先述したような組織責任者は、私情でそのような改革をしようとするのではないことを示すために、ファクトとロジックで、経営のあり方やビジネスの方向性について提案することが多い。しかしながら、それを素直に受け取らないメンバーは存在する。あるいは、組織責任者が言っ

134　第Ⅰ部｜組織をつくる

ていることの一部を切り取って、自分に都合が良いように解釈することはよく起こる。

ファクトとロジックで誰かを説得しようと思う人は、この人間の特性をよく知っておく必要がある。ファクトとロジックで説得できないことも多いし、下手をすると、ロジックがわからないメンバーだと腹を立ててしまうからである。メンバーにはメンバーの事情、価値観があると理解をしておくことから始めないと、新しいことに着手しようと思っても始まらない。

心理的問題の3つ目は「敵意バイアス」である。相手が悪意や敵意を持っていると必要以上に知覚してしまうバイアスである。普通に話をしているだけなのに「嫌われている」と思われたり、質問をしているだけなのに「否定されている」と思われたりすることであり、ある種の被害妄想ともいえる。

敵意バイアスを持っている人は、自分を守るために、相手に敵意を持つことがある。特に、経験が浅かったり、何かに弱みを感じていたりすると、それを守るために冷淡になったり、攻撃的になったりすることがある。「相手に負けたくない」「支配されたくない」「相手を苦しめたい」というように発展していくこともある。組織メンバーにそのような人がいると、対話は難しくなる。

相手が敵意を持っていないと判断すれば、話し合いをして、互いに妥協するところを探ることも可能だが、相手が敵意を持っていると判断すると、こちらもそれに応じて自分を守ろうとする。そこでは、敵対関係が起きる。

対話が面倒だと思っているメンバーもいる。

対話によって、互いの違いが明らかになって、それで小さな敵意が生じて、相手に感じた小さな敵意が、こちらの敵意を呼び起こし、それが向こうの敵意を高めるという状態になり、話し合いが決裂していくことは、よくあることだ。対話が万能だと思っている人は、改めて、このことをよく知っておく必要がある。対話は、諸刃の剣である。

心理的問題の4つ目は「自尊心の防御」である。人は自尊心が脅威を

第4章｜組織の中でのコミュニケーションを整える　135

受けることに敏感である。自尊心の対象は、自分の身の回りのことまで拡張する。自分の家族や組織や会社や国が含まれる。つまり、自分の組織について悪口を言われると、自分への悪口のように聞こえてしまう。所属する集団だけでなく、自分の意見や要求も自分のものと見なすようになる。そして、そのような拡張された自己を批判されると、傷ついたり、不快感を持ったりする。

　自分の意見に対する批判に対して、自分が公の場で発言していない場合には、自分が発言した場合と比べて、傷つく度合いは低い。つまり、自分が「その提案に対して賛成である」という意見を持っていたとしても、誰にも言わなかったとしたら、「その提案は、○○という観点でダメである」という批判は、割と素直に聞くことができる。むしろ、なるほど、そういう見方もあるのだと学ぶ。

　ところが、会議の場のようなところで公に発言し、その意見が批判されると、多くの人は自尊心が傷つく。[18] なるほど、そういう意見もあるのだという気持ちにはなれない。一度、発信してみて、その意見が反対されると、自尊心が傷つくように感じ、反発し、敵対心が生まれる可能性がある。そのため、人の意見に反対する際には、細心の注意が必要になってくる。

　第1章ではブレインストーミングを扱ったが、その場合も、人の意見を批判しない、ダメ出しをしないというルールを述べた。まさに批判によって、反発や敵対心が支配し、場の創造性が失われることを避けるためのルールであることがわかる。

　ブレインストーミングは、その人の信念に根差したアイディアというよりは、思いつきから生まれたアイディアである。否定されても、大きく傷つくことはない可能性は高いものの、そのようなルールをつくっている。ましてや、その人の信念や価値観に根差した意見であれば、その意見に対して批判があると、反発や敵対心が生まれ、場が凍ることは容易に想像がつく。そんなことを踏まえて、組織の変革を進めていく必要がある。

3 | 対話を促進するために

▶ 対話による共通了解

　組織の新しい方向性や理想とする価値観に対する抵抗に対しては、面倒であるが、建設的な対話を行うことで、前に進んでいくこともある。ここでは、建設的な対話を行うための対話の技術について、組織責任者に知っておいてほしいことについて述べる。

　対話の歴史は古い。プラトンに代表される古代ギリシア哲学では対話が多用されていた。たくさんの人々の多様な意見を募り、それぞれの意見を尊重しながら、共通了解につなげてきた。

　東京医科大学の西研は、プラトンやフッサールの対話の技術を現代に応用できるよう、著書『哲学は対話する』で紹介している。[19] その方法を簡単にまとめると以下のようになる。

①参加者それぞれの問題意識を確認する。
②さまざまなエピソードを出し合う。
③カテゴリーに分けてみる。
④すべての例に共通する基本的な本質を挙げる。

　著書では、「勇気とは何か」あるいは「正義とは何か」というテーマを事例として、解説している。

　たとえば「勇気」に関して、参加者は勇気に関する自分の問題意識を出し合う。「勇気が持てない自分が腹立たしい」とか「勇気ある行動を最近はしていない」とか出し合う。それから、自分が勇気と感じたエピソードを次々と出し合う。自分の体験でもよいし、他者が行った勇気ある行動でもかまわない。そして、他者のエピソードを聞き、質問しながら、エピソードを深め、自分自身の経験に重ね合わせる。あるいは、自

第4章｜組織の中でのコミュニケーションを整える　137

分には思いつかなかった例を聞きながら、改めて、「勇気」ということについての理解を深めていく。

そして、出てきたエピソードをカテゴリーに分けてみる。それは、たとえば「困難への挑戦」「正義を貫くこと」「悪者をやっつけること」「周囲に流されないこと」のようなカテゴリーに分けられることがわかる。そして最後に、すべてのエピソードに共通する基本的な本質を取りまとめる。

エトムント・フッサールが提唱した現象学は、各自が体験した領野に立ち戻ることを要請している。唯一無二の真理を求める姿勢を放棄するということである。唯一無二の真理を求めることは、空論や対立を生む。そうではなく、各自の体験をベースに戻ることで空論を避けることができる。一方で、100人いれば100人の体験があり、それぞれの考えがあると落ち着いてしまい、そこから何かを生み出していくのは難しくなる。

しかしながら、私たちが社会を営むことや組織を動かしていく際には、行動規範や制度など、何らかの共通するものが必要になる。そういう意味でも、それぞれの考えを述べながら、つまり、対話をしながら、共通するものをつくり上げていく必要がある。

組織を動かしていくという文脈で考えると、単なる戦略の実行よりも、環境変化に伴い、自分たちの行動や文化の変化を盛り込むことも多い。その際には、これまでも大切にしていて、これからも大切にしていきたい行動や文化、これからは必要がない行動や文化、そして、新たに必要とされる行動や文化についての対話がされると考えられる。

改めて「自分たちらしさ」が対話されることもある。その際に、参加者が自分たちらしさを体現した自分のエピソードを語り合うことで、抽象的な議論になりがちな行動や文化は、より明確になり、共通了解になりうると考えられる。

自分たちが大事にしようとしている価値観は、抽象論で語っていくと、つくった後に誰も思い出せなくなる。何らかのストーリーで語っていくことで、語りやすくなり、聞くほうもすぐに思い出せるようにな

る。そのようなストーリーをつくる意味でも、具体的な各人の経験に基づいた対話が必要だと思われる。

▶ 対話を促進するための前提条件

　対話による共通了解があるのはわかったが、もう少し、具体的に対話を進めるためには、どのようにすればよいのだろうか。

　こちらは対話しようと思っているが、向こうに対話の意思がない場合、対話は進まないと考えられる。たとえば、こちらは相手の立場で考えようとしているにもかかわらず、相手はこちらのことを考えず、自分の主張ばかりしていると対話は進まない。そのままだと、相手の主張を単に受け入れるだけになるので、こちらも頑張って主張してしまうということがある。そうすると、話し合いは平行線になってしまう。対話は有効といわれるが、対話の難しさは、この前提条件にあると考えられる。

　先にボームが述べたように、対話のための条件が、「偏見を持たない」「影響を与えようとしない」「自由に耳を傾ける」ということを考えると、日常のモードで対話を進めていくことは難しそうである。それゆえに、この場は対話の場だと双方が理解し、対話モードであることを意識しながら話を進めていく必要がある。その際には、たとえば、以下のような場のルールを共有しておくことが有効である。

- テーマに合わせて、自分の意見を明確に伝えること
- 自分の意見を言う際には、適切な言葉を選び、不必要に誰かを傷つけることを避けること
- 相手の意見を聞くこと
- 相手がどういう感情になっているのかも理解すること
- 相手の意見や感情の背後にある考えや事情も理解しようとすること
- 相手の意見を、自分の尺度で判断しないで、一旦、受け入れること

対話モードで進めるためのセッションをいくつか紹介したい。

それらのセッションは、「公正バイアス」「確証バイアス」「敵意バイアス」「自尊心の防御」のような心理的問題を考慮して、対話を促すための仕掛けである。そのセッションを行うにあたって、先に挙げた場のルールがあるのも前提である。

▶「他者の視点で考える」セッション

1つ目は、「他者の視点で考える」セッションである。対話において、ある人は他者の視点で考えるが、ある人は考えないという状態にしないということが重要である。他者の視点を取り入れることは容易でない。ある意味、多くの経験と共に、訓練しないとできないことである。

以下は、私たちが実際に行っているセッションの事例である。

他者の職歴やその詳細が書かれた資料を見ながら、その人が何を大事に働いているのか、何にこだわっているのか、組織に対してどういうふうに貢献しようとしているのか話すセッションである。つまり、みんなは他者の職歴を味わいながら、他者になりきり、他者の立場を味わう。当該の他者は、みんなが話している間は、黙っている。もどかしいが、他者からはそういうふうに見られているのか、と感じると共に、自分の立場を理解してもらい、嬉しくなることもある。

正確には、自分のことを十分にわかってもらえるまでにいかないが、みんながわかろうと努力している姿に感銘を受ける。全員が他者の立場で考えるというセッションを行うと、それぞれの意見を聞いてみようという土壌ができてくる。場のルールの意味も、そのようなセッションを行うと理解が促進される。対話が成立するための環境整備である。

米国の政治哲学者のジョン・ロールズは著書『正義論』で、「無知のヴェール」という概念を提唱している。[20] 思考実験である。自分の社会的地位がわからない。持っている資産や自分の能力もわからない。自分が所属している社会の状況もわからない。

そういう無知のヴェールをかぶっているとしたときに、私たちは社会

正義をどのように考えるだろうか。自分は何かの能力があるわけではなく、貧困であるかもしれない。それでも社会の中で尊厳を保って生きるためには、社会としてどういう政策があればよいのだろうかと考えるきっかけを与える。それも、自分の立場ではなく他者の立場から考えるセッションである。

この過程は、ハーバード大学にいたクリス・アージリスが提唱した「推論のはしご」の昇降ともいえる。[21] 私たちは起こっている出来事に対して、無意識に恣意的に解釈をして、言動を行っている。アージリス流にいうと、「事実を観察するのだが、観察したものすべてを扱っているわけではなく、恣意的に事実を選び、意味づけ、推論し、結論づけて、結論に基づいて信念を持ち、行動していく」のである。

▶「組織全体の視点で見る」セッション

2つ目は、「組織全体の視点で見る」というセッションである。

前述したことと重なるが、自分の意見を言うこと、他者の意見を聞くこと、他者の意見の評価をしないこと、そして自分の意見に固執しないことが対話で求められる。しかし、それだけだと全体の共通了解をつくっていくことが難しい。自分の意見を言うのは、自分にとって得であるという視点に偏りがちである。ゆえに、そのセッションでは、自分視点ではなく、組織全体の視点で考えることを促している。

組織全体から見て、その意見はどうなのだろう。他者の意見も、組織全体から見てどうなのだろうと考えることである。対話では、他者の立場に身を置くのを強調されるが、一方で、他者の意見を組織全体の視点で見てみる。自分の意見も同様に組織全体で見てみる。組織全体の視点で考えると、他者の意見も、もしかすると自分の意見も、見え方が違ってくることがある。

たとえば、人口が減ってきた過疎地域がある。かつては1000人いた村だが、今では200人になってしまった。電気・ガス・上下水道は、広い村全体をカバーしているが、そのためのメンテナンスコストがかか

る。ゆえに、小さいエリアに住民が集まることで、全体のコストを削減することができる。そうすると、住居を移動しないといけない住民がいる。移動するためにはお金がかかる。あるいは、先祖代々からの土地だから移動したくない。住民のみんながそれぞれの主張をし始めたら、何もまとまらず、高いメンテナンスコストを全員が支払うことになる。

　村全体から見たら、どのようにすればよいのか。そのために住居を移動する人がいるが、その資金は誰がどのように分担するのが公平か。村の住民が、村全体の視点を持つことで、共通了解を得るようになると考えられる。

▶「自分の意見を自分で否定してみる」セッション

　3つ目は、「自分の意見を自分で否定してみる」セッションである。

　自分がかわいい。自分の意見にこだわる。というのが人の心情である。であれば、自分の意見を、一旦、否定してみるというセッションを行うことを勧める。心情的には、自分の意見を否定するのは難しい。1つのゲームと思ってやってみる。ディベートの練習として、自分がもともと持っている意見と違う意見の立場で論を立てていくことである。

　そうすることによって、反対の意見を持っている人が何をよりどころにしてその意見を持っているのか、逆に、自分は何を根拠にして自分の意見を持っているのかが明確になっていく。

　3つのセッションに共通しているのは、自分と自分の意見との距離を離すことにある。自分の意見から自分が自由になることで、自分の意見を客観的に見ることもできるし、他者の意見を受け入れることも容易になる。そのようなことは、対話を行ううえでのベースになる。組織責任者で、組織を変革するために対話が必要となる場合には、いきなり本題に入るのではなく、3つのセッションのような、対話のベースをつくってから始めることを勧めたい。

▶ 事例：経営幹部3日間ワークショップ

　以下は、私たちが組織を動かすための支援を行った事例である。

　会社の経営幹部10名を集めての3日間のワークショップであった。事前に、会社を取り巻く環境、これまでの会社の歴史、財務業績の変遷などの情報を事前課題として、読んでから参加してもらった。会社の業績は、芳しくなく、停滞が続いており、原価や経費が上がっており、このままいくと赤字に転落しそうである。明らかに方向転換が必要であり、社長（組織責任者）と人事責任者と共にワークショップを企画した。

　会社を取り巻く環境や状況を事前課題としたのは、社長と同じ視座で考え、その立場から発言することを意図したものである。そうでなければ、それぞれの経営幹部が受け持つ事業部や機能部門の利益代表の意見になる傾向があり、ワークショップの対話が矮小化され、話が平行線になるからである。まさにセッション2の「組織全体の視点で見る」という仕掛けである。

　ワークショップは、経営幹部それぞれが職歴の紹介と共に会社に対する思いを語ることから始めた。毎週、経営会議で会っていたものの、それぞれの思いを聞くことは、ほぼ初めてだった。生産の責任者は、原価や経費を管理し、生産性を高く、不良品を出さずに、安定的に生産できる体制をつくることを大切にしていた。

　一方、営業の責任者は、標準的な製品だけでは対応できないことも多く、顧客に満足してもらうために、納期を早めてもらうことや特別仕様で対応することを願っていた。商品開発の責任者は、新しい技術を用いて、新しい製品をつくることを心掛けていた。

　次に、それぞれの立場に身を置いてもらう仕掛けを行ってみた。まさにセッション1「他者の視点で考える」である。生産の責任者は営業の責任者の立場、営業の責任者は商品開発の責任者の立場に身を置くという仕掛けだったが、それぞれが他者の立場に身を置くことで、他の経営幹部も会社の発展を願っていることをしみじみと実感していった。逆に、自分の立場から自社を見ると、それは偏っていたことに気がついて

第4章｜組織の中でのコミュニケーションを整える　143

いった。

　その後、「組織全体の視点で見る」セッションを行い、対話のベースをつくった。そして、「みんなが共感できる方向性」の作成に着手していった。過去から今までを俯瞰し、自社らしさを探り、環境変化を考えたとき、変わらず自社に残したいもの、あえて捨てるもの、新たにつくっていくものというテーマで、対話モードでセッションは進んでいった。「うちは他社に真似できない技術があり、その技術によって価値を提供してきた。これからもそのことに注力して、営業も生産も協力していこう」という方向性にみんなが共感するようなことが起こった。そして、それに向けて頑張ろうという腹くくりも行われた。

　私たちの経験であるが、参加しているメンバーが互いの背景を知ると共に、違いを認識するような対話のベースをつくると、何かが「出現する」ことがある。[22] 参加者が、ワークショップが始まる前に想定もしていなかったことが出現することもしばしばある。一方で、参加者の誰かが事前に考えていた何らかのことが形になるケースもある。ここで言う出現とは、参加しているメンバーが「これでいけそうだ」などと感じることを指している。

　実は、客観的なデータや客観的なデータに基づいた戦略が役に立つことも多い。経営の方向性や戦略に関して、データに基づくものは、対話をするうえでの前提になる。組織メンバーの価値観に反するものでなく、ロジックとデータに基づくものであれば、共通了解はとりやすい。

　しかし、経営はロジックとデータだけでは見えない領域もあり、時には勘や経験も大切になる。そのような勘と経験による意見も重視し、対話することで、組織責任者には見えなかった視野が提供される。つまり、戦略もより創発的で広がりを見せ、メンバーの参加感も上がっていく。経営はアートとサイエンスとクラフトである。[23]

▶「安心安全度」と「変化意欲度」を高める

　私たちが提供しているワークショップでは、組織を動かすことの再現

144　第Ⅰ部｜組織をつくる

性が少しでも高くなるよう、工夫を行っている。良い対話ができる工夫である。誰でも発言できるよう、ワークショップの場の安心安全度を高めると同時に、行動を変えていくことに対する意欲を高めること（変化意欲度）を意識している。

図表4-1では、「安心安全度」と「変化意欲度」の状態を記している。多くのワークショップにおいては、最初は儀礼的である。何が起こるのか、様子見から始まる。顔見知りのメンバーであれば、早く打ち解けることもあるが、組織が変化すること、あるいは組織を変えることには懐疑的であることが一般的である。

安心安全度を高めながら、変化意欲度を高め、ワークショップを行うのだが、対話をしている様子を見ながら、今、どの状態であるのか把握し、それに応じたセッションを行うことをワークショップの現場で行っている。この2つの表は、組織責任者が何らかのワークショップを実行する際の参考にしていただければ幸いである。

対話は万能ではない。いや、むしろ、対話をするための前提が必要になってくる。前にも触れたが、組織メンバーが「テーマに合わせて、自分の意見を明確に伝えること」「自分の意見を言う際には、適切な言葉を選び、不必要に誰かを傷つけることを避けること」「相手の意見を聞くこと」「相手がどういう感情になっているのかということも理解すること」「相手の意見や感情の背後にある考えや事情も理解しようとすること」「相手の意見を、自分の尺度で判断しないで、一旦、受け入れること」である。

そのような前提を理解したメンバーで対話するのであれば、建設的な対話が起こり、組織は良い方向に進むようになる可能性は高い。しかしながら、対話するための前提を持っていないメンバーがいると対話は思うように進まないだろう。そのようなメンバーがいる場合には、そのメンバーを除いて進めていくことも必要になる。

ここで大事なのは、異なる意見を持っているメンバーを除くことと、対話する前提を持たないメンバーを除くのとは違うということである。誰もが意見を持っていて、背景になる育ち方や事情はそれぞれ異なり、

図表4-1 ワークショップでは「安心安全度」と「変化意欲度」を見極め、高めていく

安心安全度	定義	会話・行動の状態
レベル1 儀礼的	通常の職場の役割、上下関係に縛られ、場の正解と思われることを話す状態	「良い場にしたいと思います」 「少しでも学んで帰ります」 「よく勉強したいです」
レベル2 承認・共感	他参加者の視界と、背景の想いを交換。互いの事実を承認(共感)し合う状態	「わかるわかる」 「みんな同じことを、言っている」 「他の職場がどう感じているかを知らなかった」 「やっぱり××が問題」
レベル3 多様性保留	視界・価値観の異なる中で判断を保留し、聞き合い、普段とは違う視点・発想に気づく状態	「正直言うと……」 「営業から見ると、こう感じるのですね」 「実は、普段から気になっていたのですが……」
レベル4 内省	自身のメンタルモデル(思い込み)に気づき、それが現実を生み出していることを認めはじめる状態	「今、気づいたんだけど……」 「実は、ここに来るまではこう思っていて……」 「××さんの今の発言から私は、……」
レベル5 生成	自身とこの場の可能性を信じ、新たな視界で変化を生み出そうと試みる状態	「こんなアイディアもありじゃない?」 「こんな考えを、大事にしていこうよ」 「今まであきらめていたけれど……」

変化意欲度	定義	会話・行動の状態
レベル1 現状維持	問題の原因は自分以外にあり、自身を変える必要を感じていない状態	「……すべき」 「良い場になればいいと……」 「どんなワークかを期待したい」
レベル2 前向き化	この場の学びに価値を感じ、互いに積極的にコミュニケーションしようとする状態	「なんか、今日は違うかも」 「へー、それでいいのですね」 「こういう場や会話が大切と思う」
レベル3 リアル化	現実の葛藤に向き合い、互いの視界をすり合わせ、変化を生み出そうとする状態	「今現場ではさ……」 「これをなんとかしたい」 「難しいよね……」 「本当だよね……」
レベル4 ビジョン化	普段の発想を離れ、ありたい姿を描き、その可能性を創造しようとする状態	「ネガティブなことばかり言っていてもしょうがない」 「本当はこうしたい!」 「こんなことができたら……」
レベル5 アクション化	ありたい姿に共感し、そこに向けた新たな行動を具体的に描き、動き出す状態	「これで、終わりたくないよね」 「これくらいなら、確かに」 「まずはやってみよう!」

(出所)筆者が行っているワークショップをもとに作成。

持っている意見もそれぞれが違うのが当たり前である。異なる意見を出しやすくすること、ならびに異なる意見を尊重することは、成果を上げ、かつ、メンバーにとっても良いと思う組織をつくる前提になると思われる。

　誰もが自分の意見が言える組織という観点で、次章では「心理的安全性」を扱っていこう。

---

column

感情を伴う経験をめぐる対話の効用

　自分の嬉しかったことや腹立たしかったことなど、感情を含む経験について、誰かに話を聞いてほしいと思ったことがある人も多いだろう。そもそも私たちは、他者に何かを伝えることに動機づけられることが示されている。つまり、人に何かを伝えるときは、多くの場合、そういった機会を持つことに喜びを感じる。

　一方で、職場での会話は伝えたいというよりも伝える必要があることが多い。情報の伝達、交渉、説得、相談といった認知的側面が扱われることが多く、感情の要素を考えることは少ないかもしれない。

　しかし、職場での感情の共有の効用を示す研究がある。たとえば、バーチャルチームにおいて、メンバー間の感情の共有がチームパフォーマンスの向上に寄与したことを示す研究がある。[24] 交渉をしているときも2者間では単に情報のやり取りが行われているだけでなく、それぞれの感情が喚起されており、それが何らかの交渉に影響することは想像に難くない。

　このコラムでは、感情を伴う経験の共有に関する研究の促進に一役買ったベルナール・リメの論文[25]と、その後の研究を受けてまとめられたリメらのレビュー[26]を中心に紹介する。

　職場での感情を伴う経験の共有には、たとえば、会社での表彰を受けた直後にその喜びを同僚と分かち合うといったことがあるだろう。

第4章｜組織の中でのコミュニケーションを整える　147

図表4-2 感情の共有における2つの側面

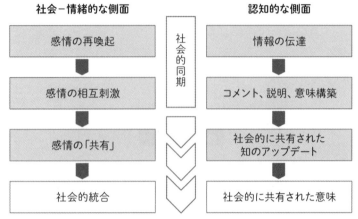

(出所) Rimé et al. (2020) をもとに筆者作成。

感情の共有は、社会-情緒的な側面と、認知的側面の2つから成る（図表4-2）。

　図の左側は社会-情緒的な側面を表しており、感情は他者との社会的結びつきを新たなものとしたり、強化したりするダイナミズムを生み出す。右側は認知的な側面で、共有した経験について、意味づけを行ったり、集団や社会との間に新たな共通認識を構築したりする。この図では、一番上が個人の反応だが、その下に対人、集団、そして、社会への影響と続いており、感情を伴う経験を共有することの影響は個人にとどまらない。そして、両側面ともに、個人が何らかの変容を経験することで、社会との同期が促進される。

　この考え方の特徴は、感情を伴う経験の共有には2つの側面があること、そして、その影響は共有する人、共有される人を超えて、集団や社会へと広がりを持つと考えられている点にある。感情の共有に2つの側面がある点に着目すると、この図は仕事の会話においても適応可能であることがわかる。

　こう書くと、感情の共有は良いことばかりに思えるが、そんなこと

はない。ネガティブな経験は、共有することで、相手との間でネガティブな感情や思考が繰り返されて、解消しにくくなる。同僚に仕事の愚痴を繰り返し言っているうちに、また腹が立ってきた、といった経験をイメージしてもらうとわかりやすいだろう。

それでは、感情の伴う経験の共有は、ポジティブな経験の場合にとどめるべきだろうか。そうでないことを示唆する研究もある。

関連性の強い研究テーマに「対人感情制御」があり、[27] 感情を含む経験を他者と共有することで、私たちは自分の感情を制御していると考えられている。発達心理学では、子どもたちがさまざまな経験を周囲の他者と共有することで、経験を伴う感情に対処したり、経験を意味づけたりするようになることを示している。

感情の制御に関する研究では、どちらかと言えばネガティブな感情が制御の対象とされてきた。つまり、ネガティブな感情の共有は、制御に役に立つのである。この点についてリメは、感情共有の2つの側面を用いて、説明している。怒りや失望といった強い感情の場合は、認知的なプロセスを活用することによって、感情にとらわれず状況を理解し、合理的な解決策を模索することが可能になる。

たとえば、自分のかかわっていたプロジェクトが、経営判断で途中解散するとの知らせが飛び込んできた。大きな失望を感じたことを、そのプロジェクトに参加していない同僚に話したところ、一通りじっと話を聞いてくれた後で、「そのプロジェクトがないと、やりたかったことは続けられないのか」と尋ねられた。その質問で、もう一度やりたかったことを続けるチャンスがないかを考えるようになり、気持ちが落ち着いた。

一方で、不安や孤独のような静的なネガティブ感情については、人とつながりを持ちたいという欲求が高まるため、社会-情緒的な側面によって、ネガティブな感情の解消が見込めると考えられる。

ネガティブな感情は、うまく共有すれば良い面があるということだろう。そして、共有する側が適切に共有を役立てるだけではなく、共有される側が相手の強い感情を抑えて冷静さを促す発言をすること

第4章｜組織の中でのコミュニケーションを整える　149

や、不安を解消するような寄り添い方をすることなど、状況に応じた対応を行うことも重要なポイントになると考えられる。

　図表4-2のモデルは、職場での人間関係形成や、共通認識の構築など、応用可能な領域は多いだろう。たとえば、LMX（Leader-Member Exchange）と呼ばれているリーダーとメンバーの関係性について、感情の共有のポジティブな効果が確認されている。[28] 1 on 1 ミーティングや職場ミーティングといった対話の機会を企業が設けているが、その効果の裏づけの1つに感情の共有があるのかもしれない。

第
5
章

心理的安全性を構築する

　第1章で述べたように、組織責任者は組織の目的を定め、メンバーの役割を設定し、分業をデザインし、ルールを決めることで、つまり、ハードイシューをデザインすることで組織を動かしていく。

　しかしながら、実際に働いている人たちは、血の通った人間である。ハードイシューを整えるだけでは、やる気を持って働くことは、できない。そのために、第3章で述べたように、組織責任者には働く人のやる気を喚起していくことが求められる。また、第4章で触れたが、働く人と会話し、仲間意識を醸成させ、気持ち良い連携を生むためのコミュニケーションが大切である。人間の集団であり、価値観や信条の違いによる対立もあるかもしれないが、対話することで活力を生み、新しい価値を生むこともできる。

　そのような意欲やコミュニケーションとともに、働く人たちの行動様式を決めていくのが「組織文化」である。組織文化はソフトイシューであるが、ハードイシューと組織文化以外のソフトイシューの総体としてつくられていく。

　組織文化とは何だろうか。

　組織文化研究の第一人者であるエドガー・シャインは、自身の著書において、組織文化とは「グループが外部への適応、さらに内部の統合化

151

図表5-1 文化と3つのレベル

> 1．**人工の産物**
> - 可視的で、触ることができる構造とプロセス
> - 観察された行動
> - 建造物、言語、テクノロジー、製品、スタイル、組織に語り継がれた物語、価値観が書かれた文書、目に見える慣習や行事、規則、制度などが含まれる
>
> 2．**信奉された信条と価値観**
> - 理想像、ゴール、価値観、願望
> - イデオロギー（理念）
> - 重要な出来事や不確実な状況に対してどう対応するか、ガイドになる
>
> 3．**基本的な深いところに保たれている前提認識**
> - 意識されずに当然のものとして抱かれている信条や価値観
> - それらは行動、認知、思考、感情を律する
> - メンバー全員によって当たり前のものとして受け止められ、逸脱は認められない（雰囲気）

（出所）シャイン（2012）をもとに作成。

の問題に取り組む過程で、グループによって学習された、共有される基本的な前提認識のパターン」と定義している。[1]

　また、その文化は、3つの層から形成されるとしている（図表5-1）。

　シャインの定義でも、規則のようなハードイシューと組織の雰囲気のようなソフトイシューのどちらも扱っていることがわかる。ここで大事なことは、組織文化は、意図的につくろうと思わなくてもつくられてしまうということ。一方で、直接扱おうと思っても直接扱うことは難しく、目的とそれに向けた行動、ルールそのもの、ルールの運用、トップの言動、日々のコミュニケーションによってつくられていく。

　ただし、目的や役割の設定や制度の制定のようなハードイシューをつくり、その運用を行うことによって、意図的に望ましい組織文化を醸成していくことは可能である。

　醸成の仕方は、多岐にわたる。

- 組織として目的を決めて、共有していく。
- 行動規範やルールを決めて、共有していく。
- そのような行動規範やルールを運用していく。
- 組織として大切なことを組織責任者が繰り返し語る。
- メンバー全員が集まる場をつくり、自分たちが大切にしていることを共有する。
- 心理的安全性が高い職場をつくる。
- 表彰式をつくり、賞賛する行動をとったメンバーを表彰する。
- 評価制度で、望ましい行動をとったメンバーを評価する。
- 昇進制度で、望ましい行動をとったメンバーを昇進させる。
- 望ましい行動については、伝説として語られる。
- 大切にしている価値を言語化し、冊子にまとめる。
- 仲間意識を醸成するために、遊びの場をつくる。
- 組織独自のロゴをつくり、Ｔシャツなどのウェアをつくる。

　組織責任者として、組織文化の醸成に関与することは可能で、その方法は多岐にわたるが、ここでは、成果を上げる組織をつくるうえで大切な「心理的安全性」に的を絞って、述べていきたい。

　一般的に、心理的安全性という言葉が知られているかどうか、調査を行ったところ、マネジメントする立場の人の半数以上は、この言葉を知っているという結果だった。[2]

　また心理的安全性とは、チームのメンバーそれぞれが「自分の考えや感情を安心して気兼ねなく発言できる雰囲気」という定義を行い、その必要性を聞いたところ、「必要である」「やや必要である」と回答した人は、合わせて７割強となった。[3]

　企業の実務においては、グーグルがチームの生産性を高める条件を自社で調査したところ、心理的安全性が確保されていることであると示したことの影響が大きく、多くの人に、その言葉や概念が知れ渡るようになっているようだ。

　学術的には、経営学者であるエイミー・エドモンドソンによって提案

された概念を中心に研究が進んでいる。4) これまでの研究から、心理的安全性はエンゲージメントなどのポジティブな概念と正の関係性が示されている。一方で、心理的安全性はいつでも成果につながるわけではないことを組織責任者として留意しておく必要がある。つまり、自社はグーグルではないということである。

　私たちの調査でも7割強が心理的安全性の必要性を感じているものの、2割強は必要でないと回答している。2割強という数字は、必ずしも無視できる数字ではない。メンバー全員の意見を聞いていると、まとまるものもまとまらなくなり、コミュニケーションコストは上がり、短期的には生産性が悪くなることも予想される。「つべこべ言わずに、やらなければならないことをやろう」と思っている組織責任者がいることがうかがい知れる。

　しかし、時代として、それでは乗り越えられないことも多くなってきている。新しい価値を創造する際には異なる意見が必要であるし、リスクマネジメントの観点でも多くの視点から考えるほうがよい。また、一緒に仕事を行っているメンバーも、自分の意見を聞いてもらえることによる意欲の向上という側面もある。

　加えて、上司が必ずしも正解を持っているわけではないことが心理的安全性を語るうえで大きな要素である。上司も間違えるし、先を見通せるわけでもない。メンバーのほうが専門知識があったり、現場感覚を持ったりしていることもよくある。ゆえに、メンバーから自由に発言してもらうことの重要性は高まっている。

　心理的安全性をうまく組織成果につなげるためには、心理的に安全な職場やチームがどういう状態であるのか、職場やチームの成果を高めるプロセスではどのようなことが起きているのか、などを理解する必要がある。

　本章では、先行研究からわかっていることをベースに、心理的安全性の理解を深めるための説明を行う。また、組織内の職場やチームにおいて、組織責任者が心理的安全性を活用する際に考慮すべきポイントについても触れていきたい。

1 │ 心理的安全性の定義と阻害するもの

▶ 発言する際に脅威を感じない

　エドモンドソンは「心理的安全性」について、「メンバーが発言する際に、恥じることはない、拒絶されない、罰を受けるようなことはないという確信を持っている状態であり、チームは安全な場所であるとの信念がメンバー間で共有された状態」と定義している。[5] この定義から、心理的安全性で重要なポイントは、チーム内で発言することにメンバーが脅威を感じないということ、もう1つはその感覚がチーム内で共有されていることの2点になる（図表5-2）。

　1点目の「発言することに脅威を感じない」については、発言にどのようなリスクが想定されるのかが重要になる。たとえば、反対意見を言うときには、相手の気分を害するリスクがあるといったことである。2点目は、心理的安全性はチームの現象であるが、心理的安全性を感じるのは個人であることだ。個人の感じ方は、当然チームの状況の影響を受けるが、感じ方には個人差がある。定義に沿って考えれば、心理的安全性が低いと感じるメンバーが1人でもいる状況は、心理的に安全な状況とはいえないということである。

　たとえば、心理的安全性を測定したときに、チームAもチームBも、各メンバーの平均は5点満点中4点だった。チームAはチームメンバー全員4人が4点と認知している一方で、チームBは3点と認知している人が2人、5点と認知している人が2人という状態である。

　どちらも平均点は4点なのだが、チームAでは、メンバーが均等に心理的安全性が確保されているが、チームBでは、きちんと確保されているメンバーがいる一方で、自分の意見が言えないと思っている人がいるという状態である。

　組織責任者の立場であれば、チームBのほうにケアが必要になって

第5章 │ 心理的安全性を構築する　155

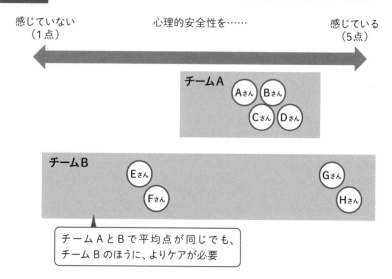

図表5-2 心理的安全性はチームの現象だが、心理的安全性を感じるのは個人

くる。活発に意見が出ているように見えるが、2点をつけている2人がどのように感じているのか、彼らは意見を持っていないのか、意見を持っていても発言しにくいと感じているのか、に注意する必要がある。必要であれば、発言を促すように場のコントロールが求められる。

　単に心理的安全性を高めたいという話ではない。発言しにくいと思っている人が、その場において、重要な意見を持っているかもしれない。そのことで、大きなミスが防げるかもしれないし、新しい商品のアイディアにつながるかもしれない。あるいは、発言できない人は、仕事に困っているかもしれない。1人で仕事を抱え込んでいるかもしれない。その人自身の仕事もはかどらないし、それは組織全体のパフォーマンスに影響するかもしれない。そういうことを意識して、組織責任者は、個人が感じている心理的安全性に敏感である必要がある。

　心理的安全性の測定と述べたが、実際に測定する場合、いくつかの質問による調査が一般的である。自分の組織において、心理的安全性があるのかどうか、知りたいのであれば、以下のような項目で質問してみる

| 図表5-3 | 心理的安全性に関する項目 |

- チームで失敗した人がいたら、その人が悪く思われることが多い*
- チームのメンバーは、問題点や困難な論点を提起することができる
- チームのメンバーは、異質な人を拒絶することがある*
- チームでは、リスクを取っても大丈夫である
- チームのメンバーが他のメンバーに助けを求めるのは難しい*
- チームのメンバーは、故意に他のメンバーの努力を損なうことはしない
- チームで働くメンバーの独自の技術や才能は評価され、活用されるだろう
- チームのメンバーは、どのチームメンバーの発言も真摯に受け止めている
- 会議をするときは、各メンバーが同じくらい発言している
- チームのメンバーは、他のメンバーの反応に配慮しながらわかりやすく話をしている
- チームのメンバーは、他のメンバーが不快に思うような発言をしない

(注) * は反転項目。反転項目とは、他の項目とは評価の向きが反対になっている項目を指す。たとえば、「チームで失敗した人がいたら、その人が悪く思われることが多い」という項目は、心理的安全性に対してマイナスの評価である。
(出所) リクルートマネジメントソリューションズ (2017a)。

ことを勧める。

　世界的に一番使われている項目は、エドモンドソンの7項目である。[6]私たちは、日本の社会を意識して、図表5-3のように、エドモンドソンの7項目に、「自分の考えや感情を気兼ねなく発言できる雰囲気」に相応する4項目を作成して追加した11項目で測定している。[7]心理的安全性とは何だろうかと問われたら、定義を答えるより、このような11項目の得点が高いことであると言ったほうがわかりやすいだろう。

▶ なぜ私たちは沈黙してしまうのだろうか

　職場において、気兼ねなく意見が言えれば、新しい価値は創造されるし、他のメンバーが見過ごしていたミスが防げるとわかっている。それでも、私たちは自分の意見を心の内に秘め、沈黙をしてしまうことがあ

る。なぜだろうか。

ニューヨーク大学のフランシス・ミリケンらがフルタイムで働く人たちに、なぜ自分の意見を言わないのか、というインタビュー調査を行った。[8]

重要なことであり、自分の上司に伝えたほうがよいと思っても、伝えなかった経験をしたことがある人は、85％であった。沈黙する理由として最も多かったのが、「自分がトラブルメーカーやクレーマーなどのような悪い印象を持たれたくないから」との回答で、次に多かったのが、「人間関係を壊したくなかったから」という理由であった。

上司が出してきた新しい商品アイディアに対して、何かを言わないといけないという状況である。自分としてはピンとこないし、とても売れそうに思えない。自分ではなく、誰かが何か言わないかと待っているが、誰も何も言わない。そういうときに、あえて自分の意見を言うか迷う。下手に言ってしまうと、印象は悪くなり、評価が下がる可能性もある。とりあえず、黙って様子見をしよう、というような展開は容易に想像できる。

みんなで企画をつくっている。なんとなくまとまってきている。自分では納得はしていないものの、「わざわざそのことを言う必要があるのか、言ったところで大きな違いではない」と考えて、何も言わずにやり過ごすという人もいる。

また、自分は若輩者で、ベテランの経験豊富な方々がそう言うのであれば、きっとそっちが正しいのだろう。逆に、ここで何かを言うと、無知だと思われる可能性も高いということで、思ったことを口にしない人もいる。

エドモンドソンの研究は、医療チームの実態を把握することから始まった。成果を上げているチームほどミスが少ないという仮説の下に始めた研究であったが、実際には、高業績のチームほどミスは多かった。より詳しく調べていったら、成果を上げるチームは、率直に話をする風土があって、気軽にミスを報告し合っていた。つまり優秀なチームは、ミスの数が多いというよりは、報告する数が多いということであった。

158　第Ⅰ部｜組織をつくる

医療チームは、医師、看護師、スタッフなどから構成されているが、経験豊かな医師がパワーを握っているケースが多い。その他のチームメンバーが異変に気がついたとしても、それを言い出せないことも少なくない。そのため、ミスをやり過ごし、医療事故につながる。あるいは、医療事故後にも同じような事故が繰り返される。

口は災いのもと。言わないほうが、個人として安全である。言ったほうがチームのためになりそうだと思っても、言うことで誰かを傷つけたり、前述したように、人間関係を壊したり、自分の評価が下がることも十分にありうる話である。つまり、沈黙は金なのである。

心理的安全性を実現しにくい理由として、集団内に起こる影響力を考える必要がある。

第1章で述べたように、集団には同調圧力がある。みんなが右と言えば、違うと思っても右と言ってしまう。ソロモン・アッシュの実験では、参加者にとって、周りの人は初対面であった。それにもかかわらず、人は同調してしまう。ましてや、職場においては、今日だけでなく、明日も明後日も顔を合わせるわけであり、そこで嫌われたら、自分の居場所がなくなるし、会議の時間が長くなるのも気が引けるし、場が見えていない人と思われたくない、などと考えると、より同調行動をとりやすいと考えられる。

集団内において力の差がある場合には、弱いものがその集団の中で、何か言うことは難しい構造にある。課長や部長のように、集団内において正式な肩書がある場合には、権威が備わった力として作用する。企業内組織であれば、上司は、部下の評価を行い、異動、降格などの人事権も存在する。そのような権威からの影響は、指示的であり、メンバーはそれに従うことが求められる。そのことで、組織は組織としてまとまり、組織の目標を追いかけることができるというメリットはある。一方、そのことでメンバーからの意見を封印してしまうことがある。

問題点や反対意見を言うことができるとともに、仕事で困ったときに、気軽に相談できるかどうかということも、心理的安全性を構成する要素である。いわゆる援助要請であるが、私たちは、その実態に関して

調査を行った。日本の会社員603名に「必要なときに、支援を求めたり、相談していたりしていますか」と聞いてみると、約2割の人がしていないと回答している。援助要請できていない人に、その理由を聞くと、「声をかけづらい雰囲気」「助け合い、支え合いを重視していない職場の風土」とともに、「助けを求めることは能力が低いと思われてしまいそうだ」という回答が多かった。[9]

　同調査において、組織に対して貢献できていない人ほど、援助要請ができないという傾向があることがわかった。組織に貢献していないから遠慮してしまうのだ。貢献している人は、気軽にわからないことが聞けるのに対して、貢献していない人は、わからないことが聞けないということである。そうすると、ますますサポートが受けられなくて、貢献度が低くなる。そして、その組織に居場所が得られなくなる事態になる。組織の状態としては健全ではない。貢献度が低くて、遠慮がちな人を組織責任者としては、注意して観察し、場合によっては何らかの策を講じる必要がある。

　同調査では、人間関係構築や必要なサポートが得られるために役に立っている施策も聞いている。「社員同士の飲食の金銭的補助」「上司との定期的な面談」「社員食堂・カフェなどの社員が集まる場所の設置」が上位3つの施策である。組織責任者として、単独で行うことができる施策もあるが、できない施策もある。組織責任者としては、できるところから始めるしかないが、職場の心理的安全性を高める施策は、後ほど述べていく。

▶ 忖度と権力格差

　職場での心理的安全性の問題を考えるとき、「忖度」についても考えておく必要がある。この言葉は、なじみが少なかったが、2017年に「官僚に忖度があったのかどうか」といった問題がメディアを賑わせてから、日常的に使われる言葉になった。メディアの影響で、忖度という言葉は、どちらかというとネガティブな印象を持たれている人も多いかも

160　第Ⅰ部｜組織をつくる

しれないが、本来は相手の心中を推し量るという意味合いであり、高度な対人スキルである。

異なる意見を持っていたとしても、なるべく対立を表面化させないようなコミュニケーションをとる。上司・部下間であれば、上司が恥をかくようなことを部下は避けるように振る舞う。上司も部下が顔を立ててくれることを期待する。あるいは、集団の中で場の空気を読み、その空気にそぐわないことは言わない。そういうことを言わないのが大人であると暗黙の文化にしている組織も多い。そのような場では、違うと思っていても、とりあえず黙っているという方法をみんながとりがちになる。

忖度ができる部下は、上司にとっても居心地が良くて、そういう部下を昇進させていく。逆に、忖度できず、場の空気を読まずに、異なる意見を言う人は、組織の外側へ排除されていく。そのようなことが続くと、忖度を重宝する組織文化が徐々に醸成され、言いたいことが言えない、言うべきことが言えない組織になっていく。

また、権力格差に関する認知についても考えておく必要がある。オランダの社会心理学者ヘールト・ホフステードは、世界のIBM社員に調査を行い、各国の権力格差の認知を明らかにした。その調査の質問に、「社員が管理職に反対を表明することを尻込みする」という項目がある。ある意味、上司に異なる意見を言いやすい文化の国なのかどうかの指標になるわけである。国全体として、言いやすい文化があれば、企業組織の中でも言いやすい傾向になると思われる。

日本は、上司に対して、反対意見を言うことが難しいと思われるかもしれないが、権力格差指標を見ると、50の国と3つの地域の中で33位であり、調査した国の中では、平均よりは格差は小さい。[10] ちなみに、権力格差が大きいのは、東南アジアやラテンアメリカの国々である。そうした国では、上司に対して、なかなか反対意見が言えない文化を持っている。そのような国に比べると、日本は上司に異なる意見が言える文化を持っている。

しかし、欧米諸国と比べると、権力格差は大きいので、心理的安全性を考える際には、アメリカ（同調査で38位）よりも重い問題として捉

える必要がある。つまり、組織責任者は、メンバーは自分に対して、異なる意見を持っていても言いにくいと思っている度合いが高いということを認識しておく必要がある。

2 │ 心理的安全性をつくるために 必要なこととその効果

▶ 組織内での関係性や雰囲気が有効

　心理的安全性が高いと感じられる職場をつくるためにはどうすればよいのだろうか。

　何かあれば発言をしたいと思うような性格のメンバーが集まると良さそうに思える。一方で、場の雰囲気や上司・部下との関係性などの組織側の要因もありそうである。アカデミックの研究を少し見てみよう。

　アメリカの心理学者のランス・フレイザーらは、心理的安全性に関する136の研究をレビューし、心理的安全性をつくるために必要な要因（先行要因）と心理的安全性の効果（結果変数）についてまとめている。[11)]その結果をもとに、心理的安全性の先行要因に関して、作成したのが**図表5-4**である。

　結果を概観すると、個人要因よりも組織要因のほうが、心理的安全性を高めるうえで、重要であることがわかる。主体的であるメンバーが集まれば、上司に対して反対意見を言うことができるのは確かだが、「リーダーとの良好な関係」を保っていることや「自分の裁量が大きくて役割がはっきりしている仕事」や「困ったことがあれば助けてもらえるような組織文化」があるほうが、心理的安全性をつくることに寄与している。つまり、集まったメンバーの性格よりも組織内での関係性や場の雰囲気のほうが、心理的安全性を高めるのに有効であるということだ。

　援助要請のところでも触れたが、「リーダーとの良好な関係」がある

図表5-4 心理的安全性を高める要因

個人要因	主体性	○
	情緒の安定性	△
	新たな経験への開放性	×
	学習目標志向	△
組織要因	リーダーとの良好な関係	◎
	裁量が大きく明確な仕事	◎
	支援的な組織風土	◎

◎ 中程度に相関あり
　（相関係数 0.35 以上）
○ 弱～中程度に相関あり
　（相関係数 0.25 以上）
△ 弱い相関あり（相関係数 0.10 以上）
× 有意な相関はない

(注) 相関は、2つの変数間の関係性を表す数値で、−1～+1の値を取り、絶対値が1に近いほど相関が高いと呼ぶ。
(出所) Frazier et al. (2017) をもとに作成。

と、「困ったときに助けてもらえる雰囲気」になる傾向が高いという話と通じている。多くの企業で導入されている、1 on 1ミーティングのように、上司と部下の定期的な面談が功を奏すると考えられる。

　この研究結果は朗報である。つまり、集まっているメンバーの性格を考慮しなくても、組織責任者の働き掛け次第で、心理的安全性を高めることを示唆しているのである。後ほど、どのようなことを行えば、心理的安全性は高まるのかを述べていくが、その前に、心理的安全性を高めると何が良いのかについて触れておく。

▶ 心理的安全性を高めると何が良いのか

　図表5-5を見ると、創造性との関連が相対的に低いものの、その他の変数との関係性は、中からやや強い程度となっている。エドモンドソンが心理的安全性の効果として最初に想定したのは、「情報の共有」や「学習行動」だった。自由な発言を引き出すことで情報は共有され、組織の学習が進むと考えた。確かにこの2つの結果変数との関係は十分に高いことがわかる。

　加えて、満足度やコミットメント、エンゲージメントなどの組織や仕事に対するポジティブな態度とも、安定して正の関係性が示されてい

図表5-5 ▶ 心理的安全性の効果

エンゲージメント	◎
仕事の成果	◎
情報の共有	◎
組織市民行動	○
創造性	△
学習行動	◎
コミットメント	◎
満足度	◎

◎ 中程度に相関あり
　（相関係数 0.35 以上）
○ 弱～中程度に相関あり
　（相関係数 0.25 以上）
△ 弱い相関あり（相関係数 0.10 以上）
× 有意な相関はない

(出所) Frazier et al. (2017) をもとに作成。

る。心理的安全性の高いチームにいると、自分の意見や考えを活かすことができるため、前向きに仕事に取り組むのではないかと考えられる。心理的安全性と組織にとって望ましい結果変数との関係は、かなり強固なようである。

---

column

インクルージョンとその促進

米国の経営学者でダイバーシティの研究で著名なリン・ショアらは、インクルージョンを「従業員が所属の欲求とユニークネス欲求の両方を満たすことのできる経験を通して、自身が職場で尊重されるメンバーであると知覚できる程度」と定義し、図表5-6のように概念化を行った。[12]

ポイントは、職場に所属し、受け入れられているという感覚と、自分らしさを発揮して仕事ができているという感覚の一見矛盾する2つが、同時に満たされる状態だという点にある。この定義からしてインクルージョンの実現が難しいことは容易に想像できる。「同化」や「区別」をインクルージョンと呼ぶのは誤りである。

図表5-6	インクルージョンのフレームワーク	

	低い所属感	高い所属感
低い ユニークネス 欲求	**排除**(Exclusion) 個人は、ユニークな価値を持つ内部者として扱われないが、他に内部者として扱われる人がいる	**同化**(Assimilation) 個人は、組織の規範、あるいは支配的文化に適合し、独自性を出さない場合に、内部者として扱われる
高い ユニークネス 欲求	**区別**(Differentiation) 個人は、組織の内部者として扱われないが、その人の持つユニークな特徴は貴重で、グループや組織の成功に必要とされる	**包摂**(Inclusion) 個人は、内部者として扱われ、独自性を保持することが許される、あるいは奨励される

(出所) Shore et al. (2011)をもとに作成。

　このコラムでは、職場メンバーのインクルージョンを促進するものとして「インクルーシブな組織文化」に着目して、個人、対人、組織制度という3つの視点から、どのような要因や介入が考えられるかを見ていく。

　組織の文化は組織の制度や方針からのトップダウンの影響と、組織メンバーの態度や行動といったボトムアップの要素の相互作用によって現れるものであり、両方を見ていく必要がある。以下では性差を扱った研究を取り上げるが、インクルージョンが性別にとどまらないことはいうまでもない。

　まず、個人レベルの状況を考える。これまでの心理学の研究で、人は性別や人種などの社会的カテゴリーと特定の概念を潜在的に結びつける傾向にあることが示されてきた。たとえば、数学・科学の分野での活躍度合いが男性に比べて女性が顕著に低い国ほど、潜在的に「数学・科学の分野は、男性のほうが優れている」と思う傾向が強いことが示されている。[13]

　潜在レベルで生じている概念との結びつきが、判断・行動に影響を及ぼすことも示唆されている。ここに着目した打ち手として、近年、アンコンシャスバイアス（無意識の偏見）に関する研修が行われるよ

第5章｜心理的安全性を構築する　165

うになっているが、長い時間をかけて学習した無意識の偏見を正すことは、容易ではない。

一方で、アンコンシャスバイアスに対する有望な打ち手を示唆する研究もある。フランスにおいて、科学分野の優れた研究者を選考する委員会を対象に行われた研究である。委員会に所属する委員が持つ「科学分野において、女性が男性に比べて劣っている」という無意識の偏見が、科学分野において女性の進出を阻んでいるかを検討した。

優れた科学者を選ぶ際に偏見は影響を及ぼしていないと委員たちが意識的に信じているときほど、女性の科学分野の能力を低く見る無意識の偏見は、選考に影響を及ぼしていたのである。[14]

つまり、自分が無意識の偏見を持っていたとして、「自分は無意識の偏見を持っている」と自覚していないと、知らず知らずのうちに女性を選考から外してしまうことが起こったということである。このことから、個人が持っている無意識のバイアスを正すのではなく、自分がバイアスを持っていることを自覚し、受け入れることが重要だと考えられる。

次に対人レベルを考える。科学や技術分野の職場で働く女性は、男性の同僚から受容や尊敬を受けていないと感じると、脅威を感じることを示した研究がある。[15] 一方で、男性が女性の同僚から尊敬を受けていないと感じても、同じことは起きなかった。この傾向は、科学分野において女性研究者自身が持つスティグマ意識（女性は科学が不得手である）とは関連しておらず、男性の同僚との会話によって、受容や尊敬されていないと感じたことによるものと考えられる。

別の研究では、男性は男性の同僚と研究の話をすると研究へのエンゲージメントが高まるが、女性は男性の同僚と研究の話をすると、自分の能力を低く感じてしまい、エンゲージメントが下がるといった報告もある。[16]

相互理解を進めようと会話の機会を増やすだけでは、効果が期待できないようである。メッセージや対話の受け止め方に性差が生じる可能性が考えられるため、その点に留意することが求められるだろう。

最後に組織レベルを考えたい。組織内で少数派の人々は、仕事の機会や処遇において多数派との違いに、より注意を向けやすいといわれている。たとえば、職場で女性社員が少数派である場合には、入社者に占める女性の割合の少なさに注意を向けやすいといったことである。これを逆手に取れば、社内での女性社員の活躍は、女性社員にとって、より大きなインパクトになるかもしれない。

　700を超える企業・事業所の実践に関する研究のメタ分析では、「積極的に多様な人を雇う」「多様な選抜過程を用い、責任説明を果たす」「多様な役員に実践を進めてもらう」といった方略が、女性や少数派の人種のリーダーを生み出すのに効果的であることが報告されている。[17]

　現時点で女性や少数派の人が少なくても、採用や人事施策といった目に見える形で組織が本気で多様性を推進しようとしていると知ることができれば、社員が自発的に多様な人たちを受け入れる文化を推進することが可能になるだろう。

　以上、性差の研究を中心に話を進めてきたが、年齢や人種、国籍などについても同様に考えることができるだろう。また、研究は欧米で行われたものだが、日本と比べると女性の地位が向上していると考えられる国でも、やはりインクルージョンの実現は難しい課題であることがわかる。

3 ｜ 心理的安全性をうまく活用する

▶ 立場が弱い人に有効

　心理的安全性が望ましい効果をもたらす条件についても、研究が進められている。

たとえば、製造業やサービス業に従事している人を対象として、心理的安全性が知識共有に影響を及ぼす程度を検証した結果、自分の知識に自信がある従業員は、心理的安全性とはあまり関係なく知識共有を行う。一方で、自信のない従業員は心理的安全性が低いと情報共有を行わないが、心理的安全性が高くなれば、知識共有を行うことが示された。[18] 自信がなくて、心理的安全性が低ければ、発言を控え、遠慮するという話である。

　会議が行われ、専門知識を持っている人が多くしゃべり、持っていない人が黙っている。よくある光景である。会議としては生産的である。よくわかっていない人の意見は、わかっている人からすれば、会議の進行を邪魔するものに見える。実際にそういうことも多い。

　しかし、その状態を続けていることが良いことなのかどうかである。専門知識がないゆえに新しい視点が提供され、チームとしての学習が促進されるかもしれない。自分の発言を聞いてもらえることで、知識がない人のエンゲージメントやコミットメントは高まるかもしれない。そういう観点で、組織責任者は考えないといけない。

　別の研究結果であるが、医療現場のチームが新たな技術を学ぶ際に、権威やステータスに関係なく気づいたことを発言するようにリーダーが促したことが、チームの学習を促進したことを示す研究もある。[19] これらの研究からは、立場の弱い人、対人リスクを感じやすい人にとって心理的安全性は効果的であることが示唆される。

　この医療チームの研究では、情報共有に加えて、リスクテイクやトライアル＆エラーなどの行動も報告されており、心理的安全性は創造性にも効果がありそうである（図表5-7）。しかし、他と比べて創造性と心理的安全性の関連性はあまり強くない。これは、心理的安全性は創造性を直接促進するのではなく、創造性を阻害する要因の影響を抑える間接的な効果を持つことによると考えられる。

　第1章で、ブレインストーミングの方法に触れたが、「自由に意見を言えること」、そして、「否定されないこと」というルールは、まさに心理的安全性の保たれている条件でもあるが、それだけでなく、「アイ

図表5-7　心理的安全性の効果の例

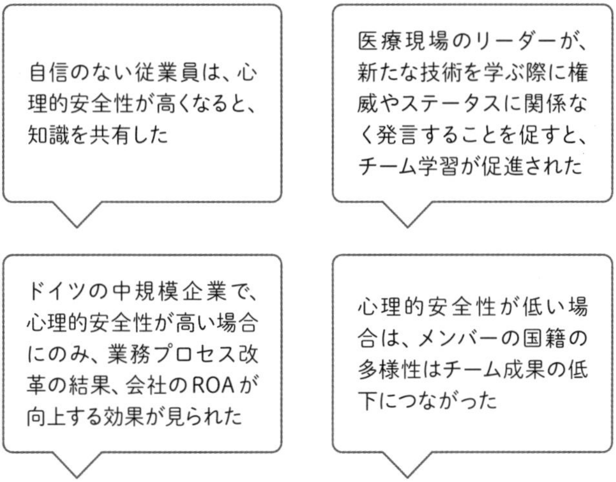

> 自信のない従業員は、心理的安全性が高くなると、知識を共有した

> 医療現場のリーダーが、新たな技術を学ぶ際に権威やステータスに関係なく発言することを促すと、チーム学習が促進された

> ドイツの中規模企業で、心理的安全性が高い場合にのみ、業務プロセス改革の結果、会社のROAが向上する効果が見られた

> 心理的安全性が低い場合は、メンバーの国籍の多様性はチーム成果の低下につながった

ディアを結びつけることや、改良することが奨励される」というようなルールもある。つまり心理的安全性は、創造性の必要条件であるが、十分ではないのである。

ドイツで中規模の会社における業務プロセス改革と、心理的安全性、そして、その会社のROA（総資産利益率）の関連を見た研究では、心理的安全性が高い場合にのみ、業務プロセス改革の結果、会社のROAが向上する効果が見られたことが報告されている。[20] これは、業務プロセス改革という新しい取り組みへの抵抗感が、心理的安全性が高い場合に払拭されたことを示唆するものである。

また、グローバルなバーチャルチームを対象にした研究では、心理的安全性が低い場合は、メンバーの国籍の多様性はチーム成果の低下につながったことが示されている。[21] 多様性の高さは、チームに多様な視点をもたらすことで新たなアイディアや解決策につながることが期待される一方、メンバー間でのコンフリクト（対立・葛藤）の原因になると考えられる。多様性の良さを活かすためにも、心理的安全性が確保されることが必要であることが示唆される。

第5章｜心理的安全性を構築する　169

以上をまとめると、心理的安全性が担保された職場においては、専門知識がない人、対人リスクを感じる人、立場が弱い人でも意見が言いやすくなり、結果として、成果が上がるようになる。特にメンバーが多様である場合は、心理的安全性がないと多様性の良さが発揮されないということである。

▶ 効果が出やすいチームとそうでないチーム

　心理的安全性と「人間関係の良いチーム」を同義のものと理解されることもある。職場の人間関係の良さと心理的安全性の関係を検討した研究はあまり多くないが、チーム内のメンバー間の相互作用に着目して、心理的安全性とチームの協働の関係を見た研究が報告されている。

　医療に従事する人と教育に従事する人を対象として、心理的安全性の測定を行うと、測定結果は、前者はチーム単位でまとまり、後者は学校全体単位でまとまっていた。[22]つまり、ある病院では、ある医療チームの平均点は、チーム内でのばらつきよりもチーム間でのばらつきが大きく、学校であれば、教科単位のチームや学年単位のチームでのばらつきよりも学校間でのばらつきが大きかったことを意味している。

　医療の領域では、チーム内で役割分担があって連携して仕事を行うが、教育の領域の場合、授業を１人で担当するなど、連携があまりない。もちろん、これは米国での研究結果なので日本の医療や教育現場の事情は異なるかもしれないが、仕事上での連携が少ないチームでは、心理的安全性はあまり必要とされない。連携がないというよりは、心理的安全であるとかないとかを認知する機会が少ないと考えられる。

　中国で行われた研究では、心理的安全性は、所属するチームにおいて仕事のゴールが互いに依存していると認知されることで、他者支援行動を促進したことが確認されている。[23]相互作用によって、チームの心理的安全性が存在したとしても、それだけで良い効果につながるわけではなく、協力して達成する目標を認識することで、他者を支援する行動がとられるようになったと考えられる。

これらの研究から、心理的安全性の効果が出やすいチームとそうでないチームがあることがわかる。メンバー間で交換される情報の頻度、その質、そして、達成した目標が共有されているかどうかによって、その効果が決まってくることが示唆される。

▶ 活用に向けての5つの観点

現場での心理的安全性の活用には、王道は存在しないように見えるが、うまく活用することによって、組織として望ましい成果につながると考えられる。

心理的安全性の活用の1つ目の観点は、「解決したい課題の明確さ」である。

私たちの調査において、心理的安全性が必要だと考える理由として、「業務上、情報共有が必要」「多様な意見や活発な議論によって新しいものを生み出す必要がある」「早期にリスク情報を挙げてもらって大きなトラブルにつながるのを防ぐ」などの意見があった。

加えて、「意見を発言できないとストレスが溜まる」「いろいろな意見が出されないと組織をまとめられない」「良い雰囲気づくり」「モチベーションの向上」といったメンバーの心情面に配慮した意見もあった。[24]
いずれも、組織としての課題を解決するために心理的安全性を使いたいということである。つまり、心理的安全性は手段であり、目的ではなく、そもそも何を解決したいのかを考える必要がある。

また、心理的安全性は職場やチームの状態を表すものであって、心理的安全性の実現は、原則、チームや職場全体にかかわる課題解決を目的とする。仮に特定の個人の発言を促すのだとしても、それがチームにもたらす影響や効果を考える必要がある。

2つ目の観点は、「人ではなく問題解決に焦点を合わせること」である。心理的安全性に関するよくある誤解として、思ったことを何でも言える場をつくればよいということがある。

思ったことをみんなが発言すると、何が起きるだろうか。

第5章｜心理的安全性を構築する　171

思いついたことを何も考えず言ってしまう。そうすると、メンバーが互いに傷つき、組織がよりギスギスすることもありえる。それでは組織の生産性も上がらないし、メンバーのコミットメントやエンゲージメントは下がる。

ということを踏まえると、「思ったことを何でも言えること」ではなく、「仕事をするうえで、問題になっている点に焦点を当て、自分も相手も大切にして、自分の感情や要求を率直に、誠実に伝えること」が求められていることがわかる。アサーティブネスというコミュニケーション技術である。

ポイントは「相手を大切にしながら、問題解決に焦点を合わせる」ということである。このポイントは頭でわかっていても、実際の場面で活用するのは難しい。なぜなら、私たちは、自分の意見を実際よりも常識的であると思ってしまう傾向を持っている。そして、他の人たちも自分と同じ意見を持っているに違いないと思いがちである。[25]

たとえば、「日本の人口は、これから減少していく。少子化が進んでいることは問題である。だから、少子化対策を行わなければならない」という意見を持っていたとする。その意見は常識的であると思える。実際、有識者の8割が少子化の進行は問題だと思っている。[26] 一方で、問題でないと思っている人もいるし、むしろ多すぎる人口が減ることが望ましいと思っている人もいる。

また、少子化が問題と思っているが、少子化対策に反対している人はいる。子どもを持つかどうかは個人が判断することであり、国が関与することではないというような意見である。世論調査によると、少子化対策を行うために増税を行うことに関しては、反対意見のほうが多い。[27]

味わい深い論争であるが、上司が自信満々に「少子化対策を行ったほうがよい」と言った後に、「必ずしもそう思わない」と部下が言ったら、上司は無意識に「こいつ、わかっていないな」と思うかもしれない。あるいは、こういう場で反対意見を言われたら、「自分の顔がつぶれる」と感じるかもしれない。そうすると、上司と部下は対決モードになりそうである。そのような対決を避けるために、部下はあえて反対意見を言

わなくなってしまう。

　人はいろいろな意見を持っている。他の人が同じ意見を持っていることもあれば、持っていないこともあると考えることが、「相手を大切にする」というポイントである。上司を含めて、メンバー1人1人には、それぞれが生きてきた歴史がある。同じ職場で働いたとしても価値観も違う。同じ職場の問題を見たとしても、感じ方も違うし、持つ意見も違う。その違いがあることを所与のものとするところからスタートする。

　同じ会社に長くいるから、一緒の価値観を持っていると思っていると、すれ違いが起き、相手が悪いと思いがちになる。筆者（古野）の経験では、国籍や人種がまったく違う人たちと話をするときのほうが、価値観が違うという前提があるので、意見が違うことに対するストレスが低いように思える。相手を敵だと思わないで、相手とともに問題を解決していく姿勢が、そこでは求められる。それは上司側にも、部下側にもいえることである。

　3つ目の観点は「価値観の共有」である。ここでいう価値観は、組織が大切にしたい価値観である。組織が大切にしたい価値観は、所与のものでも良いし、自分たちでつくってもよい。所与のものであれば、その価値観がどのような経緯で生まれてきて、その価値観を持つことはその組織にとって、どのように良いのかということを共有することが必要である。

　企業はグローバル化するにあたって、その企業が大事にしている価値観の浸透を行っている。創業者の思いやこれまでの企業の歴史の中で、その価値観を体現している物語を語り伝えるワークショップを多くの企業で開催しており、筆者の1人（古野）もファシリテーションを行っている。

　ある日系の金融機関のシンガポール支店で行ったワークショップでは、「始業時間9時にギリギリに来るメンバーが多い」と日本人マネジャーが嘆いていた。その金融機関の日本のオフィスでは、始業時間の9時ではなく、7時台から仕事を始める人がほとんどである。9時には全力で取り組めるよう、7時台からその日の準備をするのである。その

ような行動様式や価値観を大切にしている。ゆえに、シンガポール支店
においても、早朝から準備してほしいと何度も言っている。それにもか
かわらず、始業時間ギリギリに来るメンバーが多かったのである。

この日本人マネジャーに必要なことは、早朝から仕事を始めることの
合理的な説明である。そこに納得感がなければ、メンバーは従ってくれ
ない。

さらに、日本人マネジャーは、嘆き続けた。

「9時の始業時間が過ぎているにもかかわらず、朝食をとっているメ
ンバーがいます。僕がメンバーに、お客様から電話がかかったときに、
それでは失礼だよ、と注意したところ、メンバーは、いや、お客様も食
べているから、朝食を食べていたほうがかえっていいんだ、と答えたの
です」と語っていた。

その後、シンガポール支店全体で、メンバーの言い分を聞き入れなが
ら、自分たちはどういう価値観を大切にしたいのかを話し合うための
ワークショップを何回か開催した。

わかったことは、その金融機関は日本において、しっかりとした準備
を行い、時間を守ることで、お客様の信頼を獲得していき、そのことで
ここまで成長してきたということである。その金融機関の大切な価値観
は、お客様との信頼構築であることがわかった。そのことを現地の社員
は納得した。しかしながら、それは日本での信頼の獲得の仕方であり、
シンガポールでは、そのやり方はしない。つまり、7時台から働くこと
や朝食をオフィスではとらないことがお客様との信頼構築において、そ
れほど大切ではない。それよりも、お客様が困ったときには気軽に話が
できるように、頻繁にコミュニケーションをとっていることが大切であ
ると、マネジャーとメンバーで合意を得た。

価値観が共有されていると、メンバーはその価値観に沿って、自由に
ものが言いやすくなる。この金融機関の場合であれば、お客様との信頼
構築であり、それを獲得するために何をすればよいのかに関して、上司
も部下も関係なく、意見を言うことがシンガポール支店の発展に寄与し
ていき、健全な組織運営ができるベースになると考えられる。

4つ目の観点は、「誰のどのような発言を引き出すべきか」ということである。

私たちの調査において、心理的安全性を高めるための工夫について、意識して行っていることを聞いてみた。[28] 心理的安全性が高い群と低い群において、コメントの違いを見てみた。まず、低い群においては、約4割が「特になし」との回答が最も多い。次に多かったのが「コミュニケーションの強化」であった。このカテゴリにおいては、抽象的な内容が多く、心理的安全性が低い群においては、あまり具体的な取り組みがなされていないことが推察される。

一方、心理的安全性が高い群においては、「毎週自由に意見が言い合える場を設けている」「毎日全員に一言話しかけている」「ベテランの意見に偏らず、新人の意見を聞くように心掛けている」「言葉遣いが高圧的にならないように留意する」など、具体的な内容が多く、リーダーが心理的安全性への配慮をしていることが示唆される。

誰の話を聞くべきか。

心理的安全性は、特に立場の弱い人間の発言を促すことによる効果が期待できる。発言を控えがちな人にアイディアを出してもらえば組織全体の学習になる。また、警告を発してもらえれば組織のリスクの軽減につながる。発言することでメンバーは、自分の発言に耳を傾けてくれたと感じて、ポジティブな心理状態を経験する。

時には、組織責任者は、あえて自分が参加しない会議を行うこともよいかもしれない。組織責任者は多くの場合、メンバーの査定を行うので、メンバーは自分がどのように評価されるのかが気になる。

たとえば、当該グループの課題についての意見となると、組織責任者の前では言いづらいことは容易に想像できる。その場合、組織責任者がいない場だと、気兼ねなく話せる場合も多い。その話し合いの結果、何が問題であったのか、後ほど、組織責任者に課題だけが知らされる。誰が言った意見は伏せられる。組織責任者としては、誰が言った意見なのかが気になるが、求めることは自グループの課題である。メンバーの立場を守り、有意義な意見を引き出す工夫である。

さらに言うと、ねらった発言を引き出せたとしても、それがチーム全体に及ぼす影響を組織責任者はモニタリングする必要がある。たとえば、あるメンバーの発言は他のメンバーの脅威になる可能性がある。

　つまり心理的安全性は、すべての発言を許容することではない。発言する人と発言を受ける人の両方にとってストレスにならず、双方が自由に意見を言い合うチームを実現することが目的になる。自由に言い合えるものの、互いの人格を批判するのではなく、建設的な意見を言い合う場が保たれていることが重要である。ゆえに組織責任者は、丁寧に状況を見ながら、必要に応じた調整や介入を行うことが求められる。

　5つ目の観点は、「インフォーマルな場の活用」である。公式の組織において、心理的安全性を構築しようとしても、いきなり、それまでの慣習を変えるのは難しいことも考えられる。そういう場合には、自主的な研究会や勉強会などの非公式な場を活用することを勧めたい。このような非公式な場では、公式組織ではできない試行錯誤ができ、学習が促進され、上司・部下間でのフラットなコミュニケーションが進むことや、信頼関係を育むことも期待される。

　ある会社がグローバル化を推進する流れに乗じて、社内のある部全体で任意に英語を学ぶ研修が行われた。そこでわかったのは、英語ができるのは若手が多く、部全体の責任者を含めて、ベテラン社員は必ずしも英語ができるわけではないということだった。その後、若手らは自己肯定感が高まり、公式の会議の場でも発言する機会が増えていったという。

　ベテラン社員よりも若手が得意な領域、あるいは、組織の中で弱い立場にある人のほうが得意な領域を、非公式の場で設計していくことは公式の場での心理的安全性を高める手段になる。

　英語の研修の事例は、若手のほうがよくわかっていて、ベテラン社員が苦手であるという状況である。その際に、ベテラン社員が恥をさらすのが嫌だと思っていると、ベテラン社員は参加しないということも考えられる。そういう場合には、ある領域に関して、若手社員がベテラン社員よりもよく知っていて、それでもベテラン社員が恥をかくわけでもな

いという状態をつくることを勧めたい。

　たとえば法人営業組織において、ある業界に関する研究を若手社員に徹底的にさせて、それをベテラン社員を含めた他の営業担当に教えていくという役割を与えていくと、若手社員の自己肯定感が高まり、公式な場での発言も増えていくということが起こる。

　いずれにせよ、非公式な場は公式な場ではできないことの実験の場であり、組織責任者は、そういう場の活用を通して、公式の組織のほうの心理的安全性を高めることができると考えられる。

　心理的安全性を高めるための5つの観点、「解決したい課題が明確」「人ではなく問題解決に焦点を合わせること」「価値観の共有」「誰のどのような発言を引き出すべきか」「インフォーマルな場の活用」を参考に、自組織の心理的安全性をつくってみると何が起こるのかにトライしてみていただきたい。試行錯誤することで、より良い組織がつくられ、成果も発揮できると考えられる。

---

column

リモートワークでの組織運営

　リモートワークで組織をつくったり、変えたりすることはできるだろうか。新型コロナウイルス感染拡大への対応のためにリモートワークを始めた企業や組織も多いだろう。現在、リモートワークの形態は、企業や組織によってさまざまである。リモートワークが主の企業もあれば、対面が主の企業もある。職種や部署によって使い分けている企業もあれば、育児・介護などの理由限定でリモートワーク可能の企業もある。

　リモートワークに関するメタ分析によると、リモートワークの個人への影響として、仕事と家庭のバランスについての葛藤を低下させるのに有益であると示されている。[29] リモートワークを経験した皆さんも少なからず実感を持っているのではないだろうか。

一方で、マネジメントが難しくなったと感じる組織責任者も多い。リモートワーク下での組織運営は、どうしたらうまくいくのか。

これには、バーチャルチームの研究が参考になる。バーチャルチームとは物理的に離れた人たちが、IT ツールなどを駆使して、基本的にはお互いにリモートで仕事やプロジェクトを進めることである。

研究によれば、バーチャルチームがうまくいくポイントは 2 点ある。1 点目は、チーム組成の初期段階で対面の機会をつくることである。[30] 2 点目は感情の共有を行うことである。[31]

1 点目のチーム組成の初期段階で対面の機会をつくる、という研究結果を、実際の場面に照らし合わせて考えてみよう。

リモートワークでも、業務の直接の関係者と業務を進めるための会話をすることによって仕事は進む。上司と部下の 1 on 1 ミーティングを増やすことで、必要な縦のコミュニケーションは担保される。一方で、対面と比べて、文字情報でのコミュニケーションが多くなる。

リモートワークを円滑に進めるためには、何らかのプロジェクトや仕事の初めに対面の場を持ち、一緒に仕事をする協働者について、お互いの持ち味や強み、バックグラウンド、コミュニケーションスタイルなどを多面的に理解することは役に立つ。上司以外のメンバーとも話しやすくなるし、行間を読み取ることが容易になると考えられる。

2 点目の感情の共有も重要である。リモートワークで、「この人はなんだか冷たいな」「この人はどうして一方的に要求してくるのだろうか」と、関係者のコミュニケーションにもやもやしたことがある人も多いのではないか。リモートワーク下で感情の共有を進めるには、文字情報で必要事項を伝達するだけでなく、感謝やねぎらいといったポジティブな感情を一言添えるといったことが重要である。

感情の共有とは少し離れるかもしれないが、会社や職場とのつながりを感じる機会を意識的につくることも重要だろう。

筆者の 1 人（武藤）は、自身も 2013 年頃からリモートワークを開始し、同じ時期から、働き方改革の一環としてリモートワークの導入や、リモートワークを活用できる環境整備や業務改革、リモートワー

ク下でのマネジメントに関するコンサルティングを企業向けに行ってきた。[32]

これらの活動を通じて、リモートワークでの組織運営で特に大事になることは2点あると考えられる。

1点目は、仮に原則出社に戻ったとしても、メンバーの気持ちはリモートワークを経験する前と同じではないことを理解したうえで組織運営することである。メンバーはリモートワークの経験を通じて、仕事は大事だがライフでも大切なことが多くあることに気づいたり、自身の人生や生活の優先順位について見つめたりする機会を得た。

また、コロナ禍前には「リモートワークは当社では絶対無理だ」と言っていた会社が、コロナ禍でリモートワークに移行する姿を見て、「緊急事態とはいえ、これまで無理だと一刀両断されていたこともできてしまうのだな」と思ったメンバーもいる。

そして、コロナ禍が落ち着くとすぐに出社に戻る様子を見て、「当社は結局、何も変わらないんだ」「物理的にはリモートワークができることが証明されたのに、前の環境に戻ってしまった」とがっかりしたメンバーもいる。現象面だけを見ると、単に出社に戻っただけだが、メンバーの気持ちは元のままではない。もちろんこうした話は、原則出社に戻った企業だけに起こる話ではない。

たとえば転勤については、辞令があればメンバーはそれに従っていた。しかし、転勤について、リモートワークでも対応できるのではないかと思うメンバーが増え、ライフに大きな影響を与える転勤を受け入れなければならないのかという疑問が大きくなっている。今までは会社や組織が当たり前のように行っていた人事施策について、メンバーが疑問を感じたり、それを表明したりすることが増えているように見受けられる。メンバーに影響のある施策を講じたり、メンバーに指示したりするときには、これまで以上に、それが必要な理由を説明したりすることが重要になってくるであろう。

2点目は、メンバーの状況理解のためのツール活用である。リモートワークによって、組織責任者のメンバーマネジメントの負荷が増し

第5章｜心理的安全性を構築する　179

ている。組織責任者の負荷は、コンプライアンス、メンバーの働き方改革などによって高かったが、リモートワークで組織責任者はメンバーのことが「見えづらい」「わかりづらい」状況となり、さらに負荷が増している。

　リモートワーク下での組織運営を助けるデジタル活用はいろいろとあるが、メンバーが仕掛かり中または予定している仕事やプロジェクトの進捗状況をシステムによって可視化することは、筆者が行っていたリモートマネジメント研修の中で、リモートワーク下での組織運営が上手な組織責任者が結構活用していた。

　毎日、毎週、ウェブ上でメンバーに簡易なアンケートに回答してもらうことで、心身のコンディションを把握するツール（パルスサーベイ）は、そのスコアの変遷から真っ先に声をかけるべきメンバーを探すのに奏功している。また、過去の資料のアーカイブの閲覧など、情報にアクセスしやすくなることも有効であろう。

第 II 部

組織を変える

　一般的に、新たに組織をつくるよりも動いている組織を変えるほうが難しい。なぜなら、組織は日々動いており、その動きに人々は順応しているので、「変えましょう」と言われてもそう簡単に変わらない。変えたほうがよいのは頭ではわかっているが、行動が伴わないこともしばしばある。

　生活習慣を変えるのは個人でも難しい。「ダイエットしよう」とか「英語の勉強をしよう」と決めても続かない。成功したと思っても、元の生活に戻ってしまうこともよくある。そんな個人でも難しいことなのに、個人の集まりである組織においては、なお難しいように思える。

　しかしながら、個人を変えるよりも組織を変えることのほうが簡単な側面もある。自分は変わりたくないと思っていても、周りの行動が変われば、自分も変わらざるをえない。あるいは、自分の新しい行動を周りがサポートしてくれれば、継続的に頑張ろうという面もある。周りでダイエットしている仲間がいれば、互いに励まし合うことで継続できるということもあるだろう。

　第 II 部では、組織を変えることをテーマに自組織を変えること（第6章）と、自組織をうまく変えるために他組織を動かすこと（第7章）、そして、実際に私たちが行った組織改革の事例を紹介する（第8章）。

第**6**章

組織変革のステップ

　組織責任者は、ゼロから組織をつくる場合もあるが、ある程度、出来上がった組織に就任することもある。むしろ、そのほうが多い。新しく就任した組織をそんなに変えないでよいケースもあるが、業績が低迷していたり、組織に対して不満を抱いているメンバーが多数いたりすることもある。そうすると、組織責任者としては、組織の行動様式、価値観、風土を変える必要が出てくる。

　あるいは、環境の変化が激しくて、今までどおりのやり方を変える必要があるケースもある。たとえば、顧客に密着して、顔を覚えてもらい、何かあればすぐに駆けつける営業を行っていたが、競合する企業は顧客の課題に対して、解決方法を提案していっており、今までの営業が通じなくなっている。ゆえに、個々の営業行動を変える必要がある、といったようなことである。

　本章では、すでに出来上がっている組織を変えること、つまり、組織メンバーの意識や行動を変えるということについて、述べていきたい。

　組織開発の始祖であるドイツの心理学者のクルト・レヴィンは、組織を変えるためには3ステップがあることを提唱している。[1] 組織の規模の大小、期間の長短にかかわらず、3ステップは応用範囲が広いので、以下では、この3ステップをベースに、組織を実際に変えることを実例

183

図表6-1 クルト・レヴィンの3ステップ

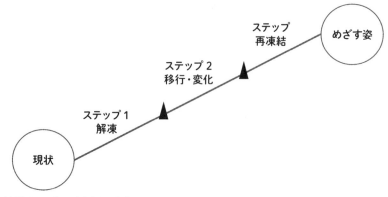

(出所) Lewin (1947) をもとに作成。

に基づいて述べていきたい。

　ステップ1は「解凍」である。これは、実務的にいうと、現状把握、および目標設定のフェーズと言い換えることができる。ステップ2は「移行・変化」である。これは、施策の実行、ならびに組織メンバーの行動の変化、場の雰囲気の変化と言い換えることができる。ステップ3は「再凍結」である。組織が変わってきているのだが、何かのきっかけで元に戻ることがある。ダイエットにおけるリバウンドである。それを防ぐための行動習慣の定着の段階である（図表6-1）。

- ステップ1　解凍……現状の把握および目的や目標の設定
- ステップ2　移行・変化……施策の設計、変化への気運づくり
- ステップ3　再凍結……変化状態の組織への定着

　レヴィンの3ステップはシンプルである。ゆえに、さまざまな状況や組織に応用しやすい。しかし、シンプルすぎて、各ステップで何を行えばよいのか、何をすれば次のステップへ進めるのかが明確でないという指摘もある。よって、実務上で行っていることを紹介することで、組織

で活用できるイメージが湧くようにしていこう。

1 | ステップ1　解凍
──現状の把握および目的や目標の設定

ステップ1は「解凍」である。ここでは、現状の把握および目的や目標の設定を行う。

▶ 現状の把握

現状把握と目的の設定は、どちらが先になるか決まりはない。先に目的の設定をしてから現状把握を行うこともあれば、逆に、現状把握を行ってから目的の設定を行う場合もある。

ここでは現状把握から紹介しよう。現状把握の方法は、定量的なものと定性的なものに大別される。定量調査は、サーベイやアンケートによる情報収集や、各種データの分析が当てはまり、定性調査は、インタビューやヒアリングが該当する。定量調査、定性調査ともに、日常の活動の中で行われるものと、情報収集目的として行われるものがある。

定量調査は、多くの人についての情報を集めやすいこと、統計処理が可能となることが挙げられる。「多くの人がこう言っている、こう思っている」ということを数字で示せる説得力は大きい。また、定量調査においては、同種の内容において社外の状況はどうかを比較することも可能とする。

定性調査は、定量調査ではよくわからない背景情報や因果関係がわかる。あるいは情報を得たい対象者が少ない場合（例：高業績者や中途入社者）に奏功する。定量調査を設計するための事前の情報収集としても活用できる。得られた情報は定量調査の補完やエピソードとしても語ることができる。そういう意味で、組織を把握する際には、必須の情報といえる。

第6章｜組織変革のステップ　185

何かの施策を講じる場合、現状把握はほぼ毎回行われているだろう。しかし、現状把握段階では以下のことが起きやすいことに留意が必要である。

①メンバーが本音を言うわけではない

定量調査、定性調査にかかわらず、情報収集においては、回答するメンバーが安心して情報を出せる工夫が必要だ。組織や人によっては、本音で回答しないことが考えられる。組織の居心地が悪くて、何とかしてほしいのであれば、本心での回答が得られるケースもある。

しかしながら、不満を吐露して、そのことでうるさい人だとレッテルが貼られたり、不満分子として異動させられたりしたような過去があると、本心では回答しないだろう。多少、居心地が悪くても現状のままであれば、とりあえず職にありつけるわけだから、波風を立てないことが先決になる。

匿名性を担保して、調査を行ったとしても、「この点を付けたのは誰か」という犯人捜しが行われたり、点数が低くなることで、面倒な変革が行われたりすることが予想される場合には、本音ではなく甘めな回答をすることがある。

定量調査では、スコアを鵜呑みにしない。他の組織や他社と比べて、高い低いというのは参考になるが、低く回答しづらい組織である可能性もあるので、比べるとすれば、同じ組織の過去のほうが参考になる。

最近、パルスサーベイを導入する組織が増えている。数分で回答できるように回答負荷を減らして、毎月のように高頻度で行うサーベイである。多くの組織では、前月と比べて今月も変わらないとなる。しかしながら、突然、スコアが下がったりしたら、それはシグナルである。組織の中で何が起こっているのか、組織責任者としては探索が必要になってくる。

また、記名式にしても、しっかり不満を書いてくる若手がいるのも事実である。1on1ミーティングのように面と向かって話す際には、何も言わないが、何かを書く機会があれば、きっちりと書くこともある。

186　第Ⅱ部｜組織を変える

ここで大切なことは、組織責任者にとって、組織メンバーの視点である。「正直に回答すると何かメリットがあるのだろうか」「下手に書くと、面倒なことにならないだろうか」というような視点である。正直に書いてほしいということであれば、第5章で触れた「心理的安全性」の確保が必要になってくる。

　②組織責任者が自分の見たいように情報を選別・解釈する
　これは第4章で触れた「確証バイアス」である。定性調査をする際、インタビューする人（組織責任者）が実は聞きたい答えを持っていて、それ以外の回答をしてはいけないのではないかとインタビューを受ける人が思うことがある。
　そうすると、インタビューを受ける人は、「それっぽいこと」を言っておくのがこの場の正解だという気持ちが働く。もしインタビューやヒアリングで社員の気持ちや状況を聞いてみたいが、組織責任者がインタビューをすると、率直な意見を聞けなそうだと思う場合には、第三者に依頼するのも一考であろう。
　また、集まってきた情報を解釈する段階で、自分たちの仮説が証明される情報を選んで抽出するのもありがちである。
　たとえば、若手の退職が相次いでいる際に、従業員にエンゲージメントサーベイを行って原因を探る場合、「当社での今後のキャリアが見えないから」という結論を導くというケースを取り上げよう。
　確かにそれが解釈として正しい場合もあるし、理由の1つかもしれないが、実態としては、「現在の働き方自体がつらい」「職場の雰囲気が悪い」というように、現状に問題のあることも多い。
　それでも、「当社での今後のキャリアが見えない」といった結論を導いてしまうのは、さまざまな理由が考えられる。活躍していた社員が退職する際に体の良い理由として語ったことが頭に残っているから。現状の問題点を解決する難度が高いことがわかっており、それに着手したくないという気持ちを持っているから。もともとキャリア支援施策を検討していたため、「渡りに船」とばかりにスコアの都合の良いところに注

目するから、などである。

　心理的安全性が担保された定量調査であれば、以下のようなことに気をつけると、現状把握の精度が上がる。

- 大きなところから見ていく（いくつかの設問をまとめたカテゴリごとのスコアの高低を確認する）。
- 意味のある差分に注目する（差分とは、①経年比較、②カテゴリ間比較、③他社比較などがある。「意味のある」とは、前述したように、カテゴリや他社との比較は参考になるが、鵜呑みにしないことをいう）。
- 分布に注目する（あるスコアが5点満点中3.2点の場合に、3点に集まっているのか、1点や5点に散らばっているのか）。
- 設問文を確認する（いくつかのスコアの平均値を総合指標として重視することもあるが、それらのスコアがどのような設問から構成されているかを見ておかないと、「総合満足度」「エンゲージメントスコア」「イキイキ度」などの指標名から誤解をしやすい）。

　上記のようなことに気をつけると、現状把握の精度は上がるとはいえ、インタビューで集めた情報やサーベイのスコアを額面どおりに受け取るだけというのも望ましいとはいえない。「多くの人がこう言っています」と共通点や傾向を見出すような情報の集計や分析は大事である。

　ここに加えて、「想像力を駆使して解釈すること」である。見聞きした他の情報や、人事情報、会社の方向性なども念頭に置きながら、回答してくれた人が、本当に伝えたいことは何だろう、どのようなことを思い、どのような状況で働いているのだろうか、などと想像することが大事である。

　社員意識調査の設問で、「キャリアの閉塞感がある」と回答した人が多かったとする。そうすると、すぐに会社や組織責任者は、「キャリアパスが見えるようにしよう」といった施策を講じたくなるかもしれない。社員からの声にすぐに応えたいという気持ちは素晴らしい。

しかし、改めて考えてみると、キャリアの閉塞感といったときに、さまざまな理由で回答している可能性がある。同じ人がずっと役職に就いていて、若手社員が今の会社では昇進の可能性が低いと思っているのかもしれないし、自己申告や社内公募制度が形骸化していて、やりたいことが将来にわたってできないと思っているかもしれない。場合によっては、日頃見聞きする日本経済のニュースなどからの漠とした不安かもしれない。

　ある小売業で、実際に「キャリアの閉塞感がある」というスコアがとても高かった組織があった。そのスコアを見た経営層は、「若手社員の早期抜擢をしよう」と考えていた。しかし、退職者インタビューや1on1ミーティングの結果を踏まえると、この結果は「販売の仕事は好きだが、長時間労働や立ち仕事がつらい」といった、顕在化している今の問題への訴えだと考えたほうが良さそうなことがわかった。

　そこで、経営側は商品の搬入方法を変えて品出しで立ったり座ったりする頻度を減らし、労働時間のパターンを複数にするなどの対策を講じた。この場合、若手社員の早期抜擢が適切な措置ではなかったという事例である。

▶ 目的、目標の設定

　目的や目標の設定は、組織運営や組織変革の羅針盤や地図のようなものである。ここでいう目的とは、めざす状態像であり、目標は目的に近づいているか否かを確認するための定量・定性の状態を指す。具体的な事例は、**図表6-2**にある。

　目的は会社や上位階層によって決められている場合もあれば、自組織だけで決められる場合もある。前者の場合でも、自組織における目的を置くことは、自組織のメンバーの理解と共感を得ることが必要になる。

図表6-2 目的、目標の例

目的	目標（状態例）	左記を確認する目標例
自分で考えて行動する個人が自律して動ける組織づくり	従業員からさまざまな意見やアイディアが出る状態	● エンゲージメントサーベイのスコア
	従業員がチャレンジの領域を広げたり、レベルアップしている状態	● 手挙げ施策の利用割合 ● 社内副業をしている従業員の割合 ● 従業員のスキルレベルの平均値上昇
多様な人たちが活躍する組織づくり	組織内の多様性の幅が広がっている状態	● 自社・自組織にいない・少ないスキルの保有者の人数 ● 新たな採用ルートからの採用人数（例：アルムナイ・カムバック制度からの再入社人数）
	持ち味を発揮することの制約が、軽減されている状態	● ライフイベントを理由とする離職率低下 ※「ライフイベント」という部分は、自社・自組織の問題に合わせて変える（例：人間関係、キャリアの閉塞感）
	個々人の持ち味や強みが生かされている状態	● 活躍人材の離職率低下 ● エンゲージメントサーベイのスコア

▶「組織を変える」にあたっての目的設定の観点

　ビジネスに関する目的を決めるのであれば、3C（自社の視点、顧客の視点、競合他社の視点）などを使って考えるだろう。社内の課題について目的を決めるのであれば、自組織への期待・要望、自組織のリソース、コンディション、組織責任者本人の思いといった形で、3Cの「自社」部分を分解することになるだろう。

- 自組織への期待・要望……会社や上位階層がめざす姿や進めようとしていること、および自組織に何を期待しているか。
- 自組織のリソース、コンディション……活用できるリソースの状況はどうか。自組織のメンバーはどのような状況で働いているか。
- 組織責任者本人の思い……どのような組織をつくり、何を成したいのか、どのような組織観・人事観を持っているか。

組織を変える際には、「自組織への期待・要望」「自組織のリソース、コンディション」「組織責任者本人の思い」に加えて、「社会的な視点」「メンバーの視点」を取り入れていくことを勧めている。

　なぜなら組織は、組織責任者だけで運営しているわけではなく、組織メンバーとともに運営しているからだ。メンバーがどのような思いを持っているのか、みんなが実現したいことは何かを踏まえておきたい。

　さらに、組織は社会の中にあり、社会からの視点を取り入れることで、外部の環境変化に適応でき、適切な目的の設定ができると考えられる。「社会的な視点」と「メンバーの視点」、換言すると、外部適応と内部適合の接合ということもできるだろう。

　「社会の視点」とは、組織の方向性が環境に適応しているのだろうか、社外から見て、それはマズイだろうということではないか、自社都合で推し進めてはいないか、といったことを検証していくことだ。

　たとえば、ハラスメントという言葉が広く知られるようになる前は許されていたこと（された本人が耐え忍んでいただけのこともある）が、今はそうではない。「当社では以前から問題になっていないから」と続けるわけにはいかないだろう。

　副業や兼業を禁止し続ける場合、職業選択の自由から考えたときに本当にそれは説明がつくか、会社として働く人の24時間365日を自社で使ってよいものと捉えていないか、と考えることも必要かもしれない。

　もちろん、すべてを「社会」や「世の中のムード」「他社の実施内容」に合わせろと言っているのではない。自社や自組織の都合だけでは無理筋だろうと思うことはないかという視点を持つことが大事である。以上をまとめると、図表6-3のようになる。

　「社会の視点」を持つと、以下のような点検を行うことができる。

- 自組織への期待・要望……今考えようとしているテーマや課題について、社外ではどのような潮流があるか。
- 自組織のリソース、コンディション……自組織のメンバーに説明で

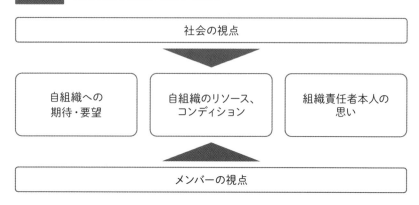

図表6-3　目的を決める際に考慮すること

きるか。「とにかく」「もう決まったことだから」と説明を飛ばしているとすれば、そこには組織責任者本人の葛藤があるかもしれない。自分が若手の時代は当たり前に行っていたことが、今のメンバーにも許されるとは限らない。

- 組織責任者本人の思い……組織責任者が胸に手を当てて考えたときに大丈夫と思えるか。

　目的を描く際には、テーマの大きさや種類、当該プロセスを通じてのねらいによって、経営層や組織責任者など限られた人だけで検討・決定する方法から、広く自組織のメンバーが参画する場合までがある。
　ただし、組織の目的は、それが組織都合のものでも、自組織のメンバーのための取り組みであっても、自組織のメンバーに影響を与えたり、行動変容を要望したりすることが多い。そういう意味で「メンバーの視点」が求められる。よって、情報収集から決定に至る過程のどこかでは、自組織のメンバーに参画してもらうのが望ましい。
　目的を描くにあたっての自組織のメンバーの参画方法を、参画度の低いものから挙げると、以下のようなものがある。

①目的は、経営層や組織責任者が策定し、策定の背景や込めた思いなどを組織責任者から自組織のメンバーに説明する。

※厳密にはこれを「自組織のメンバーが参画して目的をつくった」とは言わないが、組織責任者が自分の言葉で自組織のメンバーに語ること自体に意味がある。

②目的自体は、経営層や組織責任者が策定するが、自組織においての意味や実現のイメージは自組織で検討する。

③経営層や組織責任者が案を作成し、最後に検討に参画してこなかったメンバーに感想や意見を募る。

④自組織のメンバーから情報を収集し、それを参考情報の1つとして、経営層や組織責任者が議論して決定する。

⑤自組織のメンバーが、情報収集から案策定まで行う。

第4章でハーウッドの工場について触れたが、誰かが決めたことをやってもらう組織（グループA）よりも自分たちが決めたことをやる組織（グループB）のほうが、コミュニケーションとしては面倒であるが、実効性という面で優れている。つまり、メンバーの参画度が低い①よりも、参画度が高い⑤のほうが実効性に優れている。

たとえば、「職場のES向上」のようなテーマでは、実行にはメンバーのやる気が大切であり、メンバーが自分たちで考えて、案を策定していくほうが、その後の実行につながりやすい。また、目的の検討プロセスそのものを育成の場としたい場合にも有効である。

「目的を描く」という話をすると、「すでに目的は会社から提示されているので大丈夫」と言う組織責任者に会うことがある。「会社が決めたことを自分たちが何か変更できるわけではない」という気持ちでそう言っていることは理解できる。

しかし、会社が決めた目的であっても、その目的を自分ごとにすることができる。「目的と自分たちが行っている仕事は、どのように関連しているか」と問い、それをメンバーとともに考え、対話していくことで、与えられた目的でも自分ごととして捉え直すことができるのだ。

第6章｜組織変革のステップ　193

▶ 目標の設定

目的として設定した状態を最終的に実現するための期間は、半年後のものもあれば、3年後、さらに長期のものもある。目的を実現するために、途中経過の状態を把握する指標が目標である。

目標を設定するにあたっては、目的の解像度を上げる必要がある。目的が「風通しの良い職場をつくる」「従業員のエンゲージメントを高める」といった、「言葉そのものに良さそうな意味が込められている」内容になることが多い。

しかし、こうした良い意味が込められている大きめの言葉が置かれると、「なぜそれをするのか」「どういう場面をつくりたいのか」をあまり考えることなく取り組みに着手してしまうことがある。この「なぜそれをするのか」「どういう場面をつくりたいのか」を考えることが、まさに目的の解像度を上げることである。

「なぜそれをするのか」を考える問いは、「風通しの良い職場をつくるのが自組織にとって、なぜ良いのだろうか。世の中の受け売りではないか」「風通しの良い職場ができたあかつきには、どのようなことが解決できているか」といったものが挙げられる。

「どういう場面をつくりたいのか」を考える問いは、「自組織において風通しの良い職場とは何だろうか」「現在のどのような場面がどのようになっていれば、風通しの良い職場だ、といえるのか」「風通しの良い職場を絵にしてみるとどうか」といったものが挙げられる。

---

2 | ステップ2　移行・変化
——施策の設計、変化への気運づくり

ステップ2は移行・変化である。ここでは、施策を設計し、変化への気運づくりを行う。

施策の検討とは、めざす姿やマイルストーンを見たときに、どのよう

194　第Ⅱ部｜組織を変える

な施策を講じるかを設計することである。

　まずはすぐに取り組める施策を1つか2つ行ってみた感触で次に実施する施策を決め、次の施策を行ったら次の施策を考えて……、というサイクルを早く回していく方法もあれば、まずは半年間、1年間は当初決めたことを実施する場合もある。いずれにしても、めざす姿やマイルストーンの実現に近づくものを設計する必要があることは共通している。

　ステップ1では、現状を把握し、目的・目標設定を行う。メンバーに、目的に対して、理解あるいは共感をしてもらうことが「組織を変える」ことの前提になる。「組織を変える」ことが組織メンバーにとっても理解できるし、共感できるという状況になっていればよいが、まずは理解か共感のいずれかがつくれればベターである。

　理解からスタートしたとしても、いずれ共感してもらえる可能性もある。どちらにせよ、次の段階に進むのに必要なのは、「何をするか（施策の設計）」がわかり、「実際に動かす（変化への気運づくり）」ことである。

　組織を実際に動かす手法はさまざまである。ハードイシューのデザインとソフトイシューのデザインに分けると、図表6-4のような施策が挙げられる。

　ソフトイシューのデザインの中の「貢献意欲の促進」は第3章、「コミュニケーションのデザイン」は第4章、「組織文化の形成」は第5章で扱った。特にソフトイシューとして大事な「対話」に関連することは第4章で扱い、対話によるワークショップなどを紹介した。

　対話によるワークショップは、組織開発の手法として語られることが多い。たとえば、AI（アプリシエイティブインクワイヤリー）、オープンスペース・テクノロジー、ワールドカフェ、フューチャーサーチ、シナリオシンキング、アクションラーニングといったものである。

　組織変革の手法の教科書『チェンジハンドブック』では、60以上の手法が紹介されている。[2] それぞれの手法は、目的や人数規模や使える道具や必要な調査データや施設やファシリテーション技術に応じて、使い分けたり、統合して使用したりすることを同書では推奨している。

図表6-4 組織を動かす手法

ハードイシューのデザイン 目的の設定、計画の立案、役割の設定、分業のデザイン、ルール・行動規範の制定	ソフトイシューのデザイン 貢献意欲の促進、コミュニケーションのデザイン、組織文化の形成
● 経営者の外部からの招聘 ● 組織役割の設計 ● 戦略、戦術、年度方針の設計 ● 組織体制の変更 ● 組織内のメンバー構成と役割分担の設計 ● 行動指針の設計・変更 ● 評価制度の設計・変更 ● 報酬制度の設計・変更 ● 表彰制度、賞賛制度の設計・変更 ● その他の金銭報酬・非金銭報酬 ● 昇格・昇進ルールの設計・変更 ● 毎期の目標設定（MBO） ● 職務や業務プロセスの再設計 ● 機械化、自動化、アウトソーシングの実施 ● 組織のルールの言語化・変更	● 1 on 1 ミーティングの実施 ● 目的に照らした会議体の設計 ● 自己理解および他者理解のツールや場（他者インタビュー・他者紹介、雑談の場など） ● 個人の知識・経験の組織への還元・還流（ナレッジマネジメント） ● スキル・知識の習得支援 ● 学びの機会の提供、能力開発・自己啓発の支援 ● 働き方の見直し（組織のメンバーが仕事に集中できる環境の整備、柔軟性や選択肢の多様性など） ● ライフイベントとの両立支援

　それらの手法に共通するものをまとめると、以下のとおりになる。

①なるべく多くの関係者を参加させる。

②参加者を人として尊重し、それぞれの意見を重視し、参加者の自主性を重んじる。

③「議論」ではなく「対話」に重きを置く。

④それぞれの意見を聞くものの、それぞれがバラバラの状態ではなく、必要に応じて、共通了解へ導く。

⑤組織全体をシステムとして見て、関係部署や1つ1つのプロセスをつなぐことを試みる。

⑥相互作用による知識創造を行う。

⑦意味がある目的に向けて、参加者の行動を促す。

これらは第4章で扱った「コミュニケーション」の内容に通じる。多少の繰り返しになるが、解説しよう。

　多くの関係者を参加させ、参加者の自主性を重んじ、それぞれの意見を重んじている。その利点の1つは、第1章で触れたように、参加者の集合知を利用し、それぞれが持っている違う知識や視点を利用し、より包括的で、創造的なアイディアを創出することにある。

　さらに、多くの参加者を、自分たちの組織の意思決定に関与させることで、そのワークショップを通じて何かを決めた後に、実行性を高めることができる。ハーウッド工場での事例で述べたように、人が決められたことを実行するのは受け身で、渋々実行するということになるが、自分で決めたとなると、コントロール感は高まり、決めたことに対するコミットメントが高まるからだ。

　組織責任者としては、それでは、組織がバラバラになり、どこに行くのかがわからなくなることや、責任を放棄していると思われるのではないかという不安がつきまとう。それを避けるためには、参加者に対して、組織を取り巻く環境の情報や組織内部にあるリソースの情報などを提供し、1人1人が組織責任者の立場で考えたときに、どうすればよいのかという意見を求めるようにするという準備段階が必要となる。

　そのような情報提供がない場合や組織メンバーが組織責任者の立場ではなく、自分個人の立場で意見を言っていくようになると、ワークショップの運営は困難になる。

　何かを知っているということは、その情報がない人に対して、影響を及ぼす立場になれる。組織の中であれば、有利な立場に身を置ける。

　たとえば、山で道がわからなくなり、遭難しそうになっている10人のグループがある。そのグループの中にその山を熟知しており、分かれ道において、下山できる道を知っている人がいれば、グループはその人についていくほうが賢明である。

　その人はグループに影響を与え、グループのリーダーとなる。他の9人がその山についてあまり知らないのであれば、対話したり、多数決を

第6章｜組織変革のステップ　197

採ったりして、自分たちの行く方向を決めるのには適さない。

　組織責任者は、自分は知っているが、組織メンバーが知らない情報を持っているという状況になれば、組織メンバーへ影響力を与えることができる。知っている情報を組織メンバーにあえてすべて伝えないことで、自分のリーダーとしての地位を保つことができる。

　多くの企業で、経営の情報はすべて伝えているわけではない。情報を伝えることのコミュニケーションコストがかかるということもあれば、多くの情報を提供することで現場が混乱し、目の前の仕事に専念できないこともある。秩序を保つという意味で、経営情報の提供を控えているということもある。

　組織メンバーも、経営情報をたくさん知っていても、得にならないことも多い。経営のかじ取りは経営幹部に任せて、組織メンバーは自分の仕事に専念することが余計なストレスもなく、生産的であることも多い。

　自分たちの方向に関して、誰もが納得するような解を持っているリーダーがいれば、そのリーダーに従うことは正しいが、リーダーを含めて誰もが明確な情報を持っていないのであれば、組織を取り巻く環境や、組織のメンバーが持っている情報を集めて、どのような方向に向かうのがよいのか、みんなで決めていくことは一理ある。

　また、その方向に向けて、明日からの仕事の内容ややり方を変えるのであれば、組織メンバーが、その決定のプロセスに関与したほうが、コミットメントが変わる。そのような状況において、種々の組織開発手法が初めて機能してくる。

▶ 変化の気運づくり

　施策の設計の次は、「はじめの一歩づくり」である。はじめの一歩とは、組織で最初のアクションや変化を起こし、組織メンバーが「何か動き出しているのを感じる」「今回の取り組みは本気のようだ」と感じられるようにすることである。

198　第Ⅱ部｜組織を変える

これは変化の気運をつくっていくうえで大事である。「何かが始まるぞ」と感じてもらったり、早期に成功体験をしてもらったりすることで、めざす姿の実現に向けての気運を高めることに奏功する。

はじめの一歩は、大きく2つのパターンに分かれる。1つ目は自組織のメンバー全員に、小さなアクションを求めるパターン（薄く広く）、2つ目は小規模に高い成果を短期で上げるパターンである（狭く深く）。

たとえば、「御用聞き営業からソリューション営業への転換を図りたい」場合であれば、ステップ1（解凍）で、現在すでにソリューション営業を実施している人が何をやっていて、その中でもポイントとなりそうなことや、営業職の経験年数にかかわらず実施できることは何かを明らかにしたことを利用できる。

それを、薄く広くパターンであれば、営業職全員で、営業電話を掛けたときの切り出し方を変更してみて、お客様の反応の違いを見るという活動をしたりする。狭く深くパターンであれば、自組織の中で、一部のグループ、チームだけに、まずは営業プロセス全体の変更のトライアルに協力してもらい、業績への良い影響が出ることを証明する。組織責任者もこのグループ、チームがトライアルに注力できるように支援する。

はじめの一歩につまずくときに、よく見られる傾向が2点ある。1つ目は「最初に組織を変えると宣言した後にアクションがない」こと、2つ目は「その場のノリに任せる」という点である。

前者は、目的やマイルストーンを設定し、発表したにもかかわらず、その後、特段の動きが見られないということである。職場から離れてじっくり会議を行い、方向性を決めたり、大規模なイベントを開催したり、華々しいスタートを切ったものの、その後はどうなってしまったのだろうと思われる事例が散見される。これを防ぐには、以下のことが肝要である。

- 目的の発表時や、最初のイベント時などに、次のアクションを予告し、次のアクションを設定する。
- 次のアクションを決められないときは、検討状況を案内する。

第6章｜組織変革のステップ　199

- 施策を行うときに、当初の目的とつなげて発信する。
- 最初の施策実施の指標を置く。

　最初の施策を行うことは、実はそんなに難しくない。最初の施策は、理解や共感を醸成することや今後の動きに期待感を抱いてもらうために行うので、「まずは発表しよう」「まずはみんなで話してみよう」といった、「まずは○○」が通用する。

　しかし、次のアクションまで間が空いてしまうと、一度進んだ理解が忘れ去られたり、共感が反発に変わったり、期待感が「この取り組みも他の取り組みと同じで、掛け声だけのものだったのか」という失望に変わる。よって、次のアクションを予告することや、その場で設定することは、間を空けないという意味で大事である。

　また、自組織のメンバーが知らない間にも、組織責任者は裏でしっかりと企画・検討していることが多い。もしすぐに次の施策が提示できないような難度の高いものである場合には、こうした点について検討中であり、必ず報告するといったことだけでも、変化の気運をしぼませない意味では悪くない。なお、組織責任者が企画・検討している間に、自組織のメンバーが独自に動けることをセットしておいたほうがよい。

　加えて、実際に施策は講じているが、それらがすべて単独のものに見えているだけといったケースもある。この場合は施策と当初の目的とのつなぎを毎回示すことや、施策Aの成果や結果から施策Bにつながっていることを示すとよい。

　組織責任者からすると、「何度も言っているから、メンバーも耳にタコができているはず」と思うかもしれないが、メンバーがあきれるくらいに伝え続けるのも、取り組みの本気度を示すうえで奏功するだろう。

　さらに、最初の施策自体が「まずは全員にやってみてもらいたい」というものであるときは、その施策をみんなが実施したことを確認すべきである。

　たとえば、「御用聞き営業」からの解決方法を一緒に考えるような「ソリューション営業」に転換する事例の場合、ソリューション営業を

すでにやっている営業担当がいたら、その人が実際にお客様のところでやっているステップを、他の営業は、自分のお客様に対して実施してみる、といったことである。

この場合は、全営業担当にまずは自分のやり方を変えてみてもらわないと何も始まらない。ある営業担当のステップが他の営業担当やお客様に届くかも断定できない。よって、やってもやらなくてもよい、ではなくて、「ここだけはみんなやってみよう」を決めて、動かしていくことがはじめの一歩をつくるうえでは重要となる。

たとえば、「その場のノリで決める」ことはありがちである。

「職場で次のアクションを決めよう」となったときに、ワークショップの場で大盛り上がりして、みんなが「いいね！」という施策が決まるときがある。しかし、その場のノリは、場を出ると急速に冷めることを多く見てきた。

その場のノリで決まったことは、場の最後で担当者やサポート役を決めたり、組織責任者との次回ミーティングの日付をセットしたりするとよい。また、この際に言い出しっぺがいつも大変な役回りをするような組織になってしまうと、そもそも「こんなことをやってみよう」というアイディアも出ないし、ノリや勢いも生まれない。

よって、「ノリでやります！」と挙げてしまった手を下ろす権利も与えておいたほうがよい（そうしないと、結局進捗せずに組織責任者がやきもきしてしまう）。

▶ はじめの一歩を次の確かな歩みに

はじめの一歩がうまくいって、自組織のメンバーがさまざまな取り組みをしていくと、次に大事なのは、それを確かな歩みにしていくことである。しかし、はじめの一歩で起こした変化の気運という火は消えやすい。火が消える1つの理由は「孤軍奮闘」にある。孤軍奮闘は個人レベルと、組織レベルに分かれる。

個人レベルの孤軍奮闘とは、あるメンバーが、せっかく新たにつくり

第6章｜組織変革のステップ　201

たい行動様式に基づく行動や試みをしたのに、周囲から何の反応もなかったり、周囲から冷ややかに見られたり、反対されてしまうことである。具体的には以下のような反応をされる。

- 組織として期待されている動きをしたはずなのに、職場の先輩から「そんなことはいいから、今期の業績達成に集中するように」と言われる。
- 部下が試みの中から気づいた改善点を上司に提案したが、反応が乏しく、その後に検討された様子もない。

組織レベルの孤軍奮闘とは、自組織でできるような変化は起こしてきたが、上位組織や関係部署が協力してくれないということである。新しい組織の目的に沿って動こうとしている際、自組織だけで変化を起こしていくことは難しい。

たとえば、「風通しの良い職場づくり」を目的として掲げ、自組織においては「顧客のことを考えて、言いづらいことでも話せるようにする」と決めたとする。この組織の責任者は、コミュニケーション上の工夫をさまざまに行っている。

しかし、風通しの良い職場をつくろうにも、管理職限定の情報が多くて、メンバーは何かを言おうと思っても前提がわからないので、言うことをためらう。すでに十分に検討した話だとしたら、自分からの意見は雑音でしかないと判断しがちである。あるいは、「会社は自分たちを一人前の大人としては扱っていない」と感じることもあるだろうし、「自分たちの意見は重要だと思われていないから、情報も出さないのではないか」と思っている可能性もある。

組織責任者が真に風通しの良い職場をつくろうとすれば、会社や本部に情報権限をメンバーに拡大するといったことを検討してほしくなる。しかし、「風通しの良い職場づくり」といったテーマは、職場の問題と思っている会社や本部が動かないこともあり、本質的な解決や組織変革につながらないこともある。

こうした個人の孤軍奮闘と組織の孤軍奮闘を防ぐにはどうしたらよいのだろうか。

個人の孤軍奮闘を防ぐには、組織責任者が組織責任者という役割上だけでなく、個人としても新しい動きをするのは大事である。組織責任者というと、自分は方向性を示すことやルールをつくることが役割であると思っている人が多い。それはもちろん、組織責任者の重要な役割であることに違いはないのだが、新しい動きの当事者になることで変化を起こすことができる。

たとえば、風通しの良い職場づくりをしたいのであれば、職場のメンバーに組織責任者がまず自己開示する。何か意見が出たときに、まずは意見を言ってくれたこと自体にありがとうと伝える。メンバーの意見をきちんと理解するために質問し、自分の意見を伝えたい気持ちをグッとこらえるといったことも組織責任者はできる。

また、メンバーにアドバイスをする場合にも「こうすべき」「こうした方がよい」という断定や圧力の強いコミュニケーションから、「あくまで私の場合はこうしたが、さまざまなやり方が考えられる」とする形で話すという方法もある。

また、良い試みをしている部下を守ることや光を当てることが必要である。しかし、あからさまに守ったり光を当てたりしてしまうと、部下が萎縮してしまい、かえって動きづらくなってしまうことがある。このような場合、少し工夫が必要である。

たとえば、見込み顧客へのアプローチの仕方を変える、という場合に、課の会議で営業メンバーに何か共有したい取り組みがあるか、成果があるかと尋ねることがある。しかし、これが奏功するとは限らない。良い行動をしている営業メンバーが若手だったときに、先輩たちを前にして自分の行動をアピールするようなことは躊躇するかもしれない。また、自分はただやってみただけで、それが他の人の時間を使ってまで共有すべき内容かわからないことがある。

そこで、まず課の会議の最初の数分を使って、「新しい試みを何件したか」「そのうち顧客から何件良い反応があったか」ということを全

体で共有してから、「多く動いた人」や「良い反応が得られた人」に、やったことを聞いてみるという方法もある。そのような工夫によって、良い動きをしている部下に光を当てられるだろう。

　組織の孤軍奮闘を防ぐ方法は、「私もやるから、あなたもやってね」と伝えることである。これは、自組織ですべきことは自組織で行いつつ、経営層や本社・本部など上司や他の関係者に動いてほしいことを提案することである。

　組織の外の動かし方は第7章で紹介するが、組織を変えるにあたって、本社や本部だけで完結することも、職場だけで完結することもほぼない。多くの組織課題は、課長とメンバーの中で行われていることが、経営層と本部長の間でも同じように組織課題であるからである。

　たとえば、「風通しの良い職場」を掲げつつ、実は経営層同士がお互いの領域には決して踏み込まないようなコミュニケーションに終始しているというケースや、本部が経営層に良い情報を厳選して伝えるようにするケースはしばしば見られる。

3 | ステップ3　再凍結
——変化状態の組織への定着

　再凍結は、ステップ2（移行・変化）で起こした新たな行動や生まれた変化を、組織に定着させることをいう。ダイエットによって急激に体重を落とせた人が、また元の食生活に戻ってしまうように、再凍結のステップでもう大丈夫だと改革の手を緩めて、組織を変える動きが後退することも多い。移行・変化を経ても、結局は変わらなかったメンバーもいるだろう。

　再凍結を促す代表的なやり方は「仕組み化」である。ステップ2の移行・変化は、組織でいろいろと取り組んできたことを通じて、見えてきた良い進め方や、見えてきた課題を踏まえて、それを仕組みにしていくことが大事である。

仕組み化は、変化を形づけるような会社のルールを決めることに加えて、個々人の動きを組織の動きに変えていったり、組織責任者が主導して行ってきたことを組織のメンバーが主体的に運営したりすることである。また、良い動きに光を当てることも奏功する。

　再凍結の施策の例として、以下のようなものが挙げられる。

- 期待する取り組みや成果を評価する制度
- 良い取り組みや成果の賞賛・表彰
- 良い取り組みを行った人あるいはそれで成果を上げた人の登用
- 良い取り組みのエッセンスの紹介や横展開
- 良い取り組みを振り返り、次を描くサイクルを定期的に回す定例ミーティングの実施
- 上記のような施策を通じて、「移行・変化」から「再凍結」に至っているかを確認するモニタリング（KPI の設定や意識調査）
- 期初や、組織責任者や主要メンバーが異動した際に、過去の取り組みと組織の変化について共有する場の設定

　組織を変える難しさは、「再凍結した状態は、一旦の最終成果だが、永遠の最終成果ではない」ということである。再凍結によって、変化した組織は、次なる目標を見据えることになろうし、何よりも変化し続ける力自体を組織として高めていきたいと思うだろう。そういう意味では、「解凍→移行・変化→再凍結」というサイクルを持続的に繰り返していくことが、組織を持続的に良くしていくことである。

　本章のここまでのまとめとして、実務上、クルト・レヴィンの「解凍→移行・変化→再凍結」をどう捉えているかを整理する。**図表6-5**は、レヴィンの３ステップを実務上、筆者の１人（武藤）がどのように捉えているかを記載している。３ステップは、「意識している」軸と「行動している」軸のマトリックスで考え、組織全体というよりは、組織のメンバー１人１人がどのような状態にあるのかを捉えたほうが実践的である。

第６章｜組織変革のステップ　205

図表6-5 クルト・レヴィンの3ステップと実務の対応

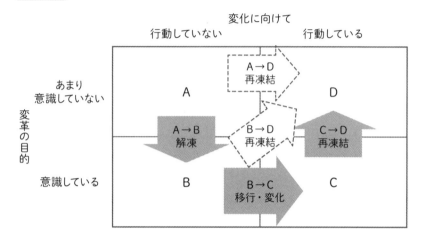

　実際には「A→B→C→D」とスムーズに変化する人もいれば、目的は共有したが、特段それを意識せずにやり過ごすメンバーもいる（Aで留まる）。目的に置いたような状態になることの必要性はわかっていても、目の前の業務が忙しすぎて新たな試みに取り組めていない人もいる（Bに留まる）。

　また、組織で行動を起こすことが短期的な目標として置かれていたときには動けるが、組織としての明確な強制力がなくなった後は、行動することをやめる人もいる（Cで留まる）。組織の中の個人は、まだら模様である。

　組織を変えるということは、目的や目標の設定により解凍を行い、施策を設計し、はじめの一歩を支援し、確かな歩みに変えることで、行動の移行・変化を促し、その行動が当たり前のようにできる状況にするために仕組み化するなどして再凍結させることである。

　つまり、個人が変わることを支援し、そうした個人の割合を増やし、変化が感じられる場面を増やしていくことを、組織として支援することなのである。その際、先にCに進んでいる人がいれば、その成功事例

を示すことで、Bにいる人が行動しやすくしたり、職場でのミーティングによって、A、B、Cそれぞれの状況にいる人が話をすることで、Aにいる人が、取り組むことの意義を深められたり、行動を変えたりするかもしれない。

　組織の中の最初の1人目は、組織責任者の本気度を見て自分も動いてみようと思うかもしれない。2人目、3人目の人は、1人目に動いた人が、うまくいったかどうか、難しい立場に追い込まれていないことを確認したうえで行動に移すかもしれない。次の数人は、前例がたくさん蓄積されて、やり方が確立されたら動くだろう。

　しかし、次の数人は、成功事例が蓄積されても動かないかもしれない。この人たちは、やらないメリットを減らし、できない事情を取り除く環境整備をすることでようやく動き出す。そして、最後の1人は最後まで動かないかもしれない。そのときは、評価制度への新しい行動様式の反映などの強制力をもってやってもらう、あるいは、場合によっては、その組織の外へ行ってもらうことになるだろう。

　このように、組織が変わるというのは、このまだら模様を理解して、「A→B→C（→D）」にしていくことである。

　上記と同じ関係性は、組織間でも起こる。ある組織は、全社における目的は共有されたものの、自分の部署は大きな売上責任を負うため、関係ないと思っている組織責任者がいたり、関係ないと思っているメンバーが多い部署があったりする（Aに留まる）。目的に置いたような状態になることの必要性はわかっても、目の前の業務が忙しすぎて疲弊している部署がある（Bに留まる）。

　また、本社や本部が逐一進捗を求めているときには行動するが、組織としての明確な強制力がなくなった後は、行動することをやめる部署もある（Cに留まる）。これが組織のまだら模様である。よって、個人のまだら模様と同じような施策によって、各組織の変化を支援することが複数の組織を変えることにつながる。

第6章｜組織変革のステップ　207

`column`

計画された組織変化のモデル

　アカデミックの世界では、組織を変えるプロセスをどのように扱っているのだろうか。

　クルト・レヴィンのモデルは、初期のアカデミックのモデルとして有名だが、近年、過去の組織開発プロセスに関する研究をもとに、ジェリー・ポラスとピーター・ロバートソンが組織変化のモデルを提案している（図表6-6）。[3]

　ちなみにポラスは、世界的ベストセラーの『ビジョナリーカンパニー　時代を超える生存の原則』の共著者で、[4] 会社を研究する際のデータ収集・分析を得意とする組織開発研究の第一人者である。

　このモデルにおいては、個人の行動が変化することが組織変化の前提になっている。そして組織の仕事環境は、相互に関連する以下の4つの主要なサブシステムからなる。

①組織的アレンジメント……協力やコントロールのための公式のもの（例：人事のルール）
②社会的要因……組織の構成員の特徴、構成員同士の相互作用のパターンやプロセス　（例：人との関係、風土）
③テクノロジー……組織のインプットとアウトプットに関連するもの（例：仕事デザイン、ワークフロー）
④物理的環境……組織活動が行われる物理的環境で、オフィスのロケーションなど　（例：オフィスデザイン）

　4つのサブシステムへの介入は、メンバーの行動に変化をもたらす。したがってサブシステムは、組織開発を実行する際に、操作可能なものであるといえる。このモデルは計画的な組織開発に関するもので、その究極の目標は組織成果を向上することであるため、職場環境

図表6-6　組織変化のモデル

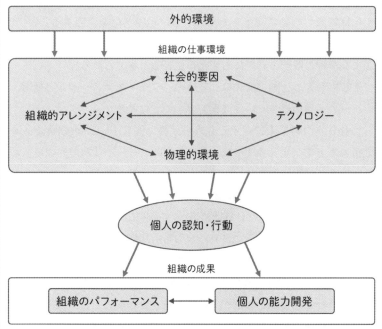

(出所) Porras and Robertson (1992) をもとに作成。

から個人の行動、そして組織の成果へと至る流れが描かれている。

　ちなみに、図中の矢印は現実を単純化したもので、実際はもっと複雑な双方向の影響がある。まず、4つのサブシステムは相互依存性が高い。その結果、介入によって直接変更されたサブシステム内の要素だけでなく、同じサブシステム内、あるいは他のサブシステム内の要素にも変化をもたらす可能性がある。

　たとえば、組織のワークフローの再設計を伴うテクノロジーの介入は、テクノロジーサブシステムの要素である組織メンバーの職務設計に変化をもたらす。さらに、新しいテクノロジーへの適応の結果、社会的要因サブシステムの要素である文化の変化が起こるかもしれない。

仕事の環境は、個人の行動に強く影響するため、介入は望ましい行動の変化を促すように設計されるべきである。上記の例では、職務の変化は個人の行動に変化をもたらし、組織文化を変容することで、組織内での振る舞い、たとえばコミュニケーションのあり方や、さまざまな情報の解釈・判断にも変化が生じると考えられる。

　そして個人の行動の変化は、組織のパフォーマンスレベルと組織メンバーの個人の成長という成果を促すことになる。

　これら4つの要素に対する介入の効果に関して、52の研究をメタ分析によってまとめたところ、「テクノロジー」と「物理的環境」以外、つまり「組織的アレンジメント」と「社会的要因」は、個人と組織のパフォーマンスに影響があったことが示されている。[5]

　「組織的アレンジメント」は組織のハードイシュー、「社会的要因」は組織のソフトイシューであり、どちらも組織と個人のパフォーマンスを変える要素となっている。「テクノロジー」と「物理的環境」において、影響が確認されなかった理由として、「組織的アレンジメント」や「社会的要因」と比べて研究の数が少ないことと、直接ねらった行動変化を引き起こすようにデザインすることが難しいことなどが考えられる。

　たとえば、他部署の社員との交流を増やすことを意図して、フリーアドレスが設けられたとしても、交流が増えなかったことが多かったのではないだろうか。また、「テクノロジー」や「物理的環境」は、「組織アレンジメント」や「社会的要因」に影響を与えることで、間接的に変化につながると考えることもできそうである。つまり、現時点で、「テクノロジー」や「物理的環境」の影響がないと結論づけることはできない。

　このモデルからいえることは、組織のハードイシューやソフトイシューを変えることによって、個人の認知や行動に影響を与え、その結果、組織のパフォーマンスが向上したり個人の能力が開発されるとするモデルになっていることである。

　つまり、組織全体を変えるためには、組織のハードイシューとソフ

トイシューを操作して、個人の認知と行動を変え、結果、組織全体を変化させていくということである。

第**7**章

組織の外を動かす

　組織責任者は自組織の中だけではなく、組織の外も動かす必要がある。

　たとえば、忙しすぎて疲弊している組織がある。病欠が増えており、離職しそうなメンバーもいる。そのような組織を預かっている組織責任者（A課長）は、どういう行動が必要になってくるだろうか。

　仕事が多すぎるのだから、仕事の見直しを行い、無駄な仕事を減らしていった。それでも忙しい。人を増やさないと仕事が回らない状態である。新たに人を採用するか、他部署から人を異動させるためには、自分の上司や人事を動かさなければ、リソースは確保されない。リソースが確保されないとしたら、自組織のメンバーから、頼りにならない組織責任者ということで、信頼を失くすことがある。

　ほとんどの仕事は、自組織だけで完結できるわけではなく、関連部署との連携や交渉が必要になってくる。そのようなことができることで、組織責任者の仕事がまっとうできる。組織の外を動かすことは、組織責任者の大きな仕事である。

　本章では、自分の上司を動かす「ボスマネジメント」と、組織の外を動かす際に起きる「葛藤」に関する「コンフリクトマネジメント」を扱う。

213

1 | ボスマネジメント

▶ リソース確保の事例（A課長の事例）

A課長が経験した事例をもう少し詳しく見てみよう。

人数の割に仕事が多くてメンバーは疲弊している。組織に与えられた役割に対して、人員数が圧倒的に少ないのである。

A課長は、メンバーと話をして、組織責任者の上司（X部長）に「メンバーを増やしてもらえるか、仕事を減らしてもらえるか」と掛け合ってみることにした。そして実際、X部長に話をすることにした。これまで、そのようなことをX部長に話したことがなかったので、X部長は最初、びっくりしていたが、徐々に理解していき、最後には検討してみると言ってもらえた。

しかしながら、それから半年、現状は改善されないまま、時は流れていった。組織の疲弊感が増していき、メンバーが2人辞めた。メンバーが辞めれば、組織の忙しさはさらに増し、状況を打破できないA課長に対する信望はなくなり、組織は崩壊寸前である。

ミシガン大学で行われた高業績リーダー研究において、高業績チームのリーダーは、メンバーの自主性を重んじて、めざす方向は明らかにするものの、やり方はメンバーに任せ、支援的な態度で接する傾向があった。ただし、メンバーに対する支援的な態度は、リーダーの上方影響力（上司や経営に対する影響力）が高いときにはポジティブな効果を持つが、上方影響力が欠如している場合にはマイナス効果を生む。[1]

メンバーの意見や不満をちゃんと聞くのだが、その解決に向けて、リーダーの上司（リーダーが課長の場合は部長）に話をして、リーダーの上司から解決に向けてのサポートが得られなかったとしたら、メンバーは「いろいろと聞いてくれるけど、解決できない」と、A課長の事例のように、かえって不満を募らせることになる。

上方影響力、すなわち、ボスマネジメントは、組織内マネジメントと同等、場合によっては、それ以上に重要なのである。

▶ 経営戦略会議での事例（B部長の事例）

　次の事例も、私たちのクライアント企業で起こった事例である。

　クライアントは、研究開発組織の中の新商品開発の組織責任者（B部長）であった。

　新しい商品の開発を行うために、マーケット調査を行い、メンバーと商品コンセプトを議論して、試作品をつくっていった。売上計画をつくり、それに合わせて、原価、経費、初期投資額、そして組織体制などを資料にまとめていった。

　B部長の上司にあたる新商品開発担当役員（Y役員）には、コンセプトづくりから絡んでもらい、意見を伺った。新商品に対して、Y役員から好意的なコメントをもらった後、新商品開発着手の承認を得るための経営戦略会議に臨んだ。

　経営戦略会議のメンバーは、社長以下、マーケティング、製造、財務、人事などの役員が揃っている場であることがわかっていたので、社長を含めて、それぞれの役員に事前に話をしに行った。B部長から話をするだけでなく、それぞれの懸念事項を伺い、その場で回答できることは回答し、回答できないものは宿題として、後日回答を行った。B部長は、自分のキャリアを考えると、失敗するわけにはいかず、用意周到に準備を進め、経営戦略会議の当日を迎えた。

　当日のプレゼンテーションは、緊張していたが、自分なりに上手くできたという感触もあった。役員たちの表情も明るく、好意的な質問や意見が相次ぎ、好感触が得られた。しかしながら、財務担当の役員からの発言をきっかけに場は急に冷え込んでいった。

　その財務担当役員は、「それは本当に売れるのか？」と一言。

　質問なのか、つぶやきなのかはわからず、組織責任者は一瞬、それに対して答えようかどうかをためらった。そして、上司である新商品開発

第7章｜組織の外を動かす　215

担当役員のほうを見た。担当役員は目をそらし、こちらを見ようとしない。援護射撃をしてくれそうになかった。

　今までにない商品ということもあり、正直なところ、売れるかどうかはわからない。だから、経営会議で議論しているのだ。しかしここでは、「売れますよ」と堂々と言うことを期待されているように感じた。そういうパッションを期待しているのに違いない、と。

　ゆえに、「大丈夫です。売れますよ」とB部長は答えた。財務担当の役員は「もし売れなかったら、どうする？」と畳みかけたので、「そのときは、責任を取って辞めます」とB部長は答えた。これで場が明るくなると思われたが、役員たちから失笑が漏れ、新商品開発担当のY役員は下を向いていた。孤立無援。

　新規事業開発の提案は、継続審議という形であったが、実質、否決された結果になった。

　会社の役員会議の場で、よくある光景である。なぜ新商品開発担当役員は援護射撃をしてくれないのか。他の役員メンバーは、新しいことをやりたがらない、腰抜けなのだろうか。

　財務担当役員の一言で場の流れが変わり、それに対して、パッションを示したにもかかわらず、なぜ失笑に終わったのか。どうすればよかったのか。

▶ B部長の事例を考えるうえでの5つの観点

　B部長の事例は、多くの会社でよくある事例である。ボスマネジメントに関連する話であるが、先にこの事例に関してどう考えればよいのか。以下に観点を挙げよう。

　1つ目の観点は、「人は、場によって、表明する意見を変える」ということである。表明する意見は、本意でない場合もあれば、本意の場合もある。

　本当は、その新しい商品は良いと思っているが、場の空気が反対であ

るゆえに、反対と述べておくほうがよいと判断する場合が前者である。いわゆる同調行動である。場の空気を乱す発言をすると、会議自体が長くなるし、場が見えない人と思われるリスクがある。ゆえに多くの人は、場の空気を読みながら、意見を調整する。

　会議で議論しながら、本当に意見を変えることもある。各役員にとって、事前の話の段階では、その案件がどういう案件なのか、知る段階である。新商品の特徴やそのマーケットの様子、それに伴うコストや経費について、知らなかったことを知っていく。各役員には、B部長が検討している新商品は、なかなか良い商品に思えてくる。

　しかしながら、会議の場で議論していくと、自分では見えなかったリスクが見えていき、その商品を開発していくことに対して、反対の意見へ傾く。それは、新事業開発担当のY役員も同様である。「行ける！」と思っていたが、経営戦略会議での議論を聞きながら、そうでもないかもしれないと思い、賛成とも反対とも言えずに黙ってしまったということである。

　2つ目の観点は、ネガティビティバイアスである。人は、ポジティブな情報よりもネガティブな情報を重視し、注意を向けてしまう傾向がある。また、損失する可能性と利得する可能性がある選択をしなければならないときに、多くの人は損失を回避する傾向がある。[2] これがネガティビティバイアスという現象である。[3]

　たとえば、コインの表が出たら150万円もらえるが、裏が出たら100万円支払わなければならないゲームがあるときに、人はどう考えるのだろう。期待値はプラスだから、そのゲームを行ったほうが得である。しかしながら、多くの人は、そのゲームを回避する。1回のコインを投げただけで、100万円を失うことに怖さを感じるからである。

　話を経営戦略会議に戻そう。

　財務担当役員の役割は、会社のPLやBSを整えることである。十分なリターンがわからないような案件への投資には慎重になる。既存事業が汗水たらして稼いできた金をドブに捨てるようなことはしたくない。それは、社長にとっても同じである。ネガティビティバイアスが働き、

第7章｜組織の外を動かす　217

投資を躊躇してしまう。

3つ目の観点は、「魅力的な商品であることと投資行動は別物」という点である。

新商品開発のB部長にとって、魅力的だと思える案件であっても、他の役員は、同じように魅力的に見えていない可能性は高い。魅力的であったとしても、投資するかどうかは別問題である。

たとえば、魅力的なクルマがあったとしても、高価であれば、普通の人は躊躇する。今のクルマで十分だし、そのお金があれば、旅行に行けるかもしれない。そういう判断をする。

つまり、その新商品は魅力的であることと投資をするという判断は、別物ということだ。新商品に対して、事前に話をして、各役員から好感触が得られたとしても、経営戦略会議で投資することが承認されるわけではない。承認されなかったことで、「うちの役員は腰抜けである」と思うのは筋違いである。

4つ目は、その会社において、投資案件は他にもあるという点である。とても魅力的な投資案件が10件ある。そのうちの1つが当該のB部長の案件だとしたら、他の9つの投資案件と比較して、自分の案件よりも魅力的な案件があれば、そちらに投資をすることのほうが合理的である。

他の案件を自分が知らなかったとしたら、「うちの役員は見る目がない」とか、「新商品は魅力的であると言ったにもかかわらず、投資をしないのは嘘つきだ」という批判も的を射ていない。

5つ目に、「パッションを示すことではなく、正確な情報を提供すること」がB部長の仕事だという点である。ビジネスを推進するうえで、パッションは大事だが、根拠のないパッションに対して、役員が失笑したとしても仕方ない。

そこで話すべきことは、楽観的な情報や前向きのパッションではなく、状況を正確に伝えることである。正確な情報の下、役員は判断したいと思っている。ネガティビティバイアスはあるものの、冷静に判断したいと役員は思っている。

投資をして失敗したら、単にお金を失うだけではなく、新商品開発担当のY役員の評価は下がるし、B部長のキャリアは傷つく。一緒に働いていた組織メンバーも巻き込み、無駄な労力と時間をかけることになる。そこまで考えて、判断したいと思っている。B部長の安易な「大丈夫です」は聞きたくない言葉である。

　B部長の仕事は、新しい商品を考え、その商品が投資に値するかどうかを判断できるように、できるだけ多くの情報を提供することであり、経営戦略会議を通すことではない。投資に値する新商品かどうかを判断できる材料を揃えることが仕事である。

　新しい商品を世に出すことが自分の仕事と考え、組織メンバーに「経営戦略会議を通して、新しい商品を出そう」と宣言してしまったら、経営会議を通せなかったB部長はメンバーからの信頼を失うだろう。

　それでも、本気でその商品を出したいと思ったら、独立して自分でやるか、競合他社に持っていくという手がある。最終的には、その商品を購買してくれる顧客がいて、その顧客に提供できればよいのだから、自社にこだわる必要もない。

▶ ボスは何をもたらしてくれるのか

　ここまで、A課長の事例とB部長の事例を述べた。2つの事例は、失敗事例である。A課長の事例は、ボスマネジメントの稚拙さであり、B部長の場合は、ボスマネジメントだけの話ではないが、ボスマネジメントをうまく行うことで失敗を防げると思われる事例である。

　まず、自分にとって、上司（ボス）は、何を提供してくれる存在なのかを考えてみたい。

　1つ目に、ボスはパワーを持っている。多くの会社では、組織はピラミッド構造になっており、上司のほうがヒトやカネに関する権限を持っている。何かを始める際には、ヒト、モノ、カネなどのリソースが必要になるが、ボスは、そのようなリソースを持ってきてくれる人である。ありがたい存在である。逆に、リソースを持ってきてくれないボスの部

第7章｜組織の外を動かす　219

下は、A課長のように、リソースが必要な状況で苦境に陥る。

B部長の事例でも、B部長が自分でプレゼンテーションをするより、ボスのY役員に任せてしまい、リソースを確保するようにお願いはできる。そうすることで、責任を自分がかぶり、ハシゴを外されるような事態は避けることができる。

役員で構成される経営戦略会議などで、役員でない組織責任者がプレゼンテーションを行う機会は、自分をアピールする場として利用することや、役員がどのような話をして、どういう意思決定をするのか学ぶにはよいが、アピールするということは、自分の至らない点を露出する場でもある。リスクがあることも承知して臨む場である。

2つ目に、ボスは社内ネットワークを持っていて、視野も広い。ボスが見ている視界は、自分よりも広い。役員が出席する会議にもいつも出ているので、他にどのような案件があるのかわかっているし、自分の案件が、その中でどのような位置づけなのかもわかっている。投資に値する案件が他にたくさんあるのであれば、今、この新商品開発を起案するほうがよいのかどうかという判断もできる。

会社の他部署の動きにも精通している。生産現場や営業現場の逼迫状況、社内の人材の余剰具合、資金繰りの様子、他部署の業績や計画進捗状況などがわかっている。他部署から人を異動させることができる状況なのかどうか、関係部署の協力が取りつけられるのか、資金を投入できるのか。そのような情報を持っており、新商品の内容が優れていたとしても、今が良いタイミングなのかどうかを判断できる。

3つ目に、ボスは外での付き合いも広い。役員クラス限定の異業種交流会に代表されるように、肩書きがものをいう会合に出席できるというのもボスの特典である。ゆえに、業界の動向、競合他社の動向、消費者の状況も把握しており、新しい商品に関して、適切なアドバイスをもらえる可能性も高い。また、社外でのネットワークを持っており、自分では会えない人を紹介してもらえることもある。仕事を行うにあたって、そのようなボスとともに働くことは有用である。

4つ目に、ボスは専門知識や専門スキルを持っている可能性も高い。

220　第II部｜組織を変える

最新の知識や深い知識は、メンバーのほうが持っているというケースもあるが、一般に、ボスは経験豊富で、部下よりも過去に似たような経験をしていることも多く、関連する知識やスキルを保有している。部下からすれば、迷ったり、わからなかったりするときには、ボスの知識やスキルを伝授してもらう機会である。その機会を使わない手はない。

まとめると、ボスはパワーを持っており、リソースをもたらしてくれて、ネットワークや視野も広く、知識やスキルを保有している存在である。ボスマネジメントの奥義は、そのようなボスの力や経験をうまく引き出すことである。

▶ ボスをうまく動かすために

先述したように、ミシガン大学のリーダーシップ研究においては、ボスマネジメントが重要であることを示した。その後も、ボスマネジメントの研究は続き、その中でもハーバード大学のジョン・ガバロとジョン・コッターの研究は、この分野での嚆矢となっている。彼らの研究においても、業績を上げる管理職は、上司との関係に時間と労力を割き、うまくやっていることがわかった。[4]

逆にいうと、上司とうまい関係をつくれないと業績を上げるのは難しいのである。上司が部下を使うのがうまければ、ボスマネジメントが下手な部下であっても、その欠点は露呈しないことも多いが、上司が、部下マネジメントが下手で、部下もボスマネジメントが下手な場合、業績を上げるのは難しい。

気難しい上司の下で、融通の利かない部下がいた場合、どちらも優秀であったとしても業績が上がらない可能性は高い。上司が変わらないとしたら、部下がボスマネジメント力を高めないと業績は上げられない。

組織責任者の中には、自分の仕事を進めるにあたって、ボスに頼ることはないと考えている人もいる。日常的には、ボスの影響力は少ないかもしれないが、前節で見たように、ボスは有用なことをもたらしてくれる存在でもあり、仕事ができる組織責任者は、そのことを十分に意識し

第7章｜組織の外を動かす　221

ており、業績を上げている。

　ガバロとコッターによると、ボスマネジメントの要諦は、「ボス理解」と「自己理解と良好な関係づくり」だと言及している。[5] 以下で説明しよう。

▶ ボスのプレッシャーを理解しているだろうか

　まず、「ボス理解」である。

　最低でもボスの目標とプレッシャー、そして、強みと弱みを理解しておく必要があるとガバロとコッターは述べている。ボスも人である。与えられた役割をまっとうしようと思っているし、目標を達成しようと思っている。

　部下である組織責任者は、ボスの目標やプレッシャーがわかっているだろうか。ボスの目標を把握することは簡単に見えるが、どれだけの人が実際に把握しているのだろうか。そもそもどうやって把握すればよいのだろうか。

　シンプルに、「ボスの目標は何ですか」と聞いてみることは、1つの方法である。仮にボスが答えるのをためらったとしたら、ボスの目標を達成するために、自分が手伝えることは何かと聞いてみる。そして、ボスの目標だけではなく、プレッシャーや課題なども聞き、ボスの立場をより理解すると、自分が手伝える領域が見えてくる。そうなると、ボスと協働していくことがお互いにとって有用であることがわかる。逆に、不必要に敵対することは、互いにマイナスである。

　A課長の事例に戻ろう。A課長は「仕事に対して人が足りない。人を増やすか、仕事を減らすか、どちらか動いてほしい」とX部長にお願いをした。一方でX部長は、経営からは「経費削減の折、人を安易に増やしてはいけない」と言われているかもしれない。「A課長の組織の仕事は代替できない仕事だから減らすわけにはいかない」ともX部長は思っているかもしれない。そのような場合、X部長はA課長から、人を増やしてほしいと言われて困っているかもしれない。

222　第Ⅱ部│組織を変える

X部長は、正直に「難しい」と言うこともできるが、A課長に良い顔をしたくて、「検討しておく」と言ってしまうことはよくあることである。ここで、X部長に「検討しておく」と言われて、A課長が「お願いします」と言うのは危険である。

　それまで、X部長に「検討しておく」と言われて、ちゃんと考えて、動いてくれた実績があれば、その言葉を信頼してもよいが、数週間して「考えてみて、いろいろ動いたけれど、引き続き、現場で考えて頑張ってほしい」のようなことを言われることがよくあるとしたら、その言葉を信じることは危険である。「部長に掛け合ったけれど、ダメだった」と数週間経ってからA課長がメンバーに伝えたら、メンバーからは、使えない課長と思われ、メンバーの心が離れる。

　では、どうすればよいか。

　X部長と話をする前に、X部長がA課長に「人が足りない」と言われたときにどう考えるのか、X部長の立場で考えるべきである。そのためには、X部長の期待されている役割や目標を知っておくべきである。

　「これ以上、経費を増やしてほしくない」ということがX部長の目標の1つだとしたら、人を増やすために、X部長は、上司にあたる事業部長や人事と交渉しに行かないといけない。「人をください。でなければ、仕事を減らしてください」と。

　課長と部長、部長と事業部長の関係は、同じ構図である。X部長に事業部長や人事が言われたときに、彼らがどう考え、どう判断していくだろうか。もちろん、事業部長や人事の事情は十分にわからないかもしれないが、彼らを理解しなければ、彼らは動かない。

　X部長も、自分の上司の立場で考える必要がある。そうすると、課長であったとしても、部長の立場、事業部長の立場、人事の立場、もっというと、社長の立場を理解しておくことが必要になる。

　これが第1に組織責任者が考えなければいけないことである。自分が社長だったとしたら、人を増やすのか、仕事を減らすのか、それとも違う方法があるのかを考える。

　次に、やらなければならないことは、X部長を当事者にすることだ。

第7章｜組織の外を動かす　223

「考えておく」と言わせるのではなく、X部長に、「事業部長や人事に掛け合ってください。そこで、自分たちの仕事に関して、会社の中での位置づけを語ってください。経営にとって必要だと思えれば、人を増やしてください。そうでなければ仕事を減らしてください。でなければ、仕事が回りません」と言って、X部長に当事者として、動いてもらうためのシナリオを語る。

　そうすると、X部長はそのとおりに動くかもしれないし、「それならもっと良い方法がある」とアイディアをひねり出してもらえるかもしれない。いずれにせよ、X部長が具体的に動けるように仕掛けることが必要である。

　3つ目に、A課長が行うべきことは、メンバーを巻き込むことである。X部長と話をするときに、メンバーもその場にいてもらうことである。A課長は自分たちのために、X部長に掛け合ってくれていると見せることである。そうすることで、たとえ人を増やすことも仕事を減らすことも成功しなくても、メンバーからの信頼が揺らぐことを防ぐのである。

　筆者の1人（古野）が取締役会に新規事業提案をしたときに、「彼がここまで調べて、やりたいと言っているから、やらせてみましょう。結果の責任は私が取ります」と担当の取締役が取締役会で本気で語ったことがあった。

　当時、私の肩書きは課長で、直接の上司が担当の取締役であった。私自身は自信を持っていたが、新規事業の成功確率は高いわけではない。仮に、うまくいかなければ担当の取締役の立場は悪くなる。なので、新規事業がうまくいかないことがあっても責任を回避できるようにしておく取締役は多い。

　そういうことがわかっていたために、私自身は、リスクを背負ってくれた、その担当の取締役に対する信頼感が増した。上司が自グループのために自グループ外で戦っている姿を部下に見せることの大切さを学んだ出来事であった。ちなみに、そのビジネスはうまくいき、今でも現存している。

さらには、ボスの強みと弱みを知っておくべきである。果たして、自分のボスの強みと弱みを知っているだろうか。

　強みばかりの人はいない。また、強みは弱みにもなる。たとえば、強いリーダーシップは強みであるが、独善的になりすぎることもある。逆に、みんなの意見を聞くリーダーは、優柔不断になる可能性もある。

　ボスの強みや弱みは、日常の行動を観察していて、理解できる部分もあるが、互いに忙しくて、接点も少ない場合、よくわからないことも多い。また、行動の裏にある思考や意図までは、わからないこともある。それゆえ誤解している場合もある。仕事の後に、飲みに行って、ボスの思考や意図を知るケースもあるが、単なる仕事や趣味の話で終わることも多く、深く話せないこともある。

　気軽にボスを理解するために簡単にできることは、もし1 on 1ミーティングの制度があれば、その場を使うことである。日常的な会話から少しずつボス理解を深める問いをしていくことができれば、連携は深められ、業績は高められると考えられる。図表7-1は問いの例である。

　問いの例は、あくまでも例であり、使えそうな問いや聞きたい問いがあれば使えばよいが、状況によって、失礼なものもあるし、場合によっては聞きづらいものもある。

　ただし、ボスマネジメントを行い、ボスとともに良い仕事をしようと思うのであれば、このような質問をしてみることを勧める。気づかれたかもしれないが、この問いは、自己理解を行うための自分自身への問いであり、部下を理解するための問いにも使える。

　「より深い問い」は、採用面接でも使うような問いであり、仕事相手を理解するための問いともいえる。このような問いは、1 on 1ミーティングの場面で直接聞くこともできるが、ボスを交えてチームメンバーとともに、ワークショップのようなものを開催して、行うこともできる。そのワークショップのツールとして、360度サーベイやセルフアセスメントなどを取り込むと、互いの理解がより進むと思われる。

図表7-1 ボス理解のための問い

日常的な仕事に関する問い	**〈今の仕事〉** ● 今、優先順位が高い仕事は何ですか ● その仕事の課題は何ですか ● 自分に手伝えることはありますか
	〈過去の仕事〉 ● なぜ、あのような行動をされたのですか ● なぜ、あのような話をされたのですか ● なぜ、あのような判断をされたのですか
1年間を振り返るような問い	● この1年間で、最も難しかった判断は何ですか。 　その判断をするための拠り所は何ですか ● この1年間で、最も難しかった仕事は何ですか ● この1年間で、最も学ばれたことは何ですか ● この1年間で、何の仕事をしているときが最も楽しかったですか
より深い問い	**〈過去の経験〉** ● 最も誇れる仕事はどんな仕事でしたか ● 最も意欲が上がった仕事は、いつのどんな仕事でしたか ● 最も失敗した経験は何ですか ● 最も難しい判断はどのような判断でしたか。 　その判断を行うにあたっての基準は何でしょうか
	〈強みと弱み〉 ● ご自身の強みと思われていることは何ですか ● ご自身の課題と思われていることは何ですか
	〈価値観〉 ● 何を大切に仕事されていますか ● 仕事をするうえでの座右の銘は何ですか ● 今の仕事は合っていますか ● 選べるとしたら、どういう仕事がしたいですか ● どういう仕事を評価していますか ● 人生の中で、仕事はどういう位置づけですか
	〈未来に向けて〉 ● この部署で、この会社で、あるいは、生涯かけて、 　何を成し遂げたいと思われていますか

▶ 自己理解と良好な関係づくり

　次に、ボスマネジメントを行うにあたっての「自己理解」について説明しよう。

　どのような仕事をしても、自分の強み・弱みや大切にしている価値観などの自己理解は大切であるが、ボスマネジメントで最も重要な自己理解は、上司に対するスタンスである。ガバロとコッターによれば、上司に対して過剰に依存しているタイプか、反依存しているタイプか、知る必要があるとのことである。[6]

　過剰に依存するタイプは、ボスが間違った判断をしたとしても、それを正すことはせず、従順に振る舞うタイプである。間違っていると感じても、ボスにはボスの考えがあると思い、自分の意見表明を控えたり、ボスのメンツを潰さないためには、波風を立てないほうがよいと判断したりしてしまう。ボスにしてみると、扱いやすい部下である。しかしながら、それだと、組織を運営するにあたって、必要な情報を言うことができずに、業績を上げることが難しくなることや、組織が危機状況に陥る可能性がある。

　一方で、反依存的なタイプは、自分の行動がボスの判断で制限されたりすると、ボスを、行く手を阻む障害と見る傾向にある。ボスは敵になり、反撃するか、ボスを避ける行動をとる。ボスにとっては、扱いづらい部下である。部下の中に、自分に対する敵意が見えたときは、その部下を信頼することもないし、その部下の意見を聞き入れようとは思わない。そのような状況は、組織にとっては望ましい状況ではない。

　過剰依存型も反依存型も、ボスに対して非現実的な上司観を持っていることが多い。ボスは素晴らしい視座を持ち、専門知識やスキルを持っているに違いないと。そうでなければ、自分のボスのはずはないと。

　ここでの解決策は、まず自分が過剰依存型と反依存型のどちらに近いかを知るということである。いわゆる自己理解である。そして、ボスを知ることである。なぜ間違っていることに対して進言することを嫌がるのか。なぜボスは行く手を阻もうとしているのか。そこから始まる。

第7章｜組織の外を動かす　227

いずれにしても、ボスと「良好な関係」をつくれないと、組織として成果を上げていくことは難しくなる。ボスの目標やプレッシャー、そして、ボスの強みと弱みや価値観を理解し、自分のスタイルや価値観を理解し、そこから、どうすれば良い連携がつくれるのかを考える。

ボス理解を進めていき、ボスの言動や価値観を理解していくと、一般的にボスへの信頼度は高まる。ボスにしてみると、信頼されていると思うと、その部下を信頼しようと思える。信頼は、一方的に成り立つものではなく、相互作用である。まずは、自分からボスを信頼してみる。

また、ボスを理解すると、ボスが全知全能でないことが理解できる。そして、その弱みを自分が補うことで、より良い仕事ができるようになるし、そのことで、信頼感はますます高まると考えられる。

2 │ 組織外の対立をマネジメントする

人と人の間に、価値観の違いや利害の不一致があれば、何らかの対立（コンフリクト）が起こる。対立は、組織の中でも起こるが、組織と組織の間でも起こる。組織責任者は、組織内の対立も解決しなければならないが、自組織以外の組織との間で起こる対立にもうまく対応していく必要がある。

▶ 縦方向のコンフリクトと横方向のコンフリクト

コンサルティングや研究を行ううえで、企業の中でのインタビュー調査を行うが、そのような調査を行っていると、会社の中で、さまざまなコンフリクトに遭遇する。

コンフリクトを大きく分けると、縦方向のコンフリクトと横方向のコンフリクトがある。

縦方向のコンフリクトの代表が、経営と現場との対立である。たとえ

ば経営は、環境変化に応じてリソースの配分を変えるのが仕事である。そのため、将来有望になる領域にリソースをシフトすることになる。既存事業は、収益を上げているにもかかわらず、リソースが得られず、現場から不満が噴出することになる。

　将来、経営幹部になるようなエース人材に、経営としては多様な事業やスタッフ部門の経験をさせたいと思っているが、当該部門としては、エース人材が抜かれるのは困ると考える。どちらの事例も、経営と現場の対立である。

　縦方向のコンフリクトの結節点にいるのが、既存事業の組織責任者である。経営と現場では、見ている視界が違う。長期的な観点からリソースの配分を考えている経営と短期的な業績責任を負っている現場、会社全体での優先順位を考えている経営と業績責任を負っている現場、あるいは、理想と論理で考えている経営と、日常の現実と感情を持つメンバーを扱っている現場。見ている視界は違う。

　経営が高尚で、現場はよくわかっていないという話ではない。経営が言っていることが机上の空論ということもある。現場は、顧客の動きがよく見えていて、顧客とのやり取りの中に未来のきざしが埋め込まれていることもある。経営が長期で、現場は短期と書いたが、経営は株主からのプレッシャーで短期的な業績を上げることに目がいきがちで、現場のほうが持続的に業績を上げるために何をすべきかがわかっている場合もある。

　経営と現場の双方の言い分をフラットに話し合い、コンフリクトを解消していくことで、会社は健全に動いていくと思われる。その際に、鍵となるのが、経営と現場の結節点にいる組織責任者である。

　横方向のコンフリクトの代表は、関係組織間でのコンフリクトである。前でも述べているが、営業組織は、顧客第一で動くことが多い。そのために、自分の顧客に合う商品をカスタマイズしてほしいと考えている。そのため、カスタマイズに対応してくれるよう、あるいはオプションを増やしてくれるよう、商品開発組織へ交渉していく。

　しかしながら、カスタマイズやオプションを増やしていくことは、標

準化し、生産性を高めたい生産現場としては、受け入れにくい要望である。また、採算性を気にしている事業企画としては、カスタマイズやオプションでの対応は避けてほしいと考え、機能別組織間でのコンフリクトはしばしば起きる。

営業と開発の間でのコンフリクトも、多くの企業で起こっている。ある商品が売れないと、営業は、商品が悪いと思う。もっと売れる商品をつくってくれたら、もっとたくさん売れると思っている。一方で、開発は、売れる商品をつくっているのに、売れないのは営業の力が弱いと思っている。両部門で、業績低迷の責任をなすりつけている。こちらもよくある話である。

横方向のコンフリクトの結節点にいるのも、組織責任者である。その自覚を持って、コンフリクトマネジメントを行っていく必要がある。

▶ 職務葛藤と関係葛藤

ここまでの縦方向と横方向のコンフリクトの話は、ある意味、立場や役割によって生じるコンフリクトで、「職務葛藤」といわれているものである。一方で、個々人の好みや性格や価値観の違いによって起こる確執で、「そりが合わない」というような葛藤もある。「関係葛藤」といわれているものである。[7]

実際のコンフリクトは、職務葛藤と関係葛藤が混在している。職務葛藤だけであれば、建設的な話し合いを継続することで、互いを理解し、コンフリクトは早期に解決することもあるが、そこに関係葛藤が絡むとややこしくなる。逆に、個人的にいい関係になっていれば、「あの人がそう言うのなら、今回はあの人の言うとおりにしてみよう」と容易に解決していくこともある。

また、コンフリクトは1回限りの話ではなく、過去から現在、そして未来につながっている。「昔、あの人に恥をかかされた」ということが次のコンフリクトの火種になるし、逆に、今回、無理やり押し通して良かったのだが、将来やり返されることがある。やられたらやり返すとい

う「返報性」である。

　やられたらやり返すということを互いに行っていたら、互いに敵意しかなく、「あの人が提案するものは、どんなに良い提案だったとしてもすべて否決してしまおう」というような心情になることが予想される。そのような心情が各組織の責任者の中にあるとしたら、組織間の連携はうまくいかないし、仕事も思うように進まないことが考えられる。

　コンフリクトは、軽いものから重いものまで、人間集団の中に常にある。すべてを解決することは不可能であり、すべてを解決させる必要もない。納得しているわけではないが、今回は譲歩し、表面的には同意しているようにすることもあるし、その問題には触れないようにすることもある。しかしながら、コンフリクト状態を続けていることは、一般的に健全でないこともあり、何らか解消するように動く必要がある状況もある。

　コンフリクトが解消されれば、双方に利益がもたらされ、満足度は高まる。相互理解が深まるとともに、違うものの見方に気づき、学びにもなる。多様な見解が創造性を促し、仕事に役立つ新しいアイディアが生まれることがある。

　以降では人間集団において、コンフリクトがなぜ起こるのか、そして、それはどのように解決できるのかについて、もう少し広い視点で扱っていく。

▶ コンフリクト時の認知バイアス

　人の行動を規定する過程は、複雑な要因が含まれるが、その中でも、人が事象を知覚し、分析し、推論する「認知」という行為は、主観的であり、バイアスが入り込む。コンフリクト時にどのような認知バイアスが生じやすいのかを把握しておくことが、コンフリクト解決の前提になる。

　まずは、コンフリクトの引き金になったり、コンフリクト解決の邪魔をしたりする「自尊心」という観点で見ていこう。

第7章｜組織の外を動かす　231

自尊心は、現代人の基盤になっている。自分が行っていることに自信がなければ、続けられないし、何かを主張するのも遠慮がちになる。自尊心がなければ、パフォーマンスを発揮することは難しい。しかしながら、高すぎる自尊心や自尊心にこだわりすぎると、コンフリクトを起こすことになる。

　些細なことであっても、勝ち負けにこだわる人は多い。勝ち負けにこだわるから、負けないように知識を増やしたり、トレーニングに励んだりして、成長することを考えると、勝ち負けにこだわること自体、悪くない側面がある。一方、コンフリクト場面で、プライドやメンツにこだわりすぎて、自分の主張や要求が正当なものであり、相手が不当なものであるという考えが強くなりすぎる傾向になることもある。そうするとコンフリクトの解消に至らない。

　第4章でも述べたが、自分の意見を表明して、その意見が批判されたら、自分が否定されている気になり、憤りを感じたり、屈辱感を持ったりすることがある。自尊心も傷つけられ、他者からの批判を客観的に判断できずに、違っているとわかっていても自分の意見を変えることができずに、自分の意見に固執してしまうことがある。

　オランダの心理学者のカーステン・デ・ドリューたちは、学生を使った実験において、自分の意見に関して、作文に書いただけの学生と、書いた意見を表明した学生をランダムに分けて調べたところ、単に作文を書いた学生よりも自分の意見を表明した学生たちのほうが自分の意見の価値を高く見積もる傾向が顕著にあることがわかった。[8]

　つまり、公に話をしてしまうと、その意見を高く評価するとともに、自分の意見と自分自身の分離が難しくなる。その意見を批判されると、自分が批判されているように感じてしまうということである。

　このことは厄介である。のちに述べるが、コンフリクト解消の鍵の1つは、意見を言っている人と意見そのものを分離することにあるが、ひとたび意見を表明してしまうと、その意見を自分自身と感じ、それを批判されると自分自身が批判されていると感じ、自分を防御する方向に向かい、コンフリクト解消から離れてしまう。

特に、組織の代表として意見を表明すると、組織メンバーへのアピールという観点でも、自分の意見を変えることが難しくなる。自分たちの代表が、意見を曲げて妥協ばかりしたら、メンバーから弱いリーダーだと思われるだろうと考え、組織責任者は自分の意見に固執してしまう傾向が強くなる。そう簡単に妥協はできない。

自分が持っている自尊心の範囲は自分が属している組織にまで広がり、自分の意見は自組織の意見になる。自分の意見が批判されていると、自分の組織が否定されている気になり、意見を変えにくくなる。

自分が正当で、相手が不当であるという認知は、「公正バイアス」の1つである。先ほど機能別組織の事例を示したが、営業は営業の、開発は開発の言い分があり、自分たちは正当で、相手が不当だと見なし、その主張を譲らないとすると、コンフリクト解消には至らない。

米国の心理学者のリー・トンプソンは、労働組合側と会社側に分かれて、賃金をめぐる交渉を行う実験を大学院の学生で行った。42名の学生を労働組合側と会社側の2つに分けて、21のペアをつくって交渉させた。労働組合側の学生にも会社側の学生にも、会社の概要、これまでの交渉の経緯などが書かれた5ページの資料を与えたうえで、合意に至るまで交渉するという実験である。[9]

交渉に入る前に、公正な賃金はいくらかと問うと、同じ情報を与えたにもかかわらず、労働組合側のほうが会社側よりも高い賃金を主張しており、そのギャップが大きいほど、合意に至るまでの時間が長くなることがわかった。合意に至るまでの時間が長くなると、労働組合側も会社側も長引く期間に応じてコストがかかるという設定にもかかわらず、合意に至るまでの時間が相応にかかっている。

ある意味、人は与えられた役割をまっとうするということだ。そして、自分の主張が正当であると信じていればいるほど交渉は長引き、結果、コストがかかっていき、利益を損なう。損をしてでも自分の主張を曲げたくない。つまり、人は単純な損得のレベルではなく、「公正でありたい」「相手に負けたくない」「自分が正しくて、相手が間違っているのだ」という「公正バイアス」を持ちやすいということである。

第7章｜組織の外を動かす　233

そのようなバイアスに対する対処の鍵となることについて、少し触れておく。

まず、人は公正と判断する基準を持っている。そして、コンフリクト当事者は、自分に都合の良い基準を使う傾向がある。営業組織の基準は、顧客である。顧客が買うから、私たちは売上を上げることができる。だから、顧客が言うことをもっと聞くべきであると。一方で、生産組織の基準は効率であり、低コストである。その基準で考えると、カスタマイズすることは不当であり、会社の利益を損なう行為であると判断するのだ。

ゆえに、コンフリクト解消のためには、各場面で判断するための基準が何かを別途設定していくことが対処の鍵になる。

また、コンフリクト当事者は、自分にとって都合の良い情報に注意を向ける。「確証バイアス」である。トンプソンの実験においても、交渉終了後に、どのような情報に注目したのかを聞いたところ、自分の立場に有利な情報をより多く想起したということである。

無意識に、自分の立場が有利になる公正の基準を選び、有利になる情報に注意を向けているとしたら、自分が公正だと思う傾向になるのは、至極当然である。それゆえ人は、自分にとって有利な基準や情報を選びがちであるということをわかっていることが、対処の鍵となる。

公正バイアスよりもコンフリクト解決を難しくさせるバイアスとして「敵意バイアス」がある。こちらも第4章で触れている。敵意バイアスは、一般的傾向というよりも、持ちやすい人と持ちにくい人がいる。自分が持ちやすい、あるいは先方が持ちやすいとしたら、気をつけたほうがよい。

コンフリクトが起こったときに、相手の意図を私たちは気にする。主張そのものも気にするが、どういう意図で、そのような主張に至ったのか気になる。その際に相手は、自分に対して、敵意を持っているに違いないと思うことが敵意バイアスになる。

相手が自分に敵意を持っているに違いないと思ったら、恐怖を感じ、自分を守ろうとする。その結果、こちらも相手に対して、敵意を持つこ

とになる。そうすると相手は、より敵意を持つ。敵意の悪循環である。そうなると、互いが強い敵意を持つ状態になって、コンフリクト解消には程遠くなる。「犬猿の仲である」とか「同席しないように留意して」などといわれる関係に発展する。

初めは、些細な意見の違いかもしれないが、あの人は私の顔に泥を塗ろうとしていると感じ、そう思うと防御姿勢が強くなる。売り言葉に買い言葉となり、まとまる話もまとまらない。そういうことがわかっているので、互いに接しないようにするし、「あの人の提案は何であっても反対」ということになる。

自分自身が敵意を持ちやすいタイプだと、相手の敵意を過大視し、コンフリクト解消を攻撃的な形で行うことが、いくつかの実験でわかっている。[10] 敵意を持ちやすいタイプの人が、コンフリクトを本気で解消したいと思っているのであれば、自分が敵意を持ちやすいタイプだと自覚するところから対処が始まる。

▶ 3つのコンフリクト

コンフリクトを解消する際には、コンフリクトがどのような要因に根差しているのか、わかっている必要がある。たとえば、米国のコンフリクトマネジメント研究者のケネス・トーマスによると、コンフリクトは、「利害コンフリクト」「認知コンフリクト」「規範コンフリクト」に分けられる。[11]

「利害コンフリクト」とは、先の事例のリソースを割いてほしいという要望に対して、それはできないというように、当事者間の利害が対立しているようなコンフリクトを指す。

「認知コンフリクト」とは、意見や認識の不一致を指す。営業部門は顧客の要望を満たすために特別の製品やサービスをつくってほしいし、そのほうが会社のためと思っている。一方で、生産部門では特別商品をつくると手間もかかってコストも上がるので、なるべく既存商品で対応したほうが会社のためと思っているというように、会社の方針に対する

意見の相違というのが、認知コンフリクトの事例である。この場合、話し合いをすることで、「そういう考え方もあるのか」などと合意を得られることがあるが、激しく意見が対立することもある。

「規範コンフリクト」は、価値観や行動規範の違いによる対立を意味する。価値観や行動規範は、育ってきた環境や文化によって形成されるものであり、変えるのは難しいと思われる。その違いから生じるコンフリクトは、最も深層の部分の対立であり、一旦ねじれると修正が不可能になるような対立である。文化が違う国家間や主義・主張が違う政党間の対立などが代表的である。

企業組織においては、価値観の違いによる意見や行動が揃わないと統合して何かを進めるのが難しいので、企業組織において、大事にしたい理念や価値観や行動規範などを定め、エントリーの段階から、それに共感する人を採用している。

そうはいっても、大企業であれば、企業の中に多くの事業や組織が存在し、それぞれの組織で大事にしている価値観は微妙に違う。経営と現場では、見ている時間の長さ、広さ、深さも違う。高度成長期に育った世代と生まれたときからインターネットがあるような世代では、世代間のギャップもある。また、多様な人材の意見を取り入れようと、あえて違う意見や価値観を持った人材の採用や登用が行われており、企業の中で規範コンフリクトに対処する場面は増えている。

前述しているが、「職務葛藤」と「関係葛藤」という分け方もコンフリクトの分け方として、よく使われるものである。おおよそ利害コンフリクトは職務葛藤、認知コンフリクトは職務葛藤と関係葛藤、そして、規範コンフリクトは関係葛藤に対応していると考えてもよいだろう。

ただし、実際のコンフリクトは、職務葛藤と関係葛藤が交ざっていることを考えると、利害、認知、規範のコンフリクトもそれぞれ交ざり合っていることも多い。

3 | コンフリクト解消を考える

そのようなコンフリクトであるが、その解消を考えるにあたって、2つの観点から検討していくことを勧める。

▶ どのくらいの時間軸を意識しているか

1つは、時間軸という観点である。コンフリクトの解消で、当事者がどのくらいの時間軸を意識しているのかというものである。

高く売りたい売り手と安く買いたい買い手の関係は、「利害コンフリクト」といえる。単に高い値で突っ張る売り手もいれば、買い手に寄り添って、少し値引くこともある。その際に、互いの関係性をどのくらいの時間軸で考えるのかによって、行動は変わってくる。

売り手は、この1回の取引ではなく、今後も買っていただこうと思っているのならば、今は安くしても、継続して買ってもらうように動く。買い手も、少し値引いてくれるから、その買い手から買おうとするインセンティブが働く。というように、どのくらいの時間軸で、現実のコンフリクトを見ているかという観点である。

現実の組織の中で考えてみよう。

営業組織と生産組織のコンフリクトを会議の場で議論して、営業組織が営業の見解をゴリ押しして決めたりすると、生産組織は、納得せずに、ゴリ押しされたという印象だけが残るかもしれない。短期的に営業組織は、自組織に有利に物事を進めることができ、業績を上げるかもしれない。生産組織からは、次は譲歩してほしいと思っているものの、前例によって営業組織は、再度ゴリ押しをしてくることも考えられる。そうなると、生産組織は営業組織に対して敵意を持つことになる。

あるいは、営業組織の評判が悪くなり、他組織からも嫌われるということに発展する可能性もある。そのようなことを考えると、目の前の対

第7章 | 組織の外を動かす　237

立に対して、短期的な影響だけでなく、長期的な影響も含めて考えないといけないし、相手側の時間軸というものも考慮していく必要がある。つまり、こちらは短期的だけど、先方は長期的かもしれないということ、あるいは、その逆もあることも考慮しないといけないということである。

▶ ソフトイシューによる対処

もう1つの観点は、コンフリクト解消の方法を、ハードイシューとして扱うのか、ソフトイシューとして扱うのかということである。

コンフリクトマネジメントの教科書などを見ると、コンフリクト解消方法として、「指示命令による協働」「交渉」「リーダーの入れ替え」「ローテーション人事」「構造変革」「リエゾンの利用」「第三者による調停や仲裁」などの方法がある。[12] これらの方法には、ハードイシュー、ソフトイシューのどちらも交ざっている。

国と国の対立の場合、国の代表が代わることで、仲が悪かった国同士が急速に仲良くなり、両国のコンフリクトが解決されることもある。企業の中であれば、営業組織と生産組織の間の対立を解消するために、営業組織の代表が生産組織の代表になり、また、その逆を行うことによって、互いに互いの立場がわかり、建設的な解決策がつくられる可能性が高い。いずれもハードな方法でのコンフリクト解消である。しかしながら、リーダーの入れ替えやローテーション人事といったハードな方法は、組織を代表する組織責任者が自ら異動するという話で、組織責任者としては使いづらい方法である。

一方で、「交渉」や「対話」などのコミュニケーションでコンフリクト解消を行っていくやり方もある。ソフトイシューによる対処である。こちらのやり方であれば、組織責任者が自ら行える方法である。ここでは、ソフトイシューによる対処について言及していく。

2つの組織が対立した場合に、組織の代表が相手と「交渉」していく場合が多い。多くの状況において、「利害コンフリクト」あるいは「職

務コンフリクト」であるが、背後に「認知コンフリクト」や「規範コンフリクト」あるいは「関係コンフリクト」がある。

交渉に関して、ハーバード大学で交渉学を研究していたロジャー・フィッシャーとウィリアム・ユーリーのベストセラー『ハーバード流交渉術』13) の内容が秀逸である。多くのビジネススクールでテキストとして使われているし、実際の交渉を行った人たちからは「実践的である」との声が多い。実際に交渉を行う予定がある方には、同書を読むことを勧めるが、時間がない方向けに同書の内容を紹介する。

相手に対して、強硬な態度で臨むべきか、それとも柔軟に臨むべきか悩む人がいる。強引な態度の人は、弱みを見せると負けであり、相手との関係がどうなるかを考えずに、譲歩しないことをよしとしている。しかしながら、そうなると相手も負けまいとして、互いに消耗し、決裂に至ることがよくある。

一方で、柔軟な交渉者は、相手との対立を避けるために譲歩する。しかしながら、相手からいいように利用され、苦々しい気分になることが多い。同書では、強硬でもなく、柔軟でもない、「原則立脚型」の交渉を提唱している。

「原則立脚型」は、表面的な双方の「主張」ではなく、背後にある、双方の「利害」に焦点をあてる。また、利害が衝突する場合には、双方から独立した「公正な基準」に基づいて結論を導き出すことを勧めている。また、問題の本質には厳しいが、人に対してやさしい態度で接することを原則としている。

「主張」と「利害」の違いを説明しよう。

ここに1つのオレンジがある。2人の姉妹がどちらもオレンジが欲しいと「主張」する。2人に丸ごとのオレンジは提供できないので、仕方なく半分に切るというのが、普通に考えられる対処法である。しかし、よくよく話を聞いてみると、姉はオレンジは食べたいのだが、妹は皮を使ってジャムをつくりたいという。だとすると、妹は皮を丸々もらい、姉は中身を丸々もらうのが、双方の「利害」に一致する。

これは双方が、何が欲しいのかを掘り下げることが大事だということ

である。そのように、互いの「利害」を明らかにするようなコミュニケーションをすることによって、双方が納得できる合意を形成することができる。そのための手法が「原則立脚型」である。

原則立脚型での交渉には、以下の4つの基本の観点がある。

- 人と問題を分離せよ。
- 立場ではなく利害に焦点を合わせよ。
- 多くの選択肢を考えよ。
- 客観的な基準を用いよ。

▶ 人と問題を分離せよ

1つ目は、コンフリクト解消の前提で、人がさまざまなバイアスを持っていることに関連している。双方は「自尊心」「公正バイアス」「敵意バイアス」を持っている。そのようなバイアスを一旦棚に上げて、双方の間に横たわっている「問題」に注目する。その問題を双方で解決していくのだという見方を醸成していくことが最初の出発点になる。「関係葛藤」を棚に上げ、「職務葛藤」による解決を図ろうとする手法である。

少なくとも、自分の中にある「敵意バイアス」は、一旦置いておく。前回、やられたから今度はやり返そうという気持ちはわかるが、そのようにこちらが思っていれば、相手もそれに備えて防御するということが起きる。そのスタンスでは解決できる問題も解決できない。自分のプライドのために戦いたい気持ちは、一旦棚に上げ、解決することにフォーカスを当てる。相手ではなく問題に集中する。

しかし、その際には、こちらだけでなく、相手にも同じスタンスを持ってもらう必要がある。相手が敵意バイアスを持っているときに、こちらだけ問題に焦点を当てましょうと言っても、コンフリクト解消に至らない。その場合は、第三者の介入が有効である。営業組織と生産組織の対立であれば、2組織共通の上位役職者である経営幹部に介入しても

らい、互いにあるバイアスを取り除いて、解決を図るようなステップが求められる。

▶ 立場ではなく利害に焦点を合わせよ

　私たちが持っている認知バイアスは、2つ目の観点とも関連している。組織の代表という立場であれば、そう簡単に自分の主張は譲れない。自分の主張を表明してしまうと、その主張に固執してしまうという悪癖が人にはあることは前述した。「立場ではなく利害に焦点を合わせよ」という2つ目の観点は、「立場からの主張」というスタンスから「相手の頭の中を重視」するスタンスへの切り替えということである。

　第4章で、会社の経営幹部10名を集めた3日間のワークショップの話を扱った。そこでの話は、まさに「相手の頭の中を重視」するというスタンスであった。

　ワークショップを通して、会社思いの参加者であることを互いに実感し、焦点を人から問題に移し、問題を目の前に敵対するのではなく、仲間として一緒に解決を図ろうとすることで、コンフリクトは解消していく。オレンジを皮と中身で分け合ったように、現実に横たわっている問題に対して、各部門として新たにやることを決めていった。どこかの部門だけが頑張るのではなく、新たな目標に向けて、各部門が協力し合う関係を築いていった。

　相手の立場に身を置くことに関連して、「視点取得」という概念が役に立つ。発達心理学において、視点取得は精神発達の指標として取り上げられてきた。「相手が、今、何を考えているのか」「何を求めているのか」「どういう感情を持っているのか」という視点は、幼児から子どもになるにつれて、発達していく。

　子どもは、自分もブランコに乗りたいが、友達も乗りたいのだと理解して、10回漕いだら、順番を代わるというルールを自分たちでつくっていくが、そのような能力は、他者とともに生活するうえで、必要な能力である。

第7章｜組織の外を動かす　241

対立が起こるたびに、ワークショップを行う余裕がない場合も多い。そういうときには、相手がなぜその主張をするのか考えてみると、相手にも一理あることに気がつくことが多い。また、相手にも自分がなぜその主張をするのかを考えてみてほしいと促してみる。それぞれに主張する根拠があることがわかる。

人が主張することに100%合っていることはないが、100%間違っていることもない。何かしら真実はある。場合によっては、その根拠には、その人が育った文化、経験した出来事からの教訓で得られたものがあり、なかなか妥協できないものもあるかもしれない。そのことをお互いに知ることで、少なくとも、互いに敵意を抱くことは少なくなると考えられる。

米国の心理学者であるアダム・ガリンスキーたちは、MBAの学生152人を売り手と買い手に分け、売買の交渉をさせる実験を行った。[14]

一部の学生には「その役になりきってください」と指示し、一部の学生には「相手が何を考えているのか、相手の立場に身を置いて想像してください」と視点取得の指示をした。視点取得をされたペアの76%が合意に達したが、何も指示されなかったペアの合意率は39%であった。

私たちは日常的には、自分の役割をまっとうすることに目を向けがちであり、相手が何を考えているのかをあまり考えずに行動しているということが、まずわかる。そして、相手が何を考えているのかに目を向けるだけで、コンフリクトの解消に寄与することがわかる。

▶ 多くの選択肢を考える

原則立脚型交渉の3つ目の観点は「多くの選択肢を考えよ」である。自分が欲しいものと相手が欲しいものがわかると、コンフリクトの解消法は他にもある可能性がある。オレンジを単に2つに分けるのではなく、皮と中身に分けたように、互いにとってより良い選択肢がないかを探ることで、建設的なコンフリクト解消に至る。

合意達成を急ぐのではなく、選択肢を探る時間を持つことが肝要だ。

お互いに選択肢を探る作業を行うことで、敵対するのではなく、問題を一緒に解決していく仲間であるという意識が芽生える。その結果、多くの選択肢が得られなかったとしても、そのような時間を共にとることで、敵対心は薄れ、合意後に敵意を持つことも少なくなると考えられる。

　毎日が忙しすぎて、メンバーにストレスがたまり、欠勤が増えてきたグループの組織責任者（A課長）の事例に戻る。上司に、「新しい人を雇ってもらうか、そのグループの役割を変えるか、どうにかしてほしい」とお願いした。しかしながら、上司は「人は雇えないし、グループの役割は変えられない」と断られた。

　では、どうすればよいのか。ここで、実際に私たちが支援を行った事例を紹介しよう。

　人は雇えない、役割を変えられないのであれば、無駄な仕事を減らし、無理がないような働き方をするしかない。私たちは、グループのメンバーを集めて、ワークショップを行った。ワークショップを行う前に、アンケートをとった。

- 自分が行っている業務において削減できると思えるタスク
- 自分は行っていないが、グループの中で必要がないタスク
- より効率が上がると思える仕事のやり方
- 労働時間削減に役に立つアイディア

という設問で、アンケートは匿名である。

　まず、メンバーの大半が無駄だと思っていたが、誰か必要な人がいるのかもしれないと思っていたタスクがいくつもあった。たとえば、朝と夕方のミーティングは、どちらか一方でよいし、ビジネスチャットで代用できるので、毎日でなくても大丈夫。資料を読めばわかる会議は、メンバー全員が読むことを徹底することで、会議を止めていった。

　2人で行っていた業務を1人でできることもわかった。また、育児で時短勤務をしていたメンバーは、そのことを申し訳ないと思っていた

が、働き方を柔軟にしてもらい、子どもを寝かしつけた後に働くことが許され、テレワークを活用することも奨励された。さらに、業務の一部は、アウトソーシングすることができた。

「新しい人を雇うか、役割を変えてもらうか」という選択肢しか当初、思いつかなかったが、選択肢を増やすことで、コンフリクト解消に向かったという事例である。

もう1つ、私たちが支援を行った事例を紹介しよう。

ある企業の経営陣は、次世代リーダー育成のために、エース人材を若いうちからいくつかの事業や全社スタッフへ異動させようと思っていた。しかしながら、各事業においてエース人材を自事業以外に出すことを嫌い、囲ってしまっていた。正確には、「将来を担うリーダーは1つの事業に囲い込むのではなく、いくつかの事業を経験させる」という趣旨に、ほとんどの組織責任者は理解を示していたが、自事業以外への異動に対して前向きな組織責任者とそうでない責任者が混在していたのである。

各組織責任者にインタビューすると、異動に前向きな責任者でさえ、「自分のところはエースを出してもよいのだが、自部署に補充がされないのではないか」とか「補充として、エースではない人材が自分のところに来るのではないか」という話が多かった。

表面的には、エース人材の出し渋りという問題であるが、根底には、経営陣や他事業の責任者に対する不信感が垣間見られた。ゆえに、関係者を集めて、毎月1回、半年間、各3時間ほどのワークショップを開催した。

まず大きな方向性の確認と、それに伴う課題の抽出である。将来の会社の方向性や戦略の共有から始まり、将来を担う次世代リーダーをどのように育てればよいのか、学術的な知見の共有、他社事例とともに、各組織責任者の持論を共に共有していった。会社の次の20年は、さらなるグローバル化、DXへの対応、新しい事業分野への進出というように課題が多く、これまでのように1つの事業だけで育てるやり方では、リーダーは育たない可能性が高いという合意はとれていった。

ワークショップの次の段階では、エース人材を異動させることに伴う課題を挙げていった。一番大きな課題は、エース人材が抜けることによる業績の低迷であった。そして、そのことに伴う士気の低下あるいは組織責任者自身の評判、評価が落ちることであった。

　さらに、エース人材自身に関する課題も挙げられた。異動した先でうまく適応できないかもしれない。エース人材の強みが活かせないかもしれない。逆に、他部署から来たエース人材をうまく活かせないかもしれないという課題も挙げられていた。いずれの課題も納得できるものであった。

　たくさんの課題が挙げられたからこそ、課題解決のための施策アイディアが出された。それらが、まさに「多くの選択肢」であり、建設的な解決策であった。エース人材を輩出した組織責任者を評価すること、異動したエース人材が適応できるようにするためにキャリアコーチをつけること、エース人材を異動させていくことが全社の方針であることを表明していくこと、などといったアイディアが各組織責任者の側から出された。

　大きな方針は、経営から出されたが、それに伴う課題と解決は、自分たちでつくっていくことで、経営との対立あるいは他部署責任者との対立は避けられ、建設的な運用をすることができた。

▶ 客観的な基準を用いよ

　原則立脚型交渉の4つ目の観点は、「客観的な基準を用いよ」である。

　トンプソンによる実験でも明らかになったが、人は自分の主張に有利な情報に着目してしまう傾向がある。トンプソンは、労働組合と会社側に分かれて、賃金に関して合意を得る実験を行ったわけだが、果たして、公正な賃金水準というものはあるのだろうか。

　労働組合側は、同業他社の水準からすると、もう少し高い賃金が妥当であると主張する。しかしながら経営側は、自社の収益から賃金水準を考える。

ゆえに、同業他社水準の給与を出してしまうと自社の収益を圧迫し、そのことで必要な設備投資ができないと主張する。主張の根拠となる基準が違うわけである。そのため、主張の相違が起こる。「客観的な基準を用いよ」というが、どうすればよいのだろうか。

　まず、根拠となる基準は客観的だと思えるものを開発することが必要である。何かを公平に分割する際には、「対立する一方がケーキを切り、もう一方が切られたケーキを選ぶ」というのが1つのやり方である。古くから行われている方法としては、くじ引きなども公平なやり方の1つだ。相続人で財産を分与する際には、財産をなるべく小さい単位に分割し、選ぶ順番をくじ引きにして、順に選んでいくやり方もある。

　合弁会社を設立する際に、順調なときはよいが、出資企業同士の意見が対立した場合に、どのようにコンフリクトを解消していくのかが争点になる。50％ずつ出し合った企業の場合では、どちらも過半数を持たないので、株主総会では解決できないことが発生する。しかしながら、当該会社の日常業務は行われているわけだから、長い期間、ごたごたに巻き込まれることは好ましくないと考えられる。そのようなときに使われる手法として、「ロシアンルーレット条項」がある。

　これは、出資会社の一方が株式の単価を決定し、相手方は株式を全部買い取るか、全部売り渡すか、いずれかを選択できるという手法である。高い単価を提示すれば全部買えと言われるし、安い単価を提示すれば全部売れと言われるので、単価を決める際には、買っても売ってもよい価格を提示することになる。ある意味、双方の立場に身を置きながら、客観的な基準を用いて、コンフリクトの解消を図る手法である。合弁会社のマネジメントを考えた際には、実践的な手法である。

　この手法は、日常生活を行うときにも役に立つ。たとえば、ある商品を買う際に、売り手がその商品を使っているかどうかを聞くというやり方である。

　たとえば、自動車販売を行っている営業担当がその会社の自動車を買っているのかどうか、実際に乗っていてどうかと聞くということである。売り手が自信を持って勧めているのに、その商品を買ったこともな

ければ、使ったこともないとなると、そこまで勧めておきながら、なぜ買わないのかという話ができる。逆に、使っているのであれば、その使い勝手を聞くことができる。ある意味、売り手と買い手の立場を代えて考えるという話である。

公正な賃金水準の話に戻そう。

経営側は、自社の利益という基準で賃金を考えている。一方で労働組合側は、同業他社の水準という基準で考えている。双方、基準の背景を知る必要がある。経営側は、自社の利益を得て、健全な投資をしていきたいと思っている。そのことで、中長期的な収益を確保していく。従業員は、その会社で長く働こうと思っているのであれば、会社が中長期的な収益を確保していくことは、自分の雇用を守るという観点や将来の給料の原資を確保するという観点で、会社側との利害は一致する。

一方で、社外の労働市場が売り手市場で、同業他社と同じような水準以上の賃金でなければ、従業員を確保できないとしたら経営が成り立たなくなってしまう。そういう意味では、会社側も労働組合の基準は合理的と判断できるのである。

互いの主張の背景には、「従業員は長期間働く」、あるいは、「労働市場が売り手市場」であるという前提がある。現在置かれている前提が過去に比べてどうなのか、今後、どうなるのかが争点になる。客観的な基準というのは難しいかもしれないが、互いが何を基準として、その主張をしているのか、そして、その基準の背景になる前提を互いに知ることによって、双方の話し合いは、前向きになる。

もしかすると、今回は、少し自分たちは妥協するが、次回は相手が妥協することになるかもしれないが、そのような話し合いをすることで、互いが理解し合うこともできるし、より良い解決策が見つかると考えられる。

そういう意味で、組織間でのコンフリクトは避けるべき問題ではなく、活用してより良い結果が見つけられるものとして考えたほうがよい。そして組織責任者は、コンフリクト解消の経験を重ねることによって、組織責任者自身の成長にもつながる。そのようなコンフリクト解消

第7章｜組織の外を動かす　247

図表7-2 コンフリクト解消のための2つの観点

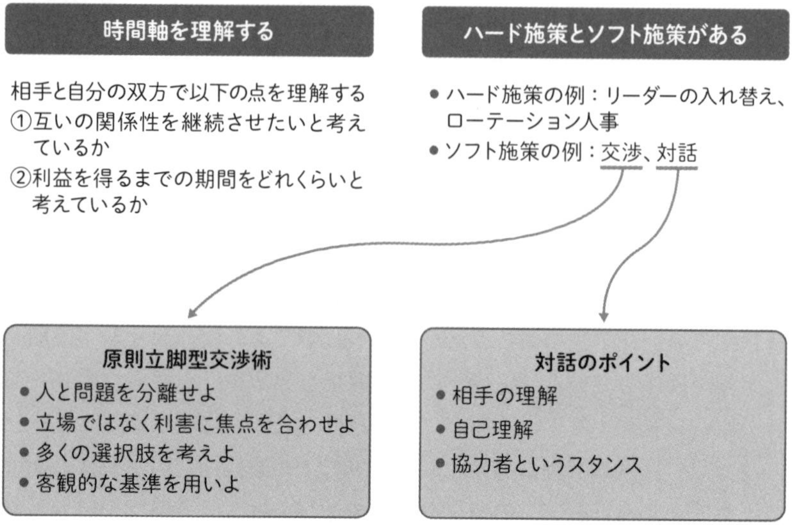

時間軸を理解する

相手と自分の双方で以下の点を理解する
①互いの関係性を継続させたいと考えているか
②利益を得るまでの期間をどれくらいと考えているか

ハード施策とソフト施策がある

- ハード施策の例：リーダーの入れ替え、ローテーション人事
- ソフト施策の例：交渉、対話

原則立脚型交渉術
- 人と問題を分離せよ
- 立場ではなく利害に焦点を合わせよ
- 多くの選択肢を考えよ
- 客観的な基準を用いよ

対話のポイント
- 相手の理解
- 自己理解
- 協力者というスタンス

スキルは、その後のキャリアでも有効なスキルになる可能性は高い。

　ここまで、コンフリクト解消の方法として、ソフトな方法を中心に見てきて、原則立脚型での手法を主に紹介してきた。しかし、その手法において、大枠で見たときには「建設的な対話」の1つの方法であることがわかるだろう。

　抜本的にコンフリクトを解消しようと思ったら、建設的な対話が必須である。その際には、ボスマネジメントと同様に、「相手の理解」「自己理解」、そして、互いが目の前にある「問題を解決する協力者」であるというスタンスをお互いに持つことである。

　「相手の理解」とは、敵意を持たず、相手が言っていることにも一理あると心情を察し、「相手がなぜそのような主張をしているのだろうか」「本当に欲しいものは何だろうか」「自分と共通する利害はあるだろうか」を考えたり、相手からその情報を引き出したりすることである。

　同様に、「自分がなぜそこにこだわり、その主張をしているのだろう

か」「自分が欲しいものは何だろうか」「相手と共通する利害は何だろうか」と考えて、自己理解を深めることも必要である。自分が敵意を持っていたとしたら、その敵意は何に起因しているのだろうか。何があるとその敵意は抑えることができるだろうかと考えることである。

相手の背景を知ることで、敵意は抑制される。相手にも両親がいて、配偶者がいて、子どもがいることを知ると、敵意が収まることもある。そして、互いに目の前にある問題を解決するための手段を考え、互いに納得できるような客観的な基準を見つけていけば、コンフリクトの解消は進むだろう。ここでは、その過程を対話と呼んでおり、そのためには、それなりのコミュニケーションコストがかかる。

強気のハードな交渉やパワーポジションを用いた安易な方法は、長い目で見たときには、マイナスになると考えられる。先方との関係は短期的かもしれないが、インターネットの発達によって、中長期的な評判として語り継がれる。過去に行った強引なやり方は消せないことも含めて考えると、相手の立場に身を置いた対話の方法は、組織責任者として、必須のスキルと考えられる。

第 **8** 章

組織を変える
──事例と解説

ここまで、心理的安全性、モチベーション、ボスマネジメントなどのソフトスキルや、組織の内外を動かすには、といったテーマに触れてきた。そのような理論は、実践でどのように扱われているだろう。

本章では、筆者の1人（武藤）が、コンサルティングの現場から、実際の事例を取り上げ、その中でどのような理論が関連しているのか振り返ってみたい。

なお、本章の事例は、内容を損なわないようにしながら、類似の業種・テーマの複数事例を合わせて作成している。

1 | 事例1──不動産業A社の働き方改革

▶ ストーリー

不動産業A社は、長時間労働をする社員の多さに頭を悩ませていた。これまでに会議のルールを定めたり、メンバーに長時間労働の社員がいる組織の管理職は人事考課の項目の1つであるマネジメント評価で高い

評価をつけない、といった取り組みは行ってきた。これらの長時間労働対策は多少効果を上げ、時間外労働の全社平均の時間は少しだけ減ったものの、管理職層、一般社員層ともに依然として長時間労働の社員が多かった。ここまでは、筆者がかかわる前の状況である。

そのような中でＡ社では、働き方改革プロジェクトを立ち上げ、時間外労働の削減を喫緊のテーマと置いた。全社的には経営層からの発信や管理職層を集めた働き方改革をテーマとしたイベントを行うといったことや、それと並行して、全国の部門や地域が異なるいくつかの部署をトライアル部署に選定した。

Ａ社の西日本事業部に属するＸ支社長は、受注状況も好調であり、案件（現場）は常に多い状態が続いていた。設計職を中心に労働時間の長い状況が続いている状況は認識していた。

そのような折、育児時短勤務している社員がフルタイムでの設計職への復帰は難しいと考えて、別職種への異動を希望したり、子どもが生まれた社員が、週末が定休日の会社に転職するという理由で退職したりすることが続いた（Ａ社の休日は水曜日と日曜日）。Ｘ支社長は以前から、長時間労働といった働き方が問題になっているのではないかと思っており、支社の全員と１on１ミーティングを行って働き方の現状を把握するなど、できることを行ってきた。

私たちは、トライアル部署に選定されたＸ支社の支社長や管理職の皆さんと働き方改革プロジェクトを行うこととなった。まず、支社の全従業員との面談、および勤怠管理システムデータを用いての労働時間の分析を行い、これらによって、いくつかのことがわかった。

１つ目は、確かに恒常的な長時間労働が続いているが、労働時間の多くは、社内の事務作業、本部・本社から依頼される短納期の資料提出依頼への対応、前工程のフォロー、後工程からの手戻り、報告だけで発言機会のない社内会議への出席など、社内のことに時間を費やしていたということである。その結果、お客様に時間をかけられていないと感じている従業員が多かった。

設計職であれば、お客様にもっとヒアリングし、より良い提案をした

いと考えていた。施工職であれば、施工の過程でもお客様とコミュニケーションをとり、竣工を楽しみにしてもらいたいと考えていた。もしそれをやろうとすると、実際には自分の時間を犠牲にしなければならなかったのである。

従業員ヒアリングの結果からも、お客様に向き合う時間を思うように取れないことが社員にとってストレスになっており、そういう時間をつくったうえで、自分たちのワークライフバランスも図れるなら、それはもちろん大歓迎だということがわかった。

2つ目は、20代、30代の若手社員が、今の仕事に成長実感を抱きにくく、キャリアの閉塞感を抱いているということであった。A社は営業職を中心に、個人業績が報酬に直結する部分が大きい。そこで、いかに購入見込みのお客様を早く見つけて、自分のお客様とするかが「できる営業担当」において重要となっていた。

こうした背景もあり、営業職が情報を教えたがらない状況があった。若手社員は壁にぶつかってもベテランの営業職や近しい年次の同僚になかなか相談できず、自分で解決しなければならなかった。

若手の社員は、購入見込みのお客様をなかなか担当できずに、成果実感を抱けずにいた。また、支社の管理職は営業職、設計職、施工職、事務職という各分野の専門家として活躍していた人材が就いており、施工物件が多い状況では、管理職は多くの時間をプレイヤーとして費やしてきた。

若手の社員からすると、管理職が日々忙しすぎる状況を目の当たりにすると、自分の将来を見ているようで、キャリアの閉塞感の要因になっていた。

上記のような状況がわかってきたところで、X支社長は、支社の管理職を集めた場、そして、一般社員を集めた場をそれぞれ設けて、やめたいことや変えたいことを話し合ってもらうことにした。

その中で出てきた内容は、一支社だけではできないことや、会社のルール上でできることを本人が知らなかっただけというものもあったが、まずは率直にアイディアを出し合ってくれたことに感謝を伝えた。

第8章｜組織を変える——事例と解説　253

そして、支社として実施できることは、その場で支社長が実行を約束した。

たとえば、何人かの営業職の若手社員は、互いの営業活動での気づきや悩みを若手同士で話し合いたいという。若手社員いわく、「同じ経験年数の社員は同じような悩みを抱くことも多い。みんなで成功や失敗を共有して学んでいけば、成長も早くなる」とのことであった。

そのアイディアを聞いた先輩社員は、「若手同士では解決できないことが多いだろう」と難色を示したが、支社長は開催を承認したうえで、各回１人の先輩社員が見守り人として会の運営を見守り、若手からアドバイスを求められたときなどは支援する役割とした。

支社だけではできないことは、支社長が解決を引き受けた。西日本事業部内で行われる会議について、出席して報告を聞くだけの会議については、動画を録画し、１週間以内に視聴すればよいこととして西日本事業部長に了解を取りつけた。

他の支社から「なぜＸ支社は参加していないのか」という声が出ることは容易に想像されたが、その点については、会議の冒頭で西日本事業部長から、「Ｘ支社は長時間労働削減のトライアル部署に選定され、いろいろな取り組みを試みたり、提案をしてくれている。今回の対応もその一環である」こと、および「他の支社からもそうした提案や、ちょっとしたことからでも試してくれるのは大歓迎である」ことを発信した。

ちなみに動画視聴は、特に営業職や設計職の労働時間の効率化に奏功した。会議出席のために会場に行ったり、サテライトオフィスで視聴したりする必要がなくなり、連続してお客様とのアポイントを取るといったことが容易になったためである。

支社だけでは解決できない他の問題にも取り組んだ。支社長は先日の場の中で、管理職は本社や本部から来る短納期の資料作成依頼に心身ともにエネルギーを奪われていることも知った。そこで、支社に来ているすべての依頼事項を依頼元、内容、依頼日、回答期日、支社の対応者、支社側にとっての重要度を１カ月にわたって記録した。資料作成が比較

254　第Ⅱ部｜組織を変える

的少ない月であるにもかかわらず、3桁にのぼる数の依頼が来ていることがわかった。

また、似たような情報を少し違うフォーマットで本社・本部の隣同士の部署が依頼していること、定休日前日の夕方以降に届き、定休日翌日の午前中が回答期日である依頼が全体の3割にのぼることもわかった。

これらの情報は西日本事業部長経由でしかるべき本社・本部に報告され、短納期依頼を原則としてなしとした。また、どうしても実施せざるをえないときのルールを作成したり、定期の依頼事項について本部内の共有を図ったりするなど、一時期に依頼が集中しないようにするなどの対策が取られた。

X支社以外にも、こうした取り組みを行ってきた支社がたくさん現れており、上記のような取り組みの結果、創出された時間によって管理職や一般社員の時間外労働が約3割削減された。また、こうしたトライアル時期は、組織長に一時的に負荷がかかる場合があるが、そんな時期においても特に労働時間が長くなっていた営業職、設計職など、各職種の組織長の時間外労働削減に寄与した。

X支社長が一番嬉しかったのは、取り組みを始めて半年後、若手の部下から「このままでは、日々の仕事に埋没するだけで何の力もつかないのではないかと思い、1年くらい前から退職を考えるようになり、転職サイトにも登録した。

しかし、A社やX支社長が自分たちの現状をなんとかしてくれようとしているのが伝わってきた。最初は半信半疑だった人たちも動き出すのを見て、自分も頑張ろうと思えて、転職を思いとどまった。自分で言うのは恥ずかしいが、今は営業部のエースになれるように頑張っている」と言われたことである。

▶ 事例の振り返り

事例のプロジェクトが始まる前から、X支社長は、第4章で言及した「対話」を重視する人であった。支社の1人1人と働き方や労働時間に

第8章｜組織を変える——事例と解説　255

ついての現状や課題についての意見をもらったり、そうした意見の中から支社でできることを実践したりしていた。

X支社の社員からも、「前の支社長にはアイディアを話したり意見を表明することはできなかったが、今の支社長は話を聞くだけでなく、支社の置かれている状況も話してくれたりしたので、アイディアや意見を考えやすかった。たとえアイディアが採用されなくても理由がわかってよかった」という双方向のコミュニケーションへの好感の声があった。

X支社において、支社長を中心につくってきた双方向のコミュニケーションや対話のベースがあったことは、働き方改革のプロジェクトを行っていくうえで推進の強力な後押しとなった。

第4章で、何か物事を推進していくために、自身のコントロール感が持てているかが重要だと言及した。時間外労働削減や働き方改革は、社員にとってもメリットのあることだろう。

しかし、実態としては会社からの要請によってスタートするものである。プロジェクト期間中は、時間外労働削減を掲げているにもかかわらず、一時的に協力する支社の社員の負荷が増える可能性もある。筆者（武藤）は会社（たとえば、クライアントの本社の企画部門）と契約してプロジェクトを支援するわけだが、トライアルに協力している部署とのコミュニケーションにおいては、そこで実際に働く管理職や社員「自身の」プロジェクトなのだということが伝わるような働きかけとコミュニケーションを行っていた。

たとえば、事例の途中で出てきた「一般社員を集めた場を設けて、やめたいことや変えたいことを話し合ってもらう場」というのもその1つである。最初に本社の企画部門にヒアリングしたら、「当社は水曜日と日曜日が休日だが、当社の社員は、交代で土曜日に休みたいと思っているはず」と聞いていた。

そこで、一般社員の皆さんとの話し合いの場でも、最初に「週末に休めたら何がしたいですか」と自分の生活の中での希望を出してもらう時間も設けていた。しかし、その中で、実際に支社の皆さんが本当にしたいのは、もっとお客様のプランを考える時間を取りたいと思っていたこ

とがわかった。これは事例部分で記載のとおりである。

　また、この事例では、第7章で言及している「組織の外を動かす」要素も重要であった。本事例では、本社や各事業部から支社に対して行われている依頼内容・方法の見直しやルール整備を行った。多くの時間外労働削減や業務改革などと同様に、支社の時間外労働を削減しよう、支社自体の業務の無理・ムラ・無駄を見直そうとなったときに、自組織の裁量と権限で行えることには限界がある。他部署との関係で生じている労働時間に目を向け、見直しを図らないとなかなか時間外労働の削減は望めない。

　加えて、X支社の皆さんに、このプロジェクトは自分たちでコントロール可能であると感じてもらい、支社での取り組みに弾みをつけるためにも、X支社を孤軍奮闘させないこと、X支社の皆さんに自組織の状況は自分たちで変えられると思ってもらうためにも、組織の外の部署も共に改革に取り組むのは大事だろう。

　しかし、組織の外を動かすのは簡単ではない。他部署には他部署の事情があり、依頼内容にはそれぞれの部署において意味があると考えているから、実施しているのだ。

　この事例では、同じく第7章で触れている「職務葛藤」と「関係葛藤」を意識した取り組みを行った。関係葛藤は解決の難度が高いため、プロジェクト推進において、人間関係上の問題を増やすこと、つまり、いたずらに関係葛藤として取り扱うことを避けた。

　関係葛藤への対応はとても大事なテーマだが、まずは関係葛藤ではなく職務葛藤と認識できる部分を増やしたほうがよいと当時は考えていた。ここでいう関係葛藤とは、人と人との関係から生じる、「自分の部署と相手の部署のどちらが合っている、間違っている」とか、「あの人は気に入る、気に入らない」といった話が意思決定の肝になっていることを指す。

　一方で職務葛藤は、ある種ビジネスライクに、「それは組織の役割と合致している」とか、「合理的に考えてそのとおり」と捉えられるようにしていくことだと思料する。

第8章｜組織を変える——事例と解説　257

トライアル部署での取り組みの過程で、自部署では対応できず、本社や本部といった他部署でないと解決できないテーマが出ることが多い。人事制度などの仕組みに根差すことや、標準的な業務プロセスの変更を伴うもの、コストへの影響が大きいものなどがこれに該当する。こうしたものをどのように変えていくかが、本格的に働き方を変えるには重要であるが、本社や本部も、いきなりそのような要望をされても、ただ困ってしまうだけである。

　そこで、トライアル部署との取り組みに先駆けて、支社への影響力を持つ本社や事業部と事前にミーティングを行い、取り組む予定の内容を紹介しつつ、取り組みの過程で出てきそうな要望について、対応可能か、どのようなことを確認しておくと対応しやすいか、そして、対応できないとしたらその理由、などを確認した。

　そうした部分を事前に把握しておけば、筆者がトライアル部署に対して確認したり調整したりすることもできる。これにより、本社や事業部が、トライアル部署からの要望を難しいと一蹴せずに、検討の俎上に載せることができるようになる。こうしてトライアル部署とその関係部署の利害を確認したり、接点を見出したりしておくことで、組織の外を動かすことが可能になることがある。

　また、関係葛藤への対応という観点でも、この「事前にミーティングの機会を持つ」ことは奏功する。突然面識のない人に要望を突きつけられたら、多くの人が良くは思わないだろう。また、一方的にこちら側（この事例ではトライアル部署であるX支社）の要望だけを通そうとするのではなく、両者の利益になるような接点を見出すという姿勢も大事である。

　この事例では、本社や事業部との事前ミーティングの中で、それらの部署の役割や今期の目標、支社について感じている課題などを聞いた。たとえば、トライアル部署から営業効率を上げるデバイスの導入の要望が出ることが想定された。

　社内のIT環境の構築を担う部署と事前にミーティングしてみると、「支社で活用できるデジタルツールはすでにいくつか導入している。し

かし、実際にはなかなか利用してもらえない。組織の全員が一斉に使ってみないとデジタルとアナログの二度手間になり、結局使われなくなる。これが続けばデジタルツールにお金をかけていく合意形成が難しくなってしまう」という話があった。

そこでトライアル部署には、一定期間継続してツールを使ってもらった。IT部署に丁寧にサポートしてもらえたこともあり、支社でもツールが使えるという実感を得た。

第7章に記したとおり、関係葛藤を解消することは難しい。しかし、「自分（の部署）も頑張るから、あなた（の部署）も頑張ってほしい」という関係性をつくることは、関係葛藤解消の一助となるのだ。

2 事例2
──小売業の女性店長輩出の組織づくり

▶ ストーリー

小売業Y社は、将来の店長を担う人材の確保に頭を悩ませていた。店長の平均年齢は50代となり、定年の時期を考えても、店長になれる人材の早期育成が課題であった。また、Y社の店長は、ほぼ全員が男性であったが、店長および店長候補者を継続的につくっていくため、そして、お客様のさまざまなニーズに応えるために、女性店長を増やしていくことができないかと考えていた。

しかし、小売業の店長は、「いつでも」「どこでも」「何でも」できることが求められる。店舗で何かあれば、店長が休日であっても連絡が来る。365日24時間携帯電話を手放すことができない店長もいて、「プライベートの時間も仕事をしているみたいだ」と表現していた（「いつでも」）。常に店舗の改善・改革を続けようという観点から、店長に同じ店舗をずっと担当させずに、定期的に異動をかける場合もある。その都度、店長は店舗の規模や立地などに合わせた計画立案と運営が求められ

る（「どこでも」）。

　そして、店長は店のすべての責任を担っている。もちろん、各売り場には責任者がいるが、たとえば、法令対応やクレーム対応など、何かあれば本社、本部からも店長に連絡がいく。店長は、店舗で起きるどんな細かいことでも把握していないといけない（「何でも」）。

　Y社では取締役をオーナー、部長をリーダーとするプロジェクトを立ち上げ、女性店長の継続的な輩出ができる仕組みや風土づくりに取り組むことにした。加えて、働いている人が家族に自慢できる会社にすること、働いている人の家族も周囲に自慢できる会社にすること、というスローガンが掲げられた。

　小売業では、店舗で働く人が地元の人であることも多い。Y社の従業員が誇りを持って働けること、また、働きやすい会社となることは、従業員をひきつけたり引き留めたりするのにつながるのはもちろん、地元での評判につながり、お客様からも選ばれる会社になると考えた。

　まずプロジェクトでは、女性店長の輩出を阻む理由を、従業員アンケートで抽出した。そこでは、現在の管理職層の「いつでもどこでも何でもするのが管理職」という働き方への不安、および店長になる自信を持てない女性従業員の気持ちが浮かび上がった。

　事業所内保育園の開園、家族参観日の導入など、女性がライフイベント（特に育児）と両立できる働きやすさ関連の施策は、いろいろと講じてきた。しかしとりわけ、小売業、特に店長でもテレワークを可能としたり、早番・遅番、フル勤務以外の勤務時間のバリエーションを持つといった、働く場所と時間についての施策を導入・定着することは、女性管理職を増やしていく施策として重要であった。

　今でこそテレワークは働き方の1つになったが、少し前まではそうではなかった。勤務時間の新たな選択肢の導入検討を始める発表をしたとき、当の本人である店長からの反発が強かった。「小売業では難しい」「当社では難しい」「私には必要ない」といった声があがった。この声を表面的に受け止めてしまったら先に進まない。そこで店長や店舗スタッフ、本社スタッフのヒアリングを通じて、店長がどのような環境で働い

260　第Ⅱ部｜組織を変える

ていて、どのような状況に置かれているかを想像してみることにした。

ヒアリングでいくつかの問題が見つかった。たとえば、店長が店舗で起こるすべてのことを知り、対応するべきであるという雰囲気と、それに伴う長時間労働である。実際にお客様からしかるべき対応を求められたときは、初期対応を誤らないことが重要である。そのために初期対応は経験豊富な人が対応したほうがスムーズである。

また、本社も店舗への確認があるときは、店長に指示すれば効率的に店舗に展開できるため、店舗の担当者しかわからないことであっても店長に確認する。店長にはさまざまな部署から大量の確認や報告依頼が届く。こうした対応を行おうとすると、店長はできるだけ長く店舗にいて状況を把握していたほうがよいという気持ちになる。

他には、副店長や係長など、店長候補となる人が育っていないという問題もあった。前述のとおり、店長に役割と責任が集中していて、労働時間が総じて長いこともあり、なかなか後進を育てる時間も割けなかった。また、特に女性社員は「店長になる自信がない」と思っている人が多かったこともあり、店長が女性社員を「将来店長を担う人材」と見ていなかったことも、後進の育成が進まない理由であった。

上記の状況を解消するために、まずは、店舗業績は目標を上回っているが、残業はしていない店長が日頃行っていることを調査した。これらの店長が共通して行っていたのは、以下の3点であった。

①企画業務に使う時間や、店舗スタッフの相談に乗る時間などをあらかじめ確保し、それをカレンダー上で店舗スタッフにも公開していたこと

②①で立てた時間の使い方の計画と、実際の乖離を把握して（予実管理）、毎月改善を図っていたこと

③店舗スタッフとの人間関係の築き方・信頼関係の構築に工夫をしていたこと

Y社においては、店長の長時間労働はやむをえないと考えられてき

たが、自社の店長でも違う働き方ができることを示したこの結果は店長会でも公開され、他の店長のヒントとなった。

次に、店長と副店長や主任の業務を具体的に拾い出した。その結果、店長の業務のうちの約8割は、副店長や主任の業務の延長線上にあることがわかった。また約1割は、店長に限定される業務、残りの約1割は店長でも、あまり経験する機会のないものであった。

そこで、一部の店舗においてトライアルを行った。トライアルの内容は、店長業務の一覧表のうち、副店長がどれだけ知見を有しているかを見える化した。「知識として理解している」「実施・経験したことがある」「教えることができる」の3段階で現状を確認したところ、店長業務のうち5～7割は、すでに「実施・経験したことがある」ことがわかった。

次に、トライアル店舗の店長は、3カ月以内に副店長が「実施・経験したことがある」業務を8割に引き上げることをめざし、機会を付与した。店長の業務に副店長を同席させたり、一緒に行ったりすることで、「実施・経験したことがある業務」の割合は急速に高まっていった。

驚きだったのが、「店長になる自信がない」と言っていたトライアル店舗の女性の副店長の「実施・経験したことがある」業務の割合がすでに高かったことである。副店長の中には、これまで店長になるのは、仕事がとてもできる人であり、自分には無理だと思っている人がいた。

しかし、見える化によって自分が今担っている業務は、店長の仕事と重なる部分が多く、自身の経験が店長への道につながっていることを知った。加えて、見える化によって周囲の見方も変わった。この結果をトライアル店舗内で公表したところ、「女性社員の中に店長にふさわしい実力を持った人がたくさんいる」という認知が高まっていった。こうした周囲の変化や周囲からの期待を受けた女性社員が、店長になりたいという気持ちを抱くようになったことは収穫であった。

さらに、店長のテレワークの導入や勤務時間の柔軟化にも取り組んだ。前述のとおり、店長自身がテレワーク導入に際して、反発したり不安を抱いたりしていた。そこで、まず店舗の業務を以下の3点に分類し

た。

①店長しかできないことであり、かつ店舗にいないとできないこと
②店長にしかできないことだが、店舗にいなくてもできること
③店長以外の店舗スタッフができ、店舗にいなくてもできること

　その結果、②の業務が全体の約2割を占めることがわかった（店舗の方針や計画を立てる仕事や、本社への報告書を作成する仕事、部下の人事評価を書く仕事などがこれにあたる）。また、③の業務の割合も多く、副店長や主任が時間を取られていることがわかった。そして、③に該当する仕事は、業務自体はシンプルだが、量が多い業務も含まれていた。

　③は、全店をまとめると相当な業務量になる。そこで、一部の業務につき、本社に部署を設けて一括して対応することにした。一括して業務を行う人を決めることで、担当者の熟達度が上がり、各店舗で行っていたときの所要時間を、約3分の1に減らすことができた。

　②は、主としてじっくり考える必要のある企画系の業務である。そこでこれらの業務をトライアル店舗において、週1回のテレワーク導入によって行った。実際にトライアルした店長からは、「店舗のように頻繁に店舗スタッフから声がかかることがなかったので、集中して業務に取り組めた」「自然と副店長や主任に仕事を任せることができた」という肯定的な声が聞かれた。

　はなから「テレワークは無理」という組織では、テレワークを完全に導入するか、全く入れないかのどちらか極端な方法しかないと考えることがある。しかし、その組織におけるちょうど良い塩梅を探り、導入への一歩を踏み出せば解消できることが多い。

　これらのトライアルを経て、管理職を志向する女性社員の割合が約3倍になった。また、トライアル店舗の女性社員から翌期に店長になる人が現れた。店長業務の見える化や後進の育成施策、およびテレワークは全店で導入されることになった。

　こうした成果の副産物として、将来のキャリアやライフイベントとの

第8章　組織を変える──事例と解説　263

両立を不安に思って、若手のうちに離職していた女性社員の不安の状況が改善し、若手の女性社員の退職率も低下した。

▶ 事例の振り返り

　この事例で、テレワークや柔軟な勤務時間の恩恵を受けるはずの店長自身からの反発があったと紹介した。店長が抵抗をすることは、あまり念頭に置いていなかった。つまり、変化への抵抗という観点が意識されずにスタートした。そこで筆者は、プロジェクトの役員と部長とともに、店長や店舗メンバーへのヒアリングなどから、店長の置かれた状況を解像度高く思い描くことから始めた。

　店長は業績達成への責任感が強い。自分（店長）が店舗にいない間に店舗で何か起きたらと思うと不安である。何かあったら経営層に報告するのは自分の役割である。加えて、今まで配属された店舗の店長のほとんどは、いつでもどこでも何でもできる店長像で店舗を運営してきた。店舗メンバーから信頼を得るには、メンバーと顔を合わせる時間が重要であると身をもって体感している。

　こうした店長にとって、店舗にいない時間があってもよいと言われることは、自分が今まで築いてきた過去のやり方や勝ちパターンを否定されているように受け取る。いくらテレワークや柔軟な勤務時間のメリットがあっても、それを上回る不安や懸念を払拭することに努める必要がある。第4章でも触れたが、変化への抵抗を取り除くことが先決である。ブレーキをかけた状態でアクセルを踏んでも、変化はなかなか起こらない。

　店長の成功パターンを変える心理的障壁を下げるためには、プロジェクトでは、店長が長時間労働を前提としない店舗メンバーの信頼関係を築く方法について好事例を共有したり、店舗メンバーへの協力を依頼したりした。また、店長の部下である主任のほうがよくわかることは、主任が直接報告するようにコミュニケーションの流れも変えたりした。

　こうして変化への抵抗という要素を取り除いた後は、本格的に変化を

264　第Ⅱ部｜組織を変える

喚起していった。トライアル部署になることは、一時的に業務負荷が増えることがあるために敬遠されることもある。Y社ではトライアル部署になるときに、役員が直接その店舗を選んだ理由などを説明し、Y社の未来にとって重要な役割を担うことを伝えた。トライアル店舗には、業績を落とすことなく、無駄な業務の見直しや副店長の育成や柔軟な働き方のトライアルが可能であることを証明するという役割を担っていただいた。

これは、目標設定理論でいえば、具体的で困難な目標である。トライアルの過程では、プロジェクトでずっと店舗で困りごとがないかを把握し、何かあればすぐに対応した。目標設定理論における「他者からの励まし」を続けた。後にこの取り組みは社内で表彰されたり、外部で取り上げられて光が当たったりするなど、外発的な動機づけも上手に取り入れていたように見える。

内発的動機づけの観点では、店長の将来の不安に寄り添ったということがある。店長からの反対があったと前述したが、実は店長も、もし自分や家族に健康上の事情などが生じたときに、このまま働き続けられるだろうかという漠然とした不安は抱いていた。

プロジェクトを進める過程で、テレワークや柔軟な働き方を導入したり、後進を育成したりすることが、自分たちが将来にわたって働ける環境を整えていることだと感じるようになったのは、ある種会社からの要請で行っている取り組みが、自分自身の取り組みにもなったということだろう。

業務改革を行おうとする企業や組織において、メンバーに「業務の無駄はどこか」と尋ねたところ、「私の仕事には無駄は一切ない」と「すべての仕事に学びがあるから、無駄と感じるかは心がけ次第」と言われて、無駄が明らかにできないということがある。

確かにこうした発言が額面どおりのこともあるが、メンバーが「無駄があると正直に言ったら、サボっていたと思われるのではないか」「無駄を指摘することは、誰かを批判することになるのではないか」「無駄の存在が効率化されたら、自分の雇用が危うくなるのではないか」とい

第8章｜組織を変える──事例と解説　265

う不安や防御の気持ちを抱いていることもある。

第5章で、心理的安全性とは「メンバーが発言する際に、恥じることはない、拒絶されない、罰を受けるようなことはないという確信を持っている状態であり、チームは安全な場所であるとの信念がメンバー間で共有された状態」と述べた。

この事例では、メンバーに「無駄だと思う業務は何ですか」と尋ねる代わりに、「業務の必要性はあるが、あなたでなくてもできることは何ですか」「あなた以外の人や機械化などでできたらよいことは何ですか」と尋ねた。

すると、たくさんの業務の無駄が明らかになった。あなたを責めているのではない、あなたができないと言いたいわけではないという環境は、尋ね方1つにも表れてくるのである。

また、「その業務がなくなったら、やってみたいこと（仕事・業務）は何ですか」とも併せて尋ねた。これは取り組みへの内発的動機づけという観点でも奏功したと思われる。

組織を効果的に変えるためには、組織メンバーの積極的な行動が求められる。そのためには、上からの強制ではなく、組織メンバー自身が「そのほうがよい」と思え、その方向に変えていくための改善提案をメンバーの口から言うということが大切である。

つまり、心理的安全性を確保し、対話を促していくことが、メンバーの内発的動機を促し、組織を変えるベースになる。組織を変える支援を重ねてきていえるのは、心理的安全性と対話は組織を変えるための必須事項だということである。

第 III 部

自分自身に向き合う

　組織責任者は、組織の成果を上げることに懸命であり、自分に向き合う時間が少ないように思える。組織メンバーのキャリアについては考えるが、自分のキャリアは棚上げにしている。組織から期待されることに集中しすぎてしまう。ゆえに、自分がやりたいことや、自分に向いていることを封印している人もいる。

　昨今、管理職になりたい人が少なくなってきているという話を聞く機会も多いが、組織からの役割を単に全うしている姿を見て、「あのようになりたくない」と感じているメンバーも多いようだ。一方で、自分が築こうと思っているキャリアの中で、管理職という仕事をうまく位置づけている管理職も増えている。そのような管理職は、生き生きとしていてメンバーからも支持されている。

　第 III 部では、自分に合ったリーダーシップスタイルを考えるにあたり、リーダーシップに関する理論を扱っている。最初に、理論の変遷を改めて概観し（第 9 章）、これからの時代に求められるリーダーシップについて論じる（第 10 章）。そして、個人のキャリアとして、組織責任者というキャリアに向きあってみたい（第 11 章）。具体的には、仕事として組織責任者というものは価値があるのか、この仕事が自分に合っているのか、について探求する。さらには、組織責任者として引退後のキャリアを考えたときに、どのような姿勢で臨めばよいのかを考える。

第 **9** 章

組織責任者に求められる
リーダーシップ

———

　組織責任者であれば、何らかのリーダーシップが必要だと思われる
が、どういうリーダーシップが、今の状況に合ったリーダーシップなの
だろうか。あるいは、これまで磨いてきた自分のリーダーシップスタイ
ルは、そのままでよいのだろうか。何か新しいリーダーシップスタイル
を身につけるべきなのか、迷っている人もいるだろう。

　本章では、リーダーシップに関する話を概観して、組織責任者に求め
られるリーダーシップについて考えてみたい。

　米国ロサンゼルスからクルマで東に約30分のところにアスレチック
施設がある。その施設の中に、高さ約15メートルの木製の柱が立って
いる。その柱には、電柱のように登り降りするための鉄の太い足場釘が
ある。足をガクガク震わせながら、一歩ずつ天辺まで登り、その天辺に
立ち、そこから飛び降りる。

　およそ30年前、筆者の1人（古野）が経験した話である。ビジネスス
クールにおけるリーダーシップの授業のひとコマである。3日間のアウ
トドア体験をしながら、リーダーシップとチームワークを学ぶ。足が震
えて登れない学生、上に登っても飛び降りることができなくて泣き出す
学生もいる。

落下防止のための安全網とともに、柱を登って、飛び降りるまで命綱があり、その命綱はチームメイトが握っている。登っている最中に、何度もチームメイトに「ちゃんと握っているか」と声を掛ける学生がいる。半年以上一緒に学んでいるクラスメイトであり、命綱を放すわけないじゃないかと思いながら、そこまでの信頼関係をつくれなかったのかと少々反省する。

3日間のアウトドア体験で、リーダーシップの何が学べるのだろうかと半信半疑であったが、3日間生活を共にすると、15カ国から集まったクラスメイトの多様な価値観の背景を知ることができた。互いの違いに目を奪われるが、共通しているものも多い。価値観の多様さとともに共通する普遍的な「人の本性」に気づけたことが、この活動の最大の学びであった。

メンバー全員で共通の目標に向けて互いに知恵を出し合い、挫けそうな仲間には声を掛けて励まし、上手くいったときには互いに喜ぶ。チームメンバーはフラットに話をして、活動を行っていった。クラスメイトということもあり、どのチームもフラットなやりとりで進めていると思っていたが、そうでもなかったチームもあったとのこと。そのようなプロセスを管理することがリーダーの役割であることが、リーダーシップの授業として伝えたいことであった。

1 優れたリーダーの行動を考える

▶ 究極の状態でのリーダーシップ

リーダーシップ研修の中には、ジャングルからのサバイバルなど、究極の状態で、リーダーとしての行動やチームビルディングのあり方を学ぶものがある。多くの研修では、チーム全体で協力しないとサバイブできないような状況設定を行っている。独裁者のようなリーダーが現れ、

他のメンバーがしぶしぶ従うケースもあれば、メンバー全員の意見を尊重するあまり、コンセンサスがなかなか得られないケースもある。

実際に、無人島に行って、3日間サバイブする研修も存在する。[1] そこでは、スマートフォンなどの私物は没収される一方で、必要最低限の食料と道具が提供される。チームでなんとか3日間サバイブする。食料を確保する、調理器具をつくる、火を起こす、寝る場所を確保する。サバイバル研修を通して、コンビニやスーパーで簡単に食材が調達でき、スイッチ1つで火がつき、湯が沸くことの便利さを改めて感じる。また、チーム内での協力、サポート、工夫を通じて、チームビルディングのあり方やリーダーの振る舞い方を学ぶ。

リーダーは平時においては、その役割は限定的であるが、有事の際には期待される。組織化が十分されていなくてメンバーが何をやってよいのかがわからないとき、組織の行動を変えないといけないとき、あるいは、想定外のことが起こったとき、リーダーの役割が大きくなる。そういう観点で、サバイバル研修はリーダー育成にとって絶好の機会になる。

研修という守られた環境ではなく、リアルに究極の状態に置かれた場合に、リーダーはどのような振る舞いをするべきなのだろうか。

海難事故の後に形成される生存者キャンプの事例が、そのヒントを提供してくれる。生き残るために、人々はどのように振る舞えばよいのか、リーダーにはどのような役割があるのか、どういう社会をつくればよいのか、どういうルールをつくればよいのか。以下では、事例を見てみよう。

実際の事例は、それほど多くない。

イェール大学の社会学者のニコラス・クリスタキスは、海難事故後も生存してコミュニティをつくった16世紀から20世紀の事例を20ほど取り上げて分析している。[2] 海難事故が起こってから発見されるまでの期間は多岐にわたり、30日から数年に及ぶ。当初いた人数に比して生き残った人が10%に満たないケースもあれば、全員が生き残っていたケースもある。その数値は、継続期間とは関係しない。

たとえば、1816年に海難事故にあったメデューズ号は、30日の期間であったが、146名のうちで最終的に生き残った人数は15名であった。1855年のジュリア・アン号のケースでは、海難事故の後、2カ月後に救助されたときには、51名全員の生存が確認された。

生存者キャンプを取り巻く環境が生存確率を決定する大きな要因であることには異論はない。とりわけ食料や水が手に入りやすいかどうかは、生存を左右する。野生の木の実、果物、捕獲しやすい魚類、鳥類、哺乳類などの資源があれば、生存確率を高める。

しかしながら、集団の多くの人が生き延びるためには、そのような資源を効率的に分配できるかどうかに依存する。豊富な資源があっても、一部のメンバーが資源を独占していけば、生き延びる人の割合は限られてしまう。

クリスタキスの分析によると、生存者の割合が大きかったコミュニティは、「緩やかな階級制をとる優れたリーダーシップ」「生存者の間の友好関係」「協力と利他精神」という特徴を備えていた。

ほとんどのケースにおいて、乗船していたときには、将校と下士官、主人と使用人など、何らかの上下関係があった。

しかしながら、資料によると、成功した生存者コミュニティにおいては、平等主義的な行動をとっていたことが判明している。食べ物を平等に分けるとともに、ケガや病気の仲間を見捨てることをせずに世話をして、協力して井戸を掘り、脱出するための船を共につくることを行っているのである。

▶ 狩猟採集民族におけるリーダーシップ

狩猟採集民であるバムブティ・ピグミー族に関して、人類学者のコリン・ターンブルは、彼らの日々の生活を本に著している。その中で、セフーという高慢な男がいかさま行為をし、仕留めた獲物を独占しようとしたときの様子が描かれている。[3]

バムブティ・ピグミー族の社会において、仕留めた獲物は公正かつ公

平に分配するように取り計らう。そうしなければ、集団が生き残ること
が難しいからである。セフーが行ったいかさまは、そのルールを破る行
為である。それゆえに、他のメンバーから制裁を受ける。セフー自身
は、自分が重要人物であり、いわば酋長なのだから、それぐらいのわが
ままは許されると思っていたが、他のメンバーは許さなかった。セフー
は泣いて謝罪し、仕留めた獲物をすべて差し出して、事態は和解に向
かったとターンブルは描写している。

　多くの狩猟採集民社会においても、リーダーの高慢な態度に対して、
同様の制裁がある。そのために、大物を仕留めた人物は自慢してはいけ
ないというのが道徳になっている。クン・ブッシュマンの研究を行っ
た、人類学者のリチャード・リーに対して、ブッシュマンは「ある男が
狩りに行ったとしよう。そいつは帰ってきても、『茂みででっかい獲物
を仕留めたぞ』と自慢してはならない」[4]と語っている。謙虚でなけれ
ば、そのコミュニティの中では生きていけない。高慢な態度に対して、
叱責、批判、嘲笑、侮辱、追放などの制裁が待っている。

　生存者キャンプ、狩猟採集民族の話に共通するのは、リーダーがその
地位を利用して、利己的であることや傲慢であることに対して、メン
バーは嫌悪を示すということである。

　社会心理学者のダヒャー・ケルトナーが、寄宿舎やサマーキャンプに
潜入して、出した結論も同様であった。傲慢に振る舞ったリーダーたち
は、そのコミュニティから排除されていった。利他的で親切な人がリー
ダーになっていったことがわかった。[5]

▶ 企業の中のリーダー

　ここまでの話について、本当にそうだろうかと疑問が残る。なぜな
ら、私たちの周りのリーダーを見渡したときに、必ずしも利他的で親切
な人ばかりではなく、むしろ利己的で傲慢なリーダーがいることと合致
しないからである。利他的で親切な人は、お人好しであるゆえに、出世
競争から脱落している。一方で、派閥争いの中で、上手に立ち回った人

第9章│組織責任者に求められるリーダーシップ　273

がリーダーになっているケースを私たちは見てきている。

この現象を説明する前に、誰を指してリーダーと呼んでいるのかというところから整理したい。リーダーシップ研究の第一人者であるロバート・ハウスは、リーダーを以下の3種類に分けている。[6]

①自然発生的なリーダー
②選挙で選ばれたリーダー
③任命されたリーダー

生存者キャンプ、狩猟採集民族の話、寄宿舎やサマーキャンプでの話は①である。学級委員や国会議員のリーダーは②の典型例である。そして、会社の中で管理職は、基本的に③である。

会社では、昇進という形で、管理職を任命する。その際のキーパーソンは上司である。上司の推薦があって、メンバーが管理職に昇進するというパターンが基本的である。「このメンバーが成果を上げているからマネジャーにしたい」と上司が管理職を決める会議に進言する。あるいは、次の社長を決める際には、指名委員会などがあるが、現社長の推薦は大きな影響力を持つ。

そのような上司がメンバーを管理職に任命する際に、候補者の利他的で親切な特徴をどれほど重視するのかを考える必要がある。基本的には、利他的であることも大事だが、それ以上に大切な観点がありそうである。たとえば、「有能さ」である。

生存者キャンプや狩猟採集民のコミュニティでも、リーダーの利他性や向社会性が重要であるが、「有能さ」も大切な要件であると考えられる。リーダーが有能でなければ、コミュニティを餓死させたり、破滅させたりする可能性がある。

「有能さ」はリーダーの条件としては、必須であると思われるが、生存者キャンプや狩猟採集民社会では「有能さ」だけでは、多くのメンバーが生き残るのは難しいということである。生存者キャンプの場合、有能であるがゆえにリーダーになっているが、リーダーが利己的で、無

274　第Ⅲ部｜自分自身に向き合う

批判に従うメンバーだけを優遇して、リーダーと一部のメンバーだけが少ない資源を割り当て、自分たちだけが生き残り、他のメンバーは生き残らなかったという事例もある。それゆえにクリスタキスは、生存者が多かったコミュニティは、リーダーが利他的で平等なコミュニティであったと分析しているのである。

リーダーの利他性と有能さに関して、会社の中の話に戻して考えたい。実際にデータを見てみよう。

リーダーシップ研究者のジェームズ・クーゼスとバリー・ポズナーが行った1500名のマネジャーに対する調査によると、リーダーとして理想の要件は、「正直さ」「未来志向」「情熱的」「有能さ」が上位4つであった。[7] 利他性につながる「正直さ」も重要だが、「有能さ」も大事である。

私たちは、実際に昇進したマネジャーの要件を調査している。[8] 性格・能力特性や指向を受検した管理者候補約1000名の昇進度合いを追いかけて調査したものである（図表9-1）。

そこでの結果を見ると、「基礎能力が高く」「社交的で」集団の中でも臆せずに「自分の意見を主張」し、「ものの筋を重視」しながら、多少のことには動じず、「革新的で思い切った決断」をするタイプの人が、相対的に高い職位へ昇進・昇格していることがわかる。利他的で、親切心があって、謙虚である人が昇進しているかもしれないが、そのことが昇進の要件ではないことが示唆される。

ここまでの話をまとめよう。

他の霊長類と比較して、ヒトの「協力し合う能力」は突出しており、その能力が人類の発展のエンジンになっている。ヒトは協力し合うために、共通の目標に向けて互いに知恵を出し合い、挫けそうな仲間には声を掛けて励まし、うまくいったときには互いに喜ぶ。また、他者から学び、集団としての学びを深めていく。リーダーは、協力し合う能力を引き出すための促進剤である。そこでのリーダーは思いやりがあり、利他的であり、全員を公平に扱い、そういうリーダーが存在する生存者コミュニティの生存率は高い。

第9章｜組織責任者に求められるリーダーシップ　275

図表9-1 個人の特徴と昇進度合い

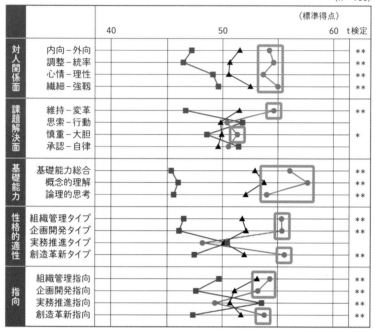

● G群（昇進度：高）90名　▲ M群（昇進度：中）670名　■ P群（昇進度：低）200名

（注）** = 1％水準、* = 5％水準
（出所）リクルートマネジメントソリューションズ（2011）。

　しかしながら、会社の中のリーダーは、そういう人ばかりではない。傲慢で利己的に見える人も多い。それは、思いやりがあって利他的な人をリーダーに任命するのではなく、どちらかといえば有能である人をリーダーに任命してしまう仕組みというのが一因としてありそうだ。
　組織行動学者のジェフリー・フェファーは、会社の中で利他的で謙虚なリーダーの存在を否定している。[9] 謙虚さが良くないと言っているのではなく、リーダーの謙虚さはメンバーのやる気を促進させるうえで、むしろ肯定的である。しかしながら、会社の中で謙虚だと目立たず、昇進の機会に恵まれないとフェファーは述べている。

逆に、謙虚さと反対の利己的でナルシシスト的な資質とリーダーとの相関を調べた多くの研究を取り上げ、ナルシシスト的な資質を持っていることがリーダーシップ能力の高さと相関していることを示している。つまり、利他的で謙虚な性格は、「すでに地位が確立して、立派な評判を獲得している人にとって魅力的になっても、まだそこまで到達していない人にとっては、不安や無能力の表れと受け取られかねない」[10] ということである。

リーダーの地位に就いているのであれば、「利他性」や「謙虚さ」が必要であるが、リーダーの地位に就くためには、「謙虚さ」よりも「利己性」や「自己主張」が優先されるというのが現実的と考えられる。

しかしながら、「利他的」であっても「利己的」であっても、狩猟採集民社会や生存者キャンプや企業において、リーダーには「有能さ」が必要である。リーダーが無能であれば、コミュニティは崩壊する。リーダーはコミュニティがうまく繁栄するように、目的や方向性を示す必要がある。

組織責任者であれば、すでにリーダーであることを考慮すると、「謙虚さ」と「有能さ」を両立させるのが肝要であることがわかる。つまり、リーダーにはメンバーに対する思いやりがあると同時に、有能さも必要だという話である。実際、1950 年代からの一連のリーダーシップ研究では、優れたリーダー行動は、「課題関連の行動」と「対人関連の行動」の二軸で語られている。[11]

ここまで、生存者キャンプや狩猟採集民社会の事例を引き合いにして、リーダーの要件の話をしてきて、優れたリーダー行動の話に至った。いわゆるリーダーシップ研究の話である。以降では、組織責任者にとって、有用と思われるリーダーシップ研究のおさらいをしていこう。

実際に管理職に就いている人に、リーダーシップに関する理論の話をする際に、「理論は役に立つのか」と言われる。言われないまでも、そういう顔をされることがしばしばある。理論は一般論であり、実際、使えないことが多いと思われている。それは、ある意味で正しい。しかし、理論は役に立つ。研究のおさらいをする前に、リーダーシップの理

論が役に立つ理由から始めたい。

2 | 組織責任者のための リーダーシップの理論

▶ リーダーシップの理論が役に立つ理由

理論が役に立つ1つ目の理由は、組織責任者が培ってきた暗黙の持論を支持する材料を理論が提供してくれるからである。自分の持論を支持してくれる理論的背景があれば、自信を持ってリーダーシップが発揮され、そのことで、メンバーから頼もしいリーダーに見えるという側面がある。

たとえば、新しい組織の責任者に就任したときに、最初はその組織で何が行われているのか、どんな人がメンバーとして存在しているのか、メンバーから自分がどう思われているのか、あるいは、自分自身を知ってほしいということを目的に、メンバー1人1人と面談を行う人も多い。

その面談がその後、組織責任者として仕事を進めるうえで、とても役に立つことをこれまでの経験からわかっていたとする。つまり、組織責任者として就任した際には、メンバーからの信頼を得ることが大切であり、そのためにメンバー各人と面談したほうがよいという暗黙の持論である。

その持論は、米国の社会心理学者のエドウィン・ホランダーの特異性―信頼理論[12]によって支持される。同理論は、リーダーがフォロワーを尊重し、フォロワーからの信頼を蓄積することによって、リーダーシップの基盤をつくることができることを示した研究である。

新しく組織責任者として就任したときには、その組織の問題がよく見えるものである。問題がよく見えることはいいことなのだが、メンバーとの信頼関係を構築する前に、それを指摘し始めると、メンバーの心は

278　第Ⅲ部 | 自分自身に向き合う

離れていってしまうことは、よくある。

　まず自分の人となりを知ってもらう。と同時にメンバーの人となりを知っていく。そういう過程を経て、信頼関係の基盤をつくる。本物の信頼関係は、往々にして、一緒に仕事を成し遂げた後にできるものであるが、この段階では、この人はよそ者ではないと思ってもらうことが第一である。[13]

　次に、組織における問題に関して、「なぜこの問題は発生しているのだろう」「この問題をメンバーはどう感じているのだろう」「この問題解決をするために、これまで何をしてきていたのだろう」などと、メンバーに質問を重ねながら、問題の歴史的経緯とそのことをメンバーがどう考えているのかということを捉える。それらの情報は、今後、改革を行っていくうえで必要なことになる。

　ホランダーは、この段階でリーダーが有能さを示すことで、リーダーシップが発揮されるといっている。しかし、有能さの示し方が大切である。メンバーの話をよく聞くことは大切である。しかし、聞いてばかりだと、この人は無能なのでは、と思われる。話を聞かないと聞いてくれない人と思われる。話を聞きながら、有能さを示していく必要がある。

　実際に自分がこれまでやってきた行動と理論が一致していれば、自分がやってきたことに自信が持てる。結果、メンバーから頼りになるリーダーに見え、より良いリーダーシップを発揮できる。

　しかし、持論と理論は、ぴったり一致するわけではない。それはそれで、自身の学びの糸口になる。持論と理論の差異に注目することで、持論の幅が広がっていく。このケースだと、メンバーとの面談中に、信頼関係をつくるだけではなく、有能さを示していくことも必要であること。ただし、有能さを必要以上に示すことで、つくろうとした信頼関係を壊す可能性があることが学べる。理論を知ることは、学びの機会になり、それを実践することで、持論をより深めていくことになる。

　理論が役に立つ２つ目の理由は、組織責任者１人１人の経験が新しい状況に対して不十分ということが多いからである。会社に入って、早ければ20代で管理職に就く方もいるが、今日の日本であれば、多くの人

が30代あるいは40代で初めて管理職に就くと考えられる。そうすると、組織責任者が組織運営にかかわった経験は、10年未満という方が多数である。仮に10年以上であったとしても、異動、メンバーの入れ替わり、状況の変化を考慮すると、組織責任者の経験は限定的である。

異動すれば、預かる組織そのものの目的や目標を踏襲することもあるが、再設定することもある。そのための方針、戦略、計画を策定する。組織の状態を考慮し、組織そのものを良い状態にするための方策を考えなければならない。自分の過去と照らし合わせて、ある局面でうまくいった方策が役に立つかもしれないが、そうでないこともあるだろう。

アカデミックの理論は、机上の空論で使えないと揶揄する人もいるが、少なくてもリーダーシップに関する理論は空論ではない。多くのリーダーやその周りにいる人にアンケート調査を行ったり、インタビューをしたり、観察したりしたものを紡いでつくられたものである。それゆえに、多くのリーダーが経験していることが凝縮されたものになっている。

そういう意味で、組織責任者が知っていてほしい理論を順に説明していきたい。まずは、組織責任者とは、そもそも何をする人なのだろうかということを説明するために、マネジャーの役割に関する理論から始めていきたい。

▶ 経営学の黎明期のマネジャーの役割論

経営学の黎明期から、マネジャーの役割は議論されている。その代表がアンリ・ファヨールの管理の5つの要素である。ファヨールは、20世紀初頭にマネジャーの仕事を「計画」「組織」「命令」「調整」「統制」と置いた。[14]

何をするのかを決め（計画）、そのための組織化を行い（組織）、その組織を動かし（命令）、関連する業務と折り合いをつけ（調整）、結果としてどうだったのかと振り返る（統制）ことがマネジャーの仕事とした。この5つの要素は、現代にも通じる考え方であり、マネジャーの役割を

考える原点になる。

ファヨールの概念はその後、チェスター・バーナードやピーター・ドラッカーなどの経営学の始祖に影響を与えた。日本の経営者に多大な影響を与えたドラッカーは、その著作の随所にマネジャーの役割や仕事についての言及をしている。

たとえば、日本でベストセラーになった『マネジメント【エッセンシャル版】 基本と原則』においては、マネジャーには5つの仕事があると説く。「目標を設定する」「組織する」「動機づけとコミュニケーションを図る」「評価測定をする」「人材を開発する」の5つである。[15]

ファヨールの影響を受けているが、「動機づけ」という観点や「人材を開発する」というような概念はファヨールの時代には、あまり考えられていないものであり、メンバーは機械ではなく、生きた人間であるということを考慮しており、時代に応じてアップデートされていることがわかる。

▶ リーダーシップ研究から組織責任者の役割を考える

リーダーシップの研究も経営学とともに発達していったが、組織責任者の役割を考える際に大いに参考になる。

リーダーの行動特性の研究は、1950年代頃から行われ始めた。代表的な研究として、オハイオ州立大学の研究が挙げられるが、リーダーの行動特性として、そこで明らかになったのが「構造づくり」と「配慮」であった。[16]

「構造づくり」とは課題達成に向けての動きであり、「配慮」とはメンバーと良好な人間関係を構築する動きである。「構造づくり」と「配慮」の両方が高いレベルで行動できていることが、成果を上げるリーダーであることが、その後の研究で支持されている。[17]

第7章でも触れたが、ミシガン大学の研究も、リーダー行動に注目した研究の代表である。高業績リーダーと低業績リーダーの行動を比較して、以下のような知見が得られている。低業績リーダーは、決められた

第9章｜組織責任者に求められるリーダーシップ　281

方法で、詳細な指示を出し、メンバーをコントロールし、処罰的な態度で接する傾向がある。一方で高業績リーダーは、メンバーの自主性を重んじ、目標は明らかにするものの、やり方はメンバーに任せ、支援的な態度で接する傾向があった。[18]

その後、リーダー行動の有効性は、メンバーの習熟度や主体性、あるいは置かれている環境に依存することが明らかになっていった。

たとえば、リーダーシップ研究者のロナルド・ハイフェッツは、「技術的課題」と「適応的課題」の2つの状況を設定した。[19]「技術的課題」の場合、リーダーは解決方法を知っており、メンバーに対して適切な指示をすることで問題解決を図ることができる。

一方で「適応的課題」の場合、リーダーも解決方法がわからないという状況である。そのような状況では、リーダーはメンバーとともに課題に対応していく必要がある。メンバーからのアイディアを積極的に引き出し、メンバーとの相互作用で課題に対処していく行動が求められる。

▶ 管理者行動論から考える組織責任者の役割

リーダーの行動特性の研究と同時期の1950年代から、管理者の行動についても調査研究が行われていた。初期の代表的なものは、管理者の実態に関してデータ収集を行った、スネ・カールソンの研究[20]とローズマリー・スチュワートの研究[21]である。

そこでは、以下のことを明らかにした。「管理者は、多くの人々との接触で時間を費やし、対面でのコミュニケーションを好み、自部署メンバーばかりではなく他部署の人や他社の人や経営の上層部との接触にも多くの時間を割き、活動は小刻みで断片的である」と。

ここでの驚きは、50年以上も前から、組織責任者は忙しかったということである。業績を上げるためには、新しい情報を獲得する行動を好み、より多くの仕事を引き受ける。組織責任者の仕事は、職務がはっきりしたものではなく、責任を果たすためには、何でもやってしまうという事実である。

282　第Ⅲ部｜自分自身に向き合う

図表9-2 マネジャーの役割

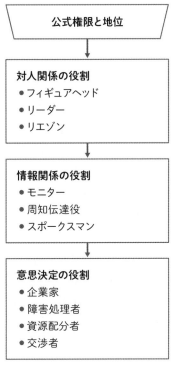

(出所) ミンツバーグ (1993) をもとに作成。

　その後、管理者行動の研究は、経営学者のヘンリー・ミンツバーグに受け継がれていく。ミンツバーグは5人の経営者に密着して観察し、その特徴を捉えていった。その特徴は、初期の研究と同様、活動は多様で断片的、口頭でのコミュニケーションが多く、他部署や社外や経営上層部との接触が多いことであった。このような研究成果をもとに、マネジャーの役割を、対人関係、情報関係、意思決定の3領域に分け、その3つの領域をさらに細かく見て、10の役割（図表9-2）にまとめた。[22]

　すべての役割をすべてのマネジャーが行っているわけではないが、マネジャーの行動の実態を表すものとして、現実的な研究といえる。

▶ 日本での研究

　日本でもリーダー研究、マネジャー研究は進められていった。米国のリーダー研究を引き継ぎ、1970年代には、三隅二不二によるPM理論が展開された。[23]業績達成行動であるP行動、集団を維持・管理するためのM行動。リーダーとしての有効性を発揮するためには、どちらの行動も必要である。日米問わず、リーダー行動として、業績の側面と人間的な側面、どちらも重要であることが示された。

　経営学者の金井壽宏は、リーダーシップ論と管理者行動論を融合して、戦略・革新指向のマネジャーの研究を進めた。47社1231名のマネジャーの行動調査をもとに、因子分析を行い、3つの上位次元と下位の11次元を導き出した（図表9-3）。[24]最初の2つの上位次元は、リーダー行動のPM理論と共通する。

　注目すべきところは、3つ目の上位次元「対外的活動」である。マネジャーの役割は、単に自部署に閉じているものではなく、自部署を超えて活動していることを、日本の調査でも明らかにした。自組織以外を動かしていくという観点で、ボスマネジメントの話にも通じる。

図表9-3 ▶ 管理者行動の上位次元と下位次元

広義の人間指向のリーダー行動	配慮 信頼蓄積 育成
広義のタスク指向のリーダー行動	達成圧力 戦略的課題の提示 緊張醸成 モデリング促進 方針伝達
対外的活動	連動性活用 革新的試行 連動性創出

（出所）金井（1991）をもとに作成。

284　第Ⅲ部｜自分自身に向き合う

白石久喜は、1030 名の課長、691 名の部長、1545 名の部下のデータを用いて、マネジャーの役割に関して、因子分析を行った結果、6 因子を確認した。[25]「部下マネジメント」「組織マネジメント」「例外処理」「資源マネジメント」「情報マネジメント」「その他」である。

最初の 2 つは、リーダーシップの二次元と共通するものであり、3 つ目から 6 つ目を白石は付帯的役割として扱った。また、因子分析の要素としては除外したが、マネジャーが実務を行う「プレイヤー」という役割を研究材料として扱った。

▶ プレイヤーを行うマネジャー

マネジャーの役割を考えるうえで、「プレイングマネジャー」に関しても触れておく必要がある。プレイングマネジャーは、2000 年代の初めから扱われるようになった。[26] 近年、プレイング比率は増えており、現在、ほとんどのマネジャーはプレイヤーの役割を担っている。[27]

その現象は、日本だけではなく、米国や中国でも同様であり、[28] マネジャーが実務を行うことが万国共通になってきたといえる。問題は、プレイヤーの比重が高くなれば、本来行うはずの管理業務がおろそかになっていくことにある。

プレイング業務をなぜ行うのだろうか。

調査では、「業務量が多い」「メンバーの力量が不足」という理由を挙げている。[29] 業績の責任を負う現場のマネジャーの苦悩がうかがえるが、本来、マネジャーが行う業務なのかと疑問が残る。メンバーを動かすためのパワーの源泉としての「実務ができる」という理由も背後にあると推測できる。「有能さ」の顕示である。

一方で、現場感覚を失わないことや、社外の顔として動かなければならないことなど、必要なプレイング業務もあると考えられる。

▶ 組織責任者として、最低限必要な役割

ミンツバーグはその後、2000年代に入って、再度、マネジャーの研究を始めた。29人のマネジャーに密着し、観察し、話を聞き、日誌に目を通して、マネジャーの活動実態を把握した。また、同時に過去の文献のレビューを行い、マネジャーの役割を再設定した（図表9-4）。[30]

このリストを見ると、マネジャーの役割は多岐にわたっており、このような活動をすべて行おうとすれば、忙しいのは当然になる。実際、マネジャーは、裁量が大きく、自分の業績が上がるための仕事を何でも取り込もうとしているように見える。そういう熱心な人であるからこそ、マネジャーに昇進したともいえる。

マネジャーの役割は、際限がない。部下育成1つとっても、「信頼構築」「部下の特徴理解」「仕事のアサイン」「期待の通知」「進捗管理」「フィードバック」「リフレクション」「Off-JT機会の提供」などと領域は広い（図表9-5）。[31]

以上のようなことを考えると、際限がないマネジャーの仕事のうち、最低限何が必要かという視点が必要になる。単にマネジャーが何をやっているのかという視点ではなく、優秀なマネジャーが何をやっているのかという視点が重要である。

そういう観点で見ていくと、元経営学会会長のフレッド・ルーサンスらが行った、248名のマネジャーを観察した研究が参考になる。[32]

マネジャーの仕事は、「計画・コントロール関連」「ルーティン・コミュニケーション」「チーム内の対人関連」「ネットワーキング」の4つのカテゴリーに分けられるのだが、成果を上げるマネジャーとそうでないマネジャーの行動の差は、「ネットワーキング」にあった。リーダーの上方影響力の話とつながる。

最近では、経営学者のテレサ・アマビールらが行った、3業界、7企業、238人に対する1万2000の日誌調査による研究が参考になる。[33]
アマビールらは、メンバーの生産性ならびに創造性が、メンバーのインナーワークライフと相関があることを発見した。インナーワークライフ

| 図表9-4 | マネジャーの役割 |

次元	社内	社外
情報の次元	**コミュニケーションの役割** ● モニタリング活動 ● 情報中枢 **コントロールの役割** ● 設計 ● 委任 ● 選定 ● 分配 ● 想定（目標の設定）	**スポークスマン活動** ● 情報中枢 ● 情報拡散活動
人間の次元	**内部の人々を導く役割** ● メンバーのエネルギーの活性化 ● メンバーの成長の後押し ● チームの構築・維持 ● 組織文化の構築・維持	**外部の人とかかわる役割** ● 人的ネットワークづくり ● 組織の代表 ● 情報発信・説得 ● 内部への情報伝達 ● 緩衝装置
行動の次元	**内部で物事を実行する役割** ● プロジェクトのマネジメント ● トラブルへの対応	**対外的な取引を行う役割** ● 同盟関係の構築 ● 交渉

（出所）ミンツバーグ（2011）をもとに作成。

とは、ポジティブな感情、内発的モチベーション、そして、仲間や仕事内容に対する認識の高まりである。

インナーワークライフを高めるためのマネジャーの仕事で、最も重要なことは「進捗のサポート」である。日々の小さな仕事の進捗がインナーワークライフを高め、業績を高めることになる。「進捗のサポート」は、マネジャーの役割の「人間指向」と「タスク指向」の接点にあたる。つまり、タスクの管理でもあるが、メンバーの心情に寄り添う行動でもある。

繰り返しになるが、マネジャーができることは際限なくある。そして、なんとか組織に貢献したいマネジャーは、つい多くの活動を行って

第9章　組織責任者に求められるリーダーシップ　287

図表9-5 部下育成行動に関するマネジャーの役割

		毛呂・松井(2019)	毛呂(2010)	松尾(2013)
方向を すり合わせる	部下を理解する	部下理解 （過去・現時・将来）		
	期待を明確にする			
	対話する			
アサインする	仕事を割り当てる	挑戦性の向上	挑戦的成長促進	
		場の提供 （長所を伸ばす）		
	仕事を任せる	方針・情報の共有		
		明確な指示		
		仕事の意味づけ	展望・意味づけ	
		動機づけ	仕事の委任	
フォローする	進捗を把握する			
	教える	明確な指示		
	見せる		役割モデル提示	
	見守る			
	考えさせる			方法の改善
				共同的内省
	フィードバックする			
	励ます	共感的に向き合う	共感的態度	成長期待
	職場環境をつくる		快適環境創出	
	Off-JTを活用する			
信頼関係を築く		自己開示	肯定的個別関与	成長期待

（出所）リクルートマネジメントソリューションズ（2020b）p.10。

しまう。プレイング業務を削減しようというのは、1つの方向としてあるが、プレイング業務の内容を精査しなければ、安易に削減できるものではない。

それゆえ、マネジャーとして、何が最低限求められているのかという視点は、役割を考えるうえで重要である。アマビールが言うところの「進捗のサポート」は一考に値する。マネジャーの際限がない役割に対

288　第Ⅲ部｜自分自身に向き合う

松尾(2014)	Heslin et al.(2006)	中原(2017)	中竹(2014)
			スタイル（らしさ）の把握
育成計画を立てる			
目標のストレッチ		挑戦空間を促す	
			スタイル（らしさ）の反映
仕事の意味理解支援			
		期待通知	
進捗のモニタリング			
	具体的指導	業務支援	
			困難に陥ったときの支援を考えておく
関心・価値観の尊重	ファシリテーション		対処法をすり合わせる
自己内省の支援		内省支援	
ポジティブフィードバック		事実通知	
		問題行動の腹落とし	
	励まし	精神支援	
		信頼感の確保	

して、本気で優先順位を考え、行動することが求められているといえる
だろう。

　昔からあれもこれも求められ、忙しいマネジャーではある。忙しすぎ
ると感じた際に、何をすればよいのだろうか。
　労働時間は短いのだが、業績を上げているマネジャーを探して、何を

やっているのか、何を工夫しているのかを聞いてみるのが1つの方法ではある。第8章でも、忙しくしているものの、業績を上げている店長の話を取り上げたが、自社でうまくやっている人の話は参考になるだろう。

2つ目は、視座を高めることである。第7章のボスマネジメントのところでも触れたが、経営からの視点で自部署がどういうことを実現するのが望ましいことなのかを考え抜くことだ。それが難しければ、経営に直接聞くことである。経営からの視点で考えることによって、業務の優先順位が見えてくる。

3つ目として、マネジメントという仕事を楽しめているだろうか、を再考してみることである。嫌々やっていれば、それはメンバーにも伝染する。どうすれば組織責任者の仕事を満喫できるか。第11章で触れていきたい。

第**10**章

これからの時代の
リーダーシップ

　これからの時代のリーダーシップを考えるためには、これからの時代を考える必要がある。未来を予測するのは難しいが、予測しやすい領域として、人口動態と技術予測がある。

　国立社会保障・人口問題研究所の推計によると、日本の人口は、2020年1億2615万人から2070年には8700万人に減少する。高齢化は進行し、65歳以上の人口の割合は、2020年28.6％から2070年38.7％になる。[1]

　人口が減るということは、働き手が減ることを意味しており、パワーが組織から個人に移っていくことを意味する。個人の意向や要望を組織側が、これまで以上に聞いていくことが求められる。また、これまで働いていなかった女性、高齢者、外国人、障害者などへの機会が広げられ、結果として、職場の多様性は増していく。

　技術に関していえば、個々の技術の発展というよりも技術そのものが指数関数的な速度で発展していくことが注目に値する。未来学者のレイ・カーツワイルによると、21世紀では、20世紀に達成された技術の1000倍の発展を遂げるという。[2]技術の指数関数的発展は、言い換えると、環境変化が激しくなり、今日の正解は明日の正解ではないということだ。

過去の経験則が適用しにくい時代において、リーダー自身の知識やスキルを常にアップデートすることが求められる。そして、それ以上に必要なことは、リーダーとして、揺らがない原理原則のようなものが必要になる。

　つまり、メンバーでは判断できない問題が増えていき、リーダーはそれに対して判断していくことが求められるし、想定外の出来事への対処が必要になってくる。そのためには、リーダーとして対応できるように、事業観、人間観、歴史観、社会観などの「観」を培っておく必要がある。

　それらの「観」は、適切な問いによって培われていくと考えられる。そのためには、自分の経験だけではなく、他者の経験や歴史を学んでいくことが必要になる。

　リーダーとして、適切な問いの例を挙げておく。

- 自組織にとって、最悪の出来事は何だろうか。
- 想定外のリスクは何だろうか。
- 強い組織はどのようにつくることができるだろうか。
- 人はどういう本性を持っているだろうか。
- 人が働く意欲の源泉は何だろうか／意欲が減衰することは何だろうか。
- 自組織が、社会の中で期待されている役割は何だろうか。
- 100年後から見たときに、現在はどんな時代だろうか。
- 100年後から見たときに、どう見てもおかしいことは何だろうか。

　「観」を鍛えていくことは、経営学者のヘンリー・ミンツバーグが言うところの、経営者の「アート」領域を鍛えていくことに通じる。ミンツバーグは、「マネジメントの成功は、アートとクラフトとサイエンスが揃ったときに生まれる」と述べている。[3]

　ここでいうアートは、ある種の直感や感性を意味し、データやロジックからでは生まれないものを指している。「真善美」のような美意識に

292　第Ⅲ部｜自分自身に向き合う

も通じる。私たちがやっていることは、単に儲かることではなく、社会的に正しいのだろうか、地球環境的に正しいのだろうかなどと常に考えているかどうかで、想定外のことが起こったときに対処できる。

新型コロナウイルス感染拡大が国内で確認された後、各組織で早急な対応が求められた。出社させるのか、自宅に待機させるのか、在宅で勤務させるのか、ビジネスを継続するほうがよいのか、お客様への対応、従業員への対応、何を優先させればよいのか。

前例がない事態でも、各組織は対応が求められ、組織責任者の「観」がその判断の素早さ、的確さ、そして、その後のメンバーからの信頼につながっていった。仕事がない状態が続いても雇用を守った企業に対して、従業員からの信頼は増していったというデータもある。想定外のことが起こっても、短期と中長期を見据えながら、何が正しいことなのかという瞬時の判断をできることが組織責任者には求められている。

少し前置きが長くなったが、これからの時代、メンバーの多様性をマネジメントする必要性が増していること、そして、想定外のことが起こり、現場では判断できないことが増え、それに対処していくための「観」を持つことが組織責任者には必要である。

そのことを、もう少し深く考えるために、倫理的な視点を内在化している「オーセンティックリーダーシップ」と、多様な意見をうまく取り上げていく「シェアドリーダーシップ」について述べていきたい。

1 | オーセンティックリーダーシップ

「オーセンティックリーダーシップ」研究の歴史は、「変革型リーダーシップ」研究から始まる。1978年、リーダーシップ研究者のジェームズ・バーンズは、過去のリーダーシップ研究を分析した結果、リーダーシップは、交換型と変革型に分けられると提唱した。[4]

バーンズは、交換型リーダーシップを「フォロワーの貢献に対する報

第10章 | これからの時代のリーダーシップ　293

酬の取引関係」と置いた。一方で、変革型リーダーシップを「リーダーとフォロワーは、より大きな共通の目的を追いかける関係」と考えた。

　バーンズ自身は、変革型リーダーシップをポジティブなものとして扱っており、フォロワーの動機をより高めるものとして描いている。しかしながら、変革型リーダーシップを行使する際に、リーダーに権力を集中させることを前提にしている。

　組織をより良い状態にするために、権力を集中させ、変革を行うことをイメージしているが、そのことにはリスクが伴う。リーダーに道徳的に問題がある場合、組織を危うくさせる可能性もある。そのリスクを勘案してバーンズは、変革型リーダーに倫理的な側面を求めていた。この倫理的側面がオーセンティックリーダーシップに結びついている。

　真正（オーセンティック）な変革型リーダーは、フォロワーの欲求に真摯に応え、組織を正しい方向に導くが、非真正の変革型リーダーは、リーダー自身の利益を優先するということである。

　オーセンティックリーダーに関する定義は多様であるが、リーダーシップ研究者のフレッド・ルーサンスとブルース・アヴォリオは、「オーセンティックリーダーは、自信があり、希望があり、楽観的で、回復力があり、倫理的で未来志向であり、仲間をリーダーに育てることを優先する」とし「自分自身に忠実であり、仲間や組織を成長させる」と述べている。[5]

　この定義を見ると、オーセンティックリーダーはスーパースターに見える。背景として、2000年代に企業の不祥事が相次いだことやグローバル金融危機において組織を破綻させたリーダーがいたという事情があった。ゆえに、そのような定義をしたくなる時代の流れであったと理解できる。失った信頼を取り戻す概念という純粋な動機から真剣に議論された結果である。また同時期に、人の良いところに注目していくポジティブ心理学が発達していった背景もあった。

　フレッド・ワランワらは、オーセンティックリーダーシップの先行研究をレビューして、オーセンティックリーダーシップを「自己認識」「倫理的視点の内在化」「バランスがとれた処理」「関係の透明性」の4

つの要素にまとめた。[6]

　自分のことを理解して、言動を一致させ、自分なりの倫理基準を持つ。ゆえに、周りの様子をうかがいながら、右往左往することをしない。また、客観的に公平、公正に判断し、違う意見にも耳を傾け、自分の考えていることを包み隠さず相手に伝え、結果として、フォロワーからの信頼を獲得することができる。そうしたリーダーをオーセンティックリーダーと呼ぶ。

　しかしながら、そのような理想のリーダーが存在するのか、学会でも論争になっている。ジェフリー・フェファーは、オーセンティックリーダーの存在を疑問視し、本当に存在するのだろうかと問いかけている。

　さらに、リーダーとして振る舞うとしたら、自分らしさは抑えるほうがよいと言及している。「リーダーは決定的な瞬間に素の自分であってはならない。自分の気持ちに忠実に振る舞うことは、むしろリーダーが最もやってはならないことの1つである」と言い切っている。[7]

　学会の論争は、オーセンティックリーダーの定義の曖昧さから始まっているように見受けられる。「自分らしい」という概念と「倫理的である」という概念が入り交ざった定義であるが、どう考えても「自分らしい」ことと「倫理的である」ことは別概念である。

　リーダーに倫理性があることは、組織やそのメンバーにポジティブな影響を与えると考えられるが、「自分らしさ」が組織やメンバーにポジティブな影響を与えるかどうかは、フェファーが言うように疑問である。自分らしいほうが、リーダーの幸福度が高く、一貫性があるように見え、誠実な印象を与え、信頼を獲得できそうであるが、リーダーにはリーダーの役割を全うしてもらいたいとフォロワーは思うだろう。

　「リーダーも人間である。オーセンティックリーダーの定義のような理想的なリーダーは、そんなに存在しない」とフォロワーも冷静に考える。しかし一般的に、フォロワーはリーダーに過度に期待をしすぎてしまうこともある。

　このリーダーだったら、何かやってくれるだろうと。それに輪をかけて、私たちは、わかりやすい物語が好きなこともあり、ある組織成果に

ついて、特定のリーダーに紐づけて語りやすい傾向がある。「リーダーシップのロマンス」と呼ばれる現象である。[8]

　組織成果の要因は、無数にある。顧客の動向、競合の状況、法律や制度の改定、自組織のメンバーの状況、組織の制度や文化や行動様式、それにリーダーの特性や言動などが要因になる。それらの情報を私たちは十分に処理できるわけではないので、とかく原因と結果をわかりやすく見てしまう傾向がある。

　メディアの報道でも、オーセンティックリーダーシップ研究を含めて、リーダーシップ研究全体でも、リーダーが成果に対して、大きな影響を及ぼすような記述が多く見られ、私たちは、それに引っ張られる。リーダーシップと成果に因果関係はあると思われるが、実際よりも大きく取り上げられることを組織責任者は肝に銘じたほうがよい。

　たとえば、自分らしいスタイルでリーダーシップを発揮して、成果が出れば、素晴らしいリーダーシップと評され、同じように行動しても、成果が出なければ、そのようなリーダーシップのあり方ではダメだと評価される傾向にあるということだ。

　成果を出した際には、それが自分の与えた影響をどの程度見積もればよいのかを冷静に自分なりに判断する。一方で、成果が出なくて、他者から非難されたとしても、自分が悪かったのか、周りの状況が悪かったのか、冷静に判断したい。ややもすると、過剰に自分のせいだと思いがちであるが、そこは客観性を保っておきたいところである。

▶ ダークトライアドとリーダーシップ

　オーセンティックリーダーシップの倫理的側面を考える際には、そうでない側面も考えておく必要がある。それがダークトライアド（dark triad）である。これは、社会的に好ましくない性格特性を指しており、「マキャベリアニズム」「自己愛傾向」「サイコパシー傾向」の3つの特性がある。

　マキャベリアニズムは、非道徳的、他者操作性、冷笑的世界観を特徴

とする。自己愛傾向は、優越感や自己満足、権力や虚栄、自己顕示、特権意識という特徴がある。そしてサイコパシー傾向は、浅薄な情動、共感性や罪悪感・良心の呵責の欠如、無責任さ、衝動性が特徴である。

これらの3つの特性は、異なった学術的背景はあるものの、強い相関があり、共通して利己的で冷淡で、他者を操る傾向があるとされている。このような傾向を持ったリーダーが跋扈していることから、オーセンティックリーダーが期待されたという側面がある。

心理的な葛藤を扱った研究や思考実験はいろいろあるが、その中でもトロッコ問題に関連する研究は、マイケル・サンデルによって紹介されたこともあり、[9] 多くの人に知られている。[10]

トロッコが猛スピードで走っている。その先に5人の人間が線路にいて逃げられない。幸い、分岐点のスイッチを切り替えれば、トロッコは5人がいる線路を回避することができる。しかし、回避した線路には1人の人間がいて、トロッコに轢かれて、犠牲者になる。あなたはスイッチを切り替えられるだろうかという問題である。5人の犠牲者を出すよりは、1人の犠牲者のほうがよいという判断をすることができるかという問題である。

この状況を少し変更した問題もある。制御できなくなったトロッコであるのは同じだが、線路の上に橋があり、知らない大柄の男がいて、後ろからその男を突き落とすことができ、その男の大きな体がトロッコを止めて、5人が助かるという問題である。この問題も、1人を犠牲にして5人を救うという状況である。

この2つの問題の差は、スイッチで遠隔操作をするのか、直接、生身の人間に手を掛けるのかという違いである。一般的に、遠隔操作のほうが、抵抗がなく、スイッチを押して1人の犠牲者で5人を救う選択をする人が多い。生身の人間に手を掛けることは、普通の人間であれば、抵抗があり、葛藤を感じる脳の領域は前者とは異なっている。

後者のケースは、情動を司っている脳の領域が激しく活動し、生身の人間に手を掛けることを躊躇させる。[11] およそ90%の人が見知らぬ男を橋から突き落とすことを拒むことがわかった。[12] しかしながら、マ

キャベリアニズム傾向の人、サイコパシー傾向の人は、情動が激しく動くことはなく、男を突き落とすことに躊躇がないことが示唆された。[13]

　物は考えようである。サイコパシー傾向がある人は、ある種の非情な判断をしなければならないときに、葛藤が生じることなく、功利的に判断できる。そういう意味で、組織のリーダーの役割をするうえで、求められている特性ともいえる。

　実際、サイコパシー尺度のスコアは、一般の人よりも経営幹部のほうが高い。[14] 組織変革を行う際に、他者への共感能力や良心が欠如していることで、大胆な施策を行える可能性があるということだ。

　自分が行っていることが他者を傷つけていると感じやすい性格だと、ストレスでその仕事を行うことは難しいが、目的を達成するためには、非情であり、時にはウソをつくことも平気であると考えれば、組織を運営するうえで、マキャベリアニズム傾向やサイコパシー傾向が高いことが利する場合がある。

　あるいは、自己愛傾向が強いことは、リーダーの資質として有害であるものの、自分に自信があって堂々と振る舞うことがリーダーに求められているとするならば、ある程度の自己愛傾向がないとリーダーになることができないという見方もある。[15]

　また、自己愛傾向が高い人は、他者よりも優れていることを示す傾向があり、上司や周りの人に対して、自分を優秀であると印象づける技術を持っており、その結果、昇進していると解釈できる。

　社会的に好ましくないと思われる性格特性のダークトライアドであるが、リーダーを行っていくうえで、その性格特性がプラスに働く面があること、そして、そのプラス面によって昇進して、実績を上げていくこともあると、組織責任者は知っていたほうがよい。

　ダークトライアドといっても、ゼロかイチではなくグラデーションになっている。つまり、自分の中にいく分かダークの部分がある人も多いと思われる。ゆえに、自分自身がダークトライアド傾向にあっても、その特性は活かせるし、自分の周辺にいるダークトライアド傾向の人と接するうえでも有益な知識である。

もともとは、ダークトライアド傾向が少ない人であっても、リーダーになるに従って、その傾向を強めることはある。公式のリーダーの場合、メンバーの役割や仕事や目標を決める権限を持っている。

また、仕事の出来栄えや態度や行動に対して査定をする権限も持つ。つまり、フォロワーを動かす権力を持つことになる。そのことで勘違いが起こってくる。フォロワーに対して必要以上に権力を行使し、フォロワーの成果を過小評価し、フォロワーの成功を自分のおかげであると認識し、フォロワーとは一定の心理的距離をとるようになる。[16]

リーダー側だけに責任があるわけではない。たとえば、先行きが見えないような状況において、フォロワーはリーダーに依存し、リーダーに身を任せてしまう傾向もある。依存するフォロワーに対して、何とか応えてあげようと動き、結果として、権力を行使してしまうことは、しばしば起きる。[17]

また、リーダーに伴う社会的地位も、リーダーの振る舞いに影響を与える。社会的地位と倫理的な振る舞いに関する研究はたくさんあるが、そのうち、クルマの運転に関する研究を取り上げよう。

ここでは、クルマのランクとそのクルマのオーナーの社会的地位は、ある程度相関していることを前提としている。米国カリフォルニア州における研究である。クルマのランクを5つに分け、そのクルマの運転を観察した研究がある。[18] 観察は、横断歩道で行われた。

歩道を渡る歩行者を見かけると、歩行者のために、クルマが停止するかどうかという観察である。カリフォルニア州では、「横断歩道において歩行者が渡る際には、クルマは停止しなければならない」という法律がある。実際の観察は、3時間にわたり、歩行者を見かけた際に152台のクルマが停止したかどうかをカウントしていった。最も低いランクにあるクルマ5台は100%停止した。一方で、最も高いランクにあるクルマ13台は50%強停止した。つまり、50%弱が停止しなかったのである。

クルマのステータスが社会的地位を表すものかどうかは、議論の余地があるところである。また、社会的地位が上がっていくことで倫理に反するようになっていくのか、あるいは、倫理に反するような性格の人が

第10章｜これからの時代のリーダーシップ　299

社会的地位が高まるのか、因果関係は不明だが、この観察から、社会的地位が高い人ほど、倫理的ではないことが示唆される。

ダークトライアド傾向について、まとめよう。

まず、ダークトライアド傾向を持ったリーダーは組織や組織構成員にとって有害であるが、リーダーには、その傾向を持った人がなってしまうことも多い。また、リーダーの地位に就くことによって、他者を否定的に見てしまう傾向が増すことは多くの研究で支持されており、[19] 結果として、ダークトライアド傾向を持っているリーダーは多いと思われる。

その事実を踏まえたとき、組織責任者として注意しておきたいことは、大きく分けて2つある。1つは、自分の周りにいるダークトライアド傾向がある人たちと、どう折り合っていくのかという点。

もう1つは、自分自身にダークトライアド傾向がある、もしくはリーダーになるに従って、その傾向が顕著になってきた際に、どのようなことに気をつけたらよいかという点である。後者について、ディレイルメント（脱線）という現象を取り上げながら説明していく。

▶ 転落していくリーダーたち

米国グリーンズボロを本拠地にしているリーダーシップ研究所 CCL（Center for Creative Leadership）では、リーダーになった人が転落していくことが多いことに注目して、転落していく状況をディレイルメントと呼び、その事例研究を行っている。

日本でも晩節を汚す経営者は多い。経営者として活躍すればするほど、退任する時期は難しく、業績責任や発生したミスの責任を取るという形で、最終的に辞任する事例が目立つという側面もある。

CCL の研究では、ディレイルメントの要因を4つにまとめている。[20]

1つ目の要因は、「『強み』が『弱み』になる」ことである。前述したように、ダークトライアド傾向が昇進のエンジンになり、その傾向が

300　第Ⅲ部｜自分自身に向き合う

図表10-1 ▶「強み」の影の部分

過去の実績	過去の成功は一般的に狭い領域内にあることが多い。そのため、のちに広い視野で見ることができなくなってしまうことがある。過去の実績は誤解を招きやすい。つまり、他の人または他の出来事のほうが、その経営幹部の力よりももっと強くその成功に影響をしていたかもしれない。また、その業績は建設的でないやり方で達成されていたのかもしれない。あるいは、その経営幹部は、結果が出ないうちに早く昇進してしまったのかもしれない。過去の実績だけ見るのは危険である
聡明さ	聡明さ自体が他の人を脅かすこともあるが、傑出した人は自分より優れていない人を解任したり、他の人のアドバイスや関与の価値を低く見たりすることがある
献身	貢献しすぎると、人生全体を仕事に捧げてしまい、他の人にも同様のことを求め、事業のためならば問題がある行為にかかわってしまうほど何事も進んで実行し、他の人を目的の遂行のための手段と見なしてしまうことがある
魅力	自分自身の魅力を人心操作のために使ってしまう
野望	自分の成功のためなら、他の人や組織を犠牲にしてでも、何でもやってしまうという姿勢が、向上心を暗い野望へと変える

（出所）McCall and Lombardo（1983）をもとに作成。

リーダー時に脱線を招くもとになっているという話と同じ構造である。CCL の研究者は、昇進のエンジンになった強みの影の部分を図表10-1のようにまとめている。「聡明さ」「献身」「魅力」「野望」の強みは、ダークトライアド傾向と似ていることが注目に値する。

この表にあるようなこと以外にも、強みが弱みになる可能性はある。それはダークトライアド傾向のようなものだけではない。たとえば、「みんなの意見をよく聞く」という強みは、「優柔不断で判断力に欠ける」という「弱み」になる。逆に「決断力がある」という強みは「傲慢、独裁的、横暴」という弱みになる可能性は高い。

2つ目の要因は、「隠れた欠点が問題になる」ことである。1つ目の要因は、本人も周囲も気がついている「強み」だが、2つ目の要因は、本人も周囲も気がついていないことが多い。CCL の研究によると、隠れた欠点で最も多かったのは「無神経さ」である。[21]　ダークトライアド

第10章｜これからの時代のリーダーシップ　301

傾向の1つともいえるが、「人の話を聞かない」「人がどう思っているのか気にしない」などがCCLでは報告されている。そのような欠点は、プレイヤーであるときには、他の強みの陰に隠れていて、目立っていなかったり、見過ごされてしまっていたのかもしれない。

筆者の1人（古野）が、ある組織責任者に取材したケースである。

メンバー間の仲が悪くて、組織の方針をめぐって対立してまとまらないという状況が続いていた。組織責任者として仲裁に入るのだが、うまくいかない。そのような状況が長期間にわたっている。これまでの人生において、その組織責任者はそのようなストレスがかかったことはなかった。忍耐力が試されている状況である。

しかし、分裂して、なかなかまとまらない会議において、その組織責任者は、つい「やってられない」と口にしてしまった。その一言が、メンバーに波紋を呼び、メンバーからの信頼を得ることが難しくなり、より困難な状況になってしまった。

その結果、そのポジションを辞めることになった。自分自身が持っているストレス耐性がどの程度あるのかは、実際の場面に遭遇しないとわからない。隠れた欠点がある種、露呈した事例である。

3つ目の要因は、「次々と成功を重ねると傲慢になる」ことである。前の2つの要因は、リーダーが持っていた特性の話であったが、成功による傲慢さは、多くの人がそのような傾向になるということだ。それは、経営トップや組織責任者だけに起こる話ではない。アスリートでも医師でも弁護士でも起こる話であり、前述したクルマのステータスの実証調査でも示唆される話である。

特筆すべき点は、傲慢さは、時間と共に増大することである。そして、その傲慢さで、周りからの忠告を受けつけなくなったり、現実が見えなくなったりして、やがて脱線していくという。

4つ目の要因は、「不運」である。「不運」の代表が、環境変化による業績の悪化である。リーマンショック、地震などの災害、感染症の拡大によって、業績が下がる。企業を取り巻く環境は、好影響もあれば悪影響もある。問題は、環境がマイナス局面に移行したときに、組織責任者

は、どのように振る舞えばよいのかということだ。

多くのディレイルメントのシナリオは、業績の問題から始まり、その対処の悪さが致命傷になる。組織責任者の多くは、プレイヤー時代に個人としての業績が高かったゆえに、組織責任者に昇進している。つまり、環境が悪くなっても、自分個人としては、業績を高める方法を持っていて、きちんと業績を上げている人は多い。

一方で普通の人は、環境悪化に伴い、自分の業績が下がることが多い。その結果、普通の人で構成される組織において、環境悪化に伴って、業績が下がる際に、どのような方法で立ち直るのかについて、組織責任者はよくわからないということが生じている。

自分の中にあるダークトライアド傾向、あるいは、ディレイルメントしそうな傾向に対処しようと思うのであれば、何か問題が起こる前に、自分にその傾向がどのくらいあるのかを知っておくことが最初の一歩になる。

最も簡易なやり方は、メンバーに聞くというやり方である。上司が部下に直接聞いても本当のことは言いづらいと思われるので、匿名性を担保して、第三者にヒアリングしてもらうことで、自分自身のダークトライアド傾向を知ることができる。

- 目的のためには手段を選ばない傾向があるか。
- 自分の出世のために他者を利用している傾向があるか。
- 自分の手柄を必要以上にアピールする傾向があるか。
- 会話の中で、マウントする傾向があるか。
- 他者の感情を読み取ることが苦手ではないか。
- 他者の立場に身を置くことが苦手ではないか。

組織責任者は、組織をうまく運営するためには、自己理解が必要になる。それは、自分で自分を理解することもあるが、他者から自分がどう見えているのかも知っておく必要がある。

結局、組織責任者は、組織のメンバーと仕事をするわけだから、そこ

図表10-2 ディレイルメントの4側面

利己性	言い訳や自己アピールが多く、自己の利害を優先する姿勢
防衛性	人を寄せ付けず、自らの弱みを見せることを極端に嫌う姿勢
回避性	リスクを嫌い、変化や軋轢をできるだけ避けたがる姿勢
気分性	気分の浮き沈みが大きく、自分の感情をコントロールできない姿勢

（出所）リクルートマネジメントソリューションズ「経営人材360度評価システム PRO-MOA」。

で業績を上げようと思えば、組織メンバーが自分のことをどう見ているのかを知っておくことである。もしかするとメンバーは誤解をしているかもしれない。コミュニケーションが足りない場合も多い。そうならないために、メンバーとのコミュニケーションをしっかりと設計しておく必要がある。

　参考までに、私たちは経営幹部向けに360度サーベイを行っており、その中で「リーダーシップの発揮を阻害するおそれのある気をつけたい取り組み姿勢」として挙げている側面がある（図表10-2）。

　ダークトライアド傾向やディレイルメントしそうな傾向がわかる側面である。360度サーベイは、匿名性が担保され、メンバーにどう見えているのかがわかるサーベイであり、自分に表のような傾向がないか、そして、どのようなきっかけで以下のような側面が出やすいかを知っておくことは、リーダーシップを発揮するうえで重要である。

　自己を理解するに従って、何らかのダークトライアド傾向があることがわかってくる。そんなときには、その傾向を抑えるワークがある。

　先述したように、社会的地位が高まれば高まるほど、傲慢になり、相手への気遣いや相手の感情を読み取ることが下手になる。であるならば、「自分は社会的弱者である」と思い込むことで、感情を読み取ることがうまくなるかもしれない。

　ということで、実際に実験を行ったところ、社会的地位が高い人でも「社会的弱者だ」と思うことで、他者の感情の読み取りがうまくなった。[22] つまり、組織責任者になって、つい傲慢になっていても、社会的

304　第Ⅲ部｜自分自身に向き合う

弱者の立場に身を置くことで、自分の中にある傲慢さに気がつくことがあるということだ。

他者の感情を読み取ることに加えて、自分の感情を認識してコントロールすることも、組織責任者に求められている。これらは、EQとして知られる「感情知能」の構成要素である。

自分の感情を認識するためには、今、どんな感情を持っているのかを書き込み、分析するという手法がある。イライラしている。モヤモヤしている。ワクワクしている。ザワザワしている。悲しくなっている。がっかりしている、などなど。日々私たちは何かしら感じている。

その度合いが強いとき、あるいは、1日の終わりに、そのときの感情を手帳や日記に書いてみる。そのときに、その感情を引き起こした出来事、そして、その感情が起こった要因や自分の中にある価値観や期待を書いてみる。そうすると、自分の中にある固定観念や価値観や大事にしているものが見えてくる。大事にしているものが脅かされれば、それに対処しようとして心が動く。

メールを送ったにもかかわらず、返信がないと「無視されている」と思い、イライラする。それは自分からのメールが邪険に扱われていると思っているからだ。私が書いたメールにすぐに返信しないとは、どういうことだと思っている。

その段階で、自分のほうが上司だから、年上だから、返信はすぐにすべきという価値観があることに気がつく。そして、それこそ、自分の傲慢さ、身勝手さなのかもしれないと日記に書きながら思う。

そして、もしかすると、大事なメールなので慎重に考えて返信するつもりかもしれない。あるいは、今日は忙しかったので、落ち着いて明日書こうと思っているのかもしれない。とにかく余裕がないのかもしれない。そもそも上司だからとか年上だからという価値観を持っていないかもしれない。というふうに、自分の感情を整理することで、相手のことを考えることができ、結果として、自分の感情をコントロールすることができる。

傲慢さへの対処、感情のコントロールの話に触れたが、そもそは

第10章｜これからの時代のリーダーシップ　305

オーセンティックリーダーシップとダークトライアドの話であった。

　正解がなく、想定外のことが起きる社会において、リーダーは倫理的に正しく、組織や組織メンバーを導くことが求められる。自分の性格は変えられないかもしれないが、自分の傲慢さや感情を認識することや自分の感情をコントロールすることは訓練や習慣で変えることはできる。あるいは、他者の感情を読み取ろうとすることや他者の立場に身を置くことは、訓練で身につくことである。

　他者を動かす、他部署を動かす、あるいは、多様な価値観を持っている人と働くことを考える際にも、他者の立場で考えることが求められる。自分の中にあるバイアスや傲慢さに気がつき、それを修正するという観点でも、さまざまな立場でものを考えることを定期的に行うことが、これからの時代の組織責任者に必要だといえるだろう。

2 ｜ 多様な意見を引き出す　シェアドリーダーシップ

　変化が激しく、過去の正解が未来の正解ではない時代、組織責任者はメンバーと共に試行錯誤していくことが求められる。メンバーの属性も価値観も多様になり、多様な意見をうまく引き出せることが肝要になっていくことを考えると、リーダー1人が引っ張っていくよりも、メンバーと共に組織を運営していくことのほうが合理的であると考えられる。

　そのような観点から組織をメンバーと共にリードしていくシェアドリーダーシップという考え方を知っておくことは、組織責任者にとって有用だろう。[23]　シェアドリーダーシップという概念は、メンバーも組織のリーダーの役割であると考えると、第5章で扱った「心理的安全性」をさらに進めた考え方であることがわかる。

　シェアドリーダーシップは、「グループまたは組織、あるいは、その両方の目的の達成にむけて個人がお互いにリードし合うことを目的とし

図表10-3　シェアドリーダーシップのイメージ

シェアドリーダーシップの状態
- 全員がリーダーシップを発揮している
- 誰かがリーダーシップを発揮しており、それが適切と感じたときには、他のメンバーはフォロワーシップに徹する
- リーダーとフォロワーが流動的である

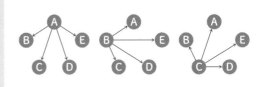

シェアドリーダーシップではない状態
- 1人がリーダーシップを発揮している
- リーダーとフォロワーが固定的である

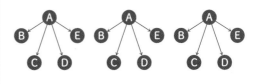

（出所）リクルートマネジメントソリューションズ（2022a）p.9。

たグループに所属する個人の間の動的かつ相互作用的な影響力のプロセス」と定義されているものが学術的には最も引用されている。[24]

　他の定義も見ると、共通するものとして、「同僚間での水平的な影響力」「チーム内での自然発生的な現象」、そして、「リーダーシップの役割や影響力が集団内で分散」の3点がある。[25]

　イメージとしては、図表10-3のように、誰もがリーダーシップを発揮しているが、[26] リーダーとフォロワーの役割は、時間と共に流動的であるということだ。

　身近な例を考えると、新商品開発で、「ユーザーのニーズを具体化する」「商品コンセプトを検討する」「必要な生産体制を構築する」など、フェーズに応じて、マーケティング担当、生産担当などがそれぞれリーダーシップを発揮し合う現象は、シェアドリーダーシップの発揮された場面と考えられる。

また職場の会議で、メンバーがそれぞれの得意領域の情報を共有したり、発散や収束など得意な場面で主体者が代わったりする場面があるが、これもシェアドリーダーシップが発揮された場面だろう。

　このように、事の大小を問わなければ、シェアドリーダーシップは日常にちりばめられた現象と考えられる。

▶ メンバーのリーダーシップが成果を高める

　では、シェアドリーダーシップは、組織や個人にとって、どのような効果をもたらすのだろうか。また、どのような要因が、シェアドリーダーシップを高めるのだろうか。これらについて、先行研究をもとに図式化したものが図表10-4である。

　シェアドリーダーシップはチームの業績、創造性、満足度などの肯定的感情に対して正の効果をもたらすとされており、[27] 特に業績や肯定的

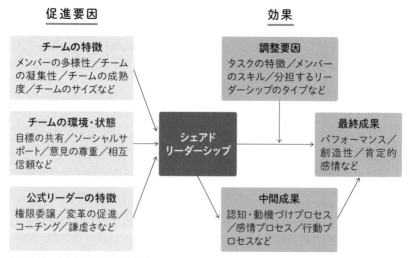

図表10-4　シェアドリーダーシップの促進要因と効果

（出所）Zhu et al. (2018)をもとに作成。

感情との間の正の相関は多くの研究で確認されている。[28]

これらの成果は、シェアドリーダーシップによって直接高まる部分もあれば、チームのプロセスの改善を経由して高まる部分もある。チームプロセスとして、メンタルモデルの共有や心理的安全性などの「認知・動機づけプロセス」、チームに対する愛着や凝集性などの「感情的プロセス」、組織学習や情報の共有などの「行動プロセス」の3つのプロセスを通して成果に結びつくと考えられる。

また、「取り巻く環境の曖昧さ」「創造性が求められる度合い」「対応の素早さが求められる度合い」「チームメンバーの専門性」などが高い場合、シェアドリーダーシップを行うことで、チームの成果を高めることがわかっている。[29]

▶ みんながリーダーシップを発揮したらバラバラになる?

シェアドリーダーシップは、どのような要因によって、そもそも高まるのだろうか。

第1の要因は、メンバーの多様性やチーム結成からの期間など、「チームの特徴」である。

第2の要因は、「目標の共有」「ソーシャル・サポート」「意見の尊重」のような、「チームの環境・状態」である。

なお、シェアドリーダーシップについて、「みんながそれぞれリーダーシップを発揮したら、バラバラになってしまうのではないか?」と危惧されることもあるが、「目標の共有」や「意見の尊重」が前提となることを考えれば、シェアドリーダーシップの発揮が組織の混乱につながらないようにできると考えられる。

第3の要因は、該当組織の「公式リーダーの特徴」である。メンバーに権限委譲を行っていること、謙虚であることなどが、シェアドリーダーシップを高めるとされる。シェアドリーダーシップの発揮状況は、チームの特徴や環境だけでなく、公式リーダーの振る舞いによっても変

第10章 | これからの時代のリーダーシップ　309

化することが留意するポイントである。

▶ シェアドリーダーシップの5つの阻害要因

シェアドリーダーシップは効果があるはずなのに、十分に普及しているとはいえない。その阻害する要因を考えてみたい。

1つ目は、リーダーシップを発揮するのはリーダーであるという前提そのものにある。それは一般的な認識でもあるが、リーダーシップの初期の研究でも、フォロワーは受動的に扱われている。つまり、リーダーは指示を出す人であり、フォロワーはそれに従う人という前提である。学術研究では、その認識は変わりつつあるが、リーダーシップを発揮する人は、公式に任命された管理職という前提の研究がまだ多い。

2つ目は、同調圧力である。シェアドリーダーシップは、メンバーで意見を出し合い、より良いものを生み出すときに効力を発揮する。そうすると、他者の意見に対して、違う意見を持っていることが価値であるが、心理学の実験でもわかっているとおり、他者と違う意見を言うことに、多くの人がストレスを感じ、つい他者の意見に従ってしまうのも事実である。そのために、違う意見を言ってもよい場だと感じなければ、黙ってしまうこともしばしばある。

3つ目は、メンバー側の不利益という観点である。反対の意見を言うことで、面倒なことを言う人であると思われ、評価が下がるおそれもある。上司も人間であり、自分の意見に賛同する人を好むし、反対する人を説得したいと考える。メンバーは、そういうこともわかっているので、必要以上に反対意見を言わないようにするという現象がある。

4つ目は、上司側のおそれである。上司は、みんなから意見を聞くことで、答えを持っていないと思われるのではないかとおそれる。グループを管理する上司として、頼りないと思われたくない。頼りにならないと思われることで、管理することができないことをおそれ、メンバーの意見を取り入れられないということがある。

5つ目は、多様性のマネジメントの難しさである。これも上司側の問

題になるが、多様な意見を取りまとめることは難しい。対立する意見も
あるだろうし、誰かの意見を持ち上げれば、他の誰かのやる気を損なう
ことになるかもしれない。調整を行っていると時間もかかる。合意形成
が困難だという意見は、私たちの調査でも散見される。[30]

　以上の理由を鑑みると、シェアドリーダーシップの考え方を取り入れ
ていくことは、容易でないことがわかる。

▶ メンバーのリーダーシップを促進するために

　容易でないシェアドリーダーシップであるが、リーダーが必ずしも答
えを持っていない時代として注目に値する考え方である。心理的安全性
につながる話でもあるが、改めて組織内のシェアドリーダーシップを促
進させるための施策をまとめてみたい。

　第1に取り組むことは、組織の目的や目標を明確にすることである。
この組織は、どういうことを達成するために存在するのか。明確でな
い場合には、改めて明確に定めることが肝要である。メンバーからの意
見を促すために、目的や目標をメンバーと共につくることも得策であ
る。組織の目的や目標は、メンバーが意見を言う際のガイドラインにな
る。目的や目標に沿っている意見を取り上げることによって、多様性の
担保と組織目的の統合を図っていく土台になる。

　そのうえで、「メンバーが自分の意見を言うこと」「反対意見であって
も尊重すること」を明言しておくことが2つ目の施策になる。その際
は、多様な意見に対して、上司は感謝していく姿勢が望まれる。上司自
身も、単にメンバーを支援するだけでなく、自分自身の意見を言うこと
が必須である。私たちの調査結果では、[31]シェアドリーダーシップが行
われている職場で、上司に求めることとして、「メンバーの話に耳を傾
ける」ことと共に「指示が明確である」ことが高く支持されていた。

　ただし、上司の意見は絶対ではなく、より良いものにするためにメン
バーの意見も必要だと明言することで、メンバーの意見を制限させない
配慮が不可欠である。一方で、メンバーにも責任ある言動が望まれる。

第10章｜これからの時代のリーダーシップ　311

組織全体の目的や目標に反する言動を許してしまうと、組織として運営するのは難しくなってしまう。目的に沿わない言動に対しては、「それは目的に沿わない」ときちんと言うことは、組織責任者としての役割である。

　何を言ってもよいのかを判断するためには、情報が必要である。社会における自社の位置づけや経営情報の開示によって、メンバーも責任ある発言ができるようになるし、上司や他のメンバーの発言に対しても責任ある応答ができるようになると考えられる。

　正解がなく、想定外の出来事が頻繁に起こる現在、シェアドリーダーシップの考え方を組織責任者が取り入れていくことをお勧めしたい。

第 11 章

組織責任者というキャリア

　組織責任者の仕事は大変である。

　会社のトップでない限り、組織責任者は中間管理職である。下から突き上げられ、上からのプレッシャーもある。勤務形態の多様化やテレワークに伴う業務管理の変化、さまざまな価値観を持ったメンバーへの対応、残業時間の削減のしわ寄せもある。今までの業務だけでなく、新価値創造や変革への対応も現場に求められていて、組織責任者への負担は増えるばかりである。メンバーを叱咤激励しようとする際に、気をつけなければパワハラと言われる可能性もある。

　厚生労働省の「平成30年版　労働経済の分析」によると、[1] 管理職に昇進したいと思わない人が6割を超えている（図表11-1）。「責任が重くなる」ことと「長時間労働になる」ことが、昇進を望まない理由の1位と2位である。そういう面は否定できないし、誰もが管理職になるべきだとも思っていない。

　そのようなことを考慮しながら、最終章では、管理職（組織責任者）になるというキャリアについて多角的に考えてみたい。

図表11-1 管理職への昇進の希望と管理職への昇進を望まない理由

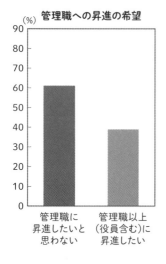
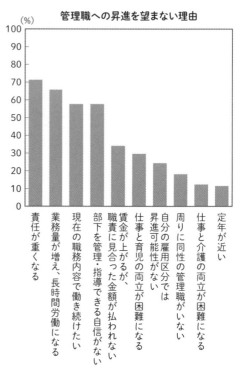

（出所）厚生労働省（2018）。

1 | 組織責任者の仕事の醍醐味

　私たちが、管理職をしている男性正社員を調査したところ、昇進前に管理職意向がネガティブだった管理職の約5割は、管理職昇進後にポジティブに変わっていることがわかった（図表11-2）。[2] そして、変化の理由も併せて聞いているが、「影響力の大きさ」「現場の仕事とは違う面白さ」「自分自身の成長実感」を得ていることがわかる。
　この調査において「管理職になりたくなかった人からの、管理職にな

図表11-2 昇進前後での管理職意向の変化

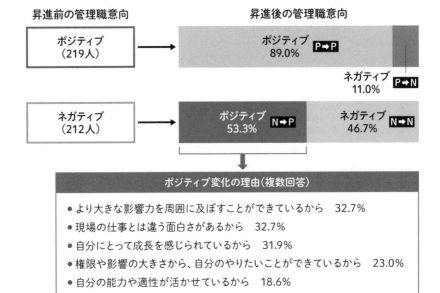

(注) 従業員300人以上の企業で、部下を持つ課長相当の管理職に赴任して、1年以上5年未満の男性正社員431人が対象。
(出所) リクルートマネジメントソリューションズ（2016）をもとに作成。

りたくない人へのアドバイス」という形で、実際の管理職の声を聞いてみた（図表11-3）。内容を読んでみると、先の変化の理由以外に、「部下を育てる喜び」や「やってみないとわからない。やってみて自分に合うのかどうかを決めてもよい」というような内容が列挙されていた。

管理職に対してネガティブだった人の半分がポジティブに変わっている。一方で、半分の人はネガティブのままだったということも事実である。ある意味、人それぞれである。自分がまだ管理職になっていない、あるいは、これから管理職になるかどうか迷っている人に対しては、半数の人がポジティブに変わったという数字も考慮しながら、経験してみ

図表11-3 管理職になりたくなかった人からの、管理職になりたくない人へのアドバイス

近年、「管理職になりたくない」という人が増えているとよくいわれます。実際に管理職になったご自身の経験も踏まえて、そんな人たちに、あなたならのどのようなアドバイスをしますか（自由記述）。

営業

- 人を育てる苦しみよりも、喜びのほうが多い
- なってみて、初めて見えることもあります
- 難しく考えず、肩書が自己を成長させてくれると信じて、自己成長のためにトライしてみてください
- 管理職のほうが他社との商談のときなど、一般社員時と比べてやりやすい
- とりあえず経験してみろ！　自分にマイナスになることはないはずだから！
- 管理職になりたくない理由が大切。得意な専門分野をさらに磨きたいなどの前向きな理由であれば仕方がないが、「向いていない」とか「面倒」とかの理由であれば、一度経験してみることを勧める
- 部下育成のダイナミズムを感じられるのは管理職のみ。体験することは自分の成長につながると思います
- 何事も経験してみなければ、わからない
- 自身の成長の場であり、部下育成のダイナミズムを実感できるのは管理職だけです。やりがいも生まれますので、まずは管理職の仕事をやってみることをお勧めします
- 違う世界が必ず見えてくる
- 自分の思い描く仕事のあり方を創造して、結果に結びつけるよう、自らも含め、部下のスキルを上げ、また、対外部署や取引先との連携や交渉事で、実現できることにやりがいを感じることができることを知ってほしい

事務

- 人を育てるのは面白いし、成果を出したときはやめられない
- 管理職を目標にするのはむなしいが、自分が成し遂げた仕事、積み上げた経験の結果が管理職なら素晴らしいことだと思う
- 発言力、自らの言葉の重みが地位によって強くなる。自分のやりたいことができるようになるためのステップは、まずは管理職になることだ
- 報酬ではなく、自分の人間としての成長が楽しみになる
- まずは経験してみることです。そうすれば、本当に嫌なものか、意外とやりがいがあるなど、気づきを得られます。食わず嫌いは駄目です
- 管理職になりたくない、という理由が単に責任のある仕事をしたくない、というのであれば頑張ってチャレンジしてみてほしい。入ってくる情報が格段に増えるし、部下に権限を委譲することも良い経験になると思う
- 自分のやりたいことを実現するために管理職になるのも悪くない
- 立場が人を作る場合もあるので、チャンスがあれば挑戦するべきだと思う

（出所）リクルートマネジメントソリューションズ（2016）p.24。

技術	● 高い専門性を持ちたい方向性は間違いではないが、あくまで組織の人間であることを忘れてほしくない。協調性を持って仕事をすることは自分のためでもあると思ってほしい ● 自分を一段高いレベルに上げるには、自分の責任で仕事をする必要がある ● 仕事を成し遂げるにはマネジメント力が求められる。その人材なくしてビジネスの成長はない ● 管理職という言葉がネガティブなイメージを与えていると思う。マネジャーは管理ではなく道を示す役職だ、とアドバイスする ● 自分の意志が仕事に反映でき、その仕事で組織として成果が出たときは、個人だけではないので喜びも大きい ● なりたくないと決めるのは、なってからでも遅くない ● 今までより広い目で見るには昇進するしかない。埋没したくないなら、めざすものは1つでしょ？ ● 管理職になることにより、自分がめざしたいことに会社のリソースを使って挑戦できるようになる ● 違う視点で仕事を見るチャンスです ● やってみて気づく楽しみが多々ある。仕事の適性は先入観でしかない ● 考え方などが変わってきて、より会社の方針が見えるなど、仕事の別の面白味を感じることができる ● 管理職は、なりたくてなるものではないと思います。誰かに必要とされているからその役職が回ってくるものです。話があったら、やってみるべきだと思います ● 自分自身の成長には必要不可欠である ● 地位が人をつくる ● 大変そうに思われるが、なってみると大変なこともありますが、結構面白い ● 会社や組織がわかってくると面白いです ● 指示される側だと自分の仕事のやり方を通すことができない場合が多いですが、管理職になると自分のチームの方針は自分で決められるので、自分の仕事のやり方を実現させられる場でもあると思います

第11章｜組織責任者というキャリア　317

る価値があるといえそうだ。経験してみて、やはり向かないと判断することも有効だと思われる。

　組織責任者（管理職）という仕事に対して、100％向いていることもなければ、100％向いていないこともないだろう。第9章で扱ったように、管理職の役割は多岐にわたる。

　「組織の方向性を示すこと」「組織の目的・目標を達成するために戦略をつくること」「組織の目的・目標を達成するためにリソースを確保し、リソースを割り振りすること」「メンバーの役割や目標を設定すること」「チームが連携するようなルールをつくること」というような対課題に関する役割がある。

　一方で、「メンバーのやる気を促進すること」「メンバーの成長を促進すること」「メンバー間の信頼を醸成すること」「メンバー間でのトラブルに対処すること」などの対人面での役割がある。

　加えて管理職には、対外的な役割もある。「上司を動かす」「発信活動を行う」「関係者と連携して仕事を進める」「外部とのネットワークをつくる」「組織の代表として振る舞う」「交渉を行う」という役割である。

　対課題の役割、対人の役割、対外的な役割はつながっているものの、ある意味、全く違う能力が必要とされる。いずれも得意な人というのは少ないのではないかと思われる。そういう意味で、100％合っている人もいないが、100％合わない人もいないと思われる。組織責任者の仕事が合う、合わないという問題については、後に詳しく触れていきたいが、その前に、「組織責任者の仕事に就く」とはどういうことかを見ていきたい。

2 ｜ 組織責任者になるということ

　実務担当者から組織責任者になるということは、職務転換を意味する。違う職種へのトランジション（転換）である。新しい環境にうまく

適応することによって、組織責任者として成長していく一方で、新しい環境に必要な知識や能力がうまく身につかず、不適応を起こしているケースも見られる。優秀な実務担当者が組織責任者に就任後に不適応を起こす理由は、両者の間に、明確なキャリア不連続が存在し、両者の間で求められる知識や能力が異なるからである。

担当者と組織責任者の間にある役割の違いが、成長を促す一方で、不適応も生む。双方の不連続の程度が大きければ、得られるものも多いが、失敗する確率も高くなる。つまり、成長と不適応は紙一重の状況にある。

新任管理職の就任時にうまく適応できずに失敗を繰り返したが、試行錯誤のうえで成長し、その後、経営者として活躍している事例を鑑みると、単純にトランジションを楽に乗り切ることがよいとは限らない。[3]

▶ 新任管理職へのトランジションの実態

筆者の1人（古野）は、経営者がどのように育ってきたのかというインタビューを20年以上継続している。[4] そこで、最初に管理職になったときに、一皮むけるような成長経験をしている人が散見された。リーダーシップ研究者の南カリフォルニア大学のモーガン・マッコールも、経営幹部191名の成長経験を分析し、成長した経験の1つの分野として、「最初の管理職経験」を挙げている。[5]

実際にインタビューした、ある経営者の事例である。

その経営者は、それまでの営業の業績が認められて、営業部門を率いる管理職に就任した。とにかくグループとしての目標数字を達成しなければならない。部下を鼓舞するが、なかなか動かない。仕方なく、自分で営業を仕掛けていった。自分の営業力に自負はあったものの、グループ全体の数字が達成できるほど動けなくて、最初の半年のグループ目標は未達成に終わった。

どんなに営業力があるとしても、メンバー5人分を1人でできるわけではない。メンバーたちはマネジャーの頑張りには感謝しつつも、自分

たちは信頼されていないんだなということも伝わっていた。チームとしては、好ましい状態ではなかった。

やはり部下に動いてもらわないと、グループの目標は達成しない。次の半年に行ったのは、徹底的な部下育成であった。クライアントとのアポイント設定、アポイント前の準備、アポイント時の話の進め方、アポイント終了後のフォロー。きめ細やかに、1人1人に教え込んでいった。効果はあった。伸び悩んでいた部下の業績は上がっていった。しかし、離職する部下が増えてきた。離職した部下たちの言い分はそれぞれであったが、共通していたのは、その管理職のやり方についていけないということだった。

部下には、それぞれ個性があり、得手・不得手がある。その管理職と似たような部下もいれば、そうでない部下もいる。似たような部下は成長したが、似ていない部下たちは、その指導にストレスを感じ、離職していったという。結果、グループの目標は未達成で終わった。

次の半年に試みたのは、部下それぞれの持ち味を活かすというやり方であった。アポイントをとるのがうまい部下もいれば、プレゼンテーションがうまい部下もいる。アポイント後のフォローがうまい部下もいる。部下のそれぞれの持ち味が活きるようにジョブデザインをして、上司が教えるのではなく、部下が互いに教え合うというやり方を行ってみた。結果、部下たちの笑顔は増え、離職率は減り、管理職そのものの負担も軽減された。

「人にはそれぞれ得手・不得手があって、それを活かすことがマネジメントの極意であり、それを初めて管理職になったときに学んだ」とその経営者は語っていた。その極意は、さまざまな本などでも書かれていることでもあるが、自分で経験して、痛い目に遭わないとわからないことである。

そういう意味で、管理職へ就任するというのは、学びが多い経験である。その経験を活かせた人が、その後、組織責任者の仕事を満喫していったと考えられる。

その後、経営者になった方々の最初の管理職経験を聞くことができた

が、経営者にならない管理職もいる。むしろ、そちらのほうが多い。その実態がどうなっているのかを知りたくて、私自身はさらに調査を行っていった。

最初の管理職経験による学びと陥りやすい問題に関する研究はすでに行われていて、学びとして、「責任感を養うなどの心理的な成長」と共に、「戦略や方針の策定」「年上の部下への対処」「部下との信頼構築」などのスキルが挙げられている。[6]

一方で、最初の管理職経験で陥りやすい問題として、「部下への権限委譲が進まない」「部門全体の状況が読めない」「強いチームが構築できない」「自分に近い部下を重用してしまう」ことなどが明らかになっている。[7] まさに、先ほど紹介した経営者の最初の管理職経験に重なる部分も多い。

それらを踏まえて、2014年4月に営業マネジャーに初めて就任した8名（教育研修X社3名、情報流通Y社5名）に面接調査を行った。面接の実施は2014年5月（就任後1カ月）、7月（就任後3カ月）、10月（就任後6カ月）の3回であった。**図表11-4**は、8名の面談から分析した結果である。

「就任時の組織の状況」と「新任マネジャーの就任時の状態」によって「直面する問題」は変わる。そのような問題に対して、「対処するためのリソース」を鑑み、内省して、「対処行動」を行う。

「対処行動」によって、何らかの「結果」に至る。問題は解決、もしくは軽減される。あるいは、さらに問題は大きくなることもある。行動と結果の間の因果を内省して、学習を行う。そこでの学びは、次の「対処するためのリソース」になり、再度「対処行動」を行う。それぞれについて、もう少し詳しく見てみよう。

図表11-4 新任管理職へのトランジションの実態

就任時の組織の状況

組織構成員
- 年上の部下（いる、いない）
- 非正規社員（いる、いない）
- 問題のある部下（いる、いない）
  - やる気がない
  - 業績が悪い
  - 素行が悪い
  - 方針に従わない
- 力量／レベル（高い、低い）
- 人としての成熟度（高い、低い）
- 人数（多い、少ない）

組織構成員間
- メンバー間での仲（良い、悪い）

会社や仲間への信頼（有、無）

ビジョン、ゴール、方針（有、無）

業績（良い、悪い）

ビジネスモデル（強い、弱い）

直面している問題

当該組織・部下の問題
- 年上の部下に対するマネジメント（遠慮、アドバイス、育成ができない）
- 問題のある部下（方針無視、低業績、やる気がない）
- 上司への信頼（不信、不満、反発）
- 組織への信頼（互いに批判、殺伐、無関心）

方向性の提示
- めざすべきビジョンが不明確

業績
- 業績が上がらない

外部ネットワーク
- 他部門と部下との板挟み
- 会社と部下との板挟み

新任マネジャーの状態

- 管理職志向（ある、ない）
- 懸命さ、真摯さ（十分、不十分）
- 戦略や方針（十分、不十分）
- 対人スキル（十分、不十分）
- 実務能力（高い、低い）
- 育成能力（高い、低い）
  - 育成された経験（十分、不十分）
  - 育成した経験（十分、不十分）
  - 育成の持論（ある、なし）

対処するためのリソース

過去の経験
- 過去の上司（ロールモデル）
- 過去の実務
- 育成された経験
- 育成した経験

書籍や研修

現在の上司や同僚
- 現上司からの助言
- 同僚からの助言

（出所）小方ほか（2010）。

対処行動

戦略づくり
- 戦略・方針・ビジョン・行動指針・ゴールの設定
- ビジョンを策定する研修を行う

部下育成
- 実務的なアドバイスをする
- 同行して、アドバイスをする
- メンバーの動機・将来・持ち味に注目をする
- 適切なアサインメントをする
- 1対1で、腹を割って話をする
- しっかりと見る
- それぞれのやり方を尊重する
- いい質問をする

組織づくり
- みんなで腹を割って話をする場を設ける
- 丁寧なコミュニケーションをする
- 背景を説明する

対処行動ができない
- 問題があることはわかっているが、打ち手がわからない

認知した結果

- 成長した
- 業績が良くなった
- 組織の状態が良くなった
- 組織・上司・仲間への信頼が増した

- 反発が激しくなった
- 信頼感がなくなった
- 精神的な苦痛が増した

認知した学び

研修や書籍からの学び

弱点の修正
- 待てるようになった
- 言いすぎないようになった

試行錯誤からの学び
- 育成が楽しい
- 成功体験を積ませることができた

自己発見
- 自分の持ち味・課題がわかった

第11章 ｜ 組織責任者というキャリア　323

▶ 就任時の組織の状況と新任管理職の状態

「就任時の組織の状況」とは、「当該組織を取り巻く環境」と「組織メンバーに関連すること」に分けられる。前者は、組織そのものの役割や期待、当該組織と関連組織との関係性、当該組織のこれまでの歴史、組織の方針の有無というようなものである。後者は、組織構成員の状況、組織構成員間の状況、会社や仲間への信頼のようなもので構成される。

自分より年上のメンバーがいれば、遠慮や気後れで問題が発生しやすい。言動に問題があるメンバーがいれば、マネジメントは難しくなる。メンバー同士の仲が悪ければ、チームビルディングから始める必要がある。また、メンバーたちが会社や組織に対する信頼がない状態では、信頼を構築するための施策が必要になる。

就任時の組織の状況によって、新任管理職に課せられる負荷は違う。知識やスキルがあれば対処できるが、そうでない場合、そのための知識やスキルを短期間で身につけなければ、不適応を起こしてしまう。

一方で、新任管理職の状態もさまざまである。そもそも管理職志向があるのか、既存の戦略や方針が使えるのか、それとも自分でつくっていく必要があるのか。メンバーに指導できるような実務能力があるのか、育成能力や経験があるのか。それらの有無によって、難易度は変化する。

インタビューを実施すると、管理職になることに肯定的ではなかった管理職もいた。「(マネジャーの内示に対して)断ろうと思いました。というか、ずっとマネジャーはやらないって言ってきました」という人や、「まあ、頑張ろうかなって思いました。得意じゃないんですけど」という人がいた。どちらも人の育成が苦手で、リーダータイプではないとの自覚があったため、マネジャーになるのをためらった。一方で、その2人以外の6名は、マネジャーになることに肯定的であった。

324　第Ⅲ部｜自分自身に向き合う

▶ 管理職が直面している問題

「直面する問題」は、「当該組織・部下の問題」「方向性の提示」「業績」「外部ネットワーク」の領域に分けられる。

これらの問題は、複合的でもある。組織としての方向性をうまく提示できないからメンバーからの信頼が築けなかったり、業績が悪いがゆえに、メンバーとの問題も明らかに悪化したり、方向性に自信が持てなかったりする。あるいは、自組織以外の組織との連携やマネジャーの上司との連携が悪いから業績が上がらないということがある。

ただし、自分のメンバーとの問題は、インタビューした8人全員とも問題と感じており、組織で何らかの成果を出そうと思ったときには、最も重要な領域であると改めてわかった。

年上の部下を持つマネジャーの2名は、部下に遠慮して助言ができないと述べている。「年齢が上の人も多い。何が育成できるのだろうと思う」という人やマネジャーになる前から自らの管理職適性に自信がなかった人は、問題のあるメンバーとの関係構築に悩みを抱えていた。「(リーダー格のメンバーに) マジ事業終わってますね、みたいなことをグループみんなの前で言われる」とこぼしていた。

1人のメンバーの言動によって、グループ全体がちぐはぐになる。逆に、そのメンバーへ肩入れしすぎると、他のメンバーからの信頼がなくなってくる。問題のあるメンバーを抱えているマネジャーは、管理職を辞めたいと述べていた。

同様の問題は、他の人も抱えている。リーダー格のメンバーから信頼されていない。そのメンバーは自分の前では従順な態度であるが、実際に思っていることは違っていた。面従腹背である。他のメンバーに対しても悪口を言っている気配がするが、証拠があるわけではなく、疑心暗鬼になっている。そのような職場で日々悶々としている。

新任3カ月の8名のマネジャーのうち、メンバーとの信頼構築、部下育成、業績という観点で、すべてが順調なマネジャーは皆無だった。

▶ 対処するためのリソース、対処行動とそこでの学び

「対処するためのリソース」は、「過去の経験」「書籍や研修」「現在の上司や同僚」で構成される。

自分自身が育成された経験や成功体験、あるいは、そのときの上司の振る舞いが、対処行動をとるうえでの拠り所になっている。8名中7名にロールモデルが存在し、そのロールモデルの全員が前の上司であった。

現在の上司に相談できるマネジャーもいれば、できないマネジャーもいる。直接の上司に弱みを見せることが査定やその後のキャリアに影響を与えていると考えており、上司と部下のジレンマが浮き上がる。

「戦略づくり」「部下育成」「組織づくり」が対処行動である。しかしながら、実際には、問題がわかりながらも、どう対処すればよいのかがわからないという事例が散見された。あるマネジャーは、「やっぱりタイプの違う人間と本質的に話すのは苦手なのかな」と言う。また、別のマネジャーは、「実は私チームリーダーをやっていないので、チームリーダーとしての悩みとかは、わからない」と。

前述したように、8人中8人とも、業績あるいは組織の状態という観点で、順調ではなく、問題を抱えている。問題に対して、十分に対処できていない状態が続いている。その状態が数カ月続き、ストレスを溜めながら試行錯誤を行っている。

対処した結果、うまくいく場合もあるが、うまくいかず、かえって組織やマネジャー自身に対して、不信や反発が増す事例もある。対処行動とその結果の因果関係を明確に意識することが学びにつながる。

8名のマネジャー全員は、マネジャーがすべきことを自覚していた。そのような知識は「書籍や研修」によるものであった。学びのベースとしては、仕事経験だけではなく、読書やセミナーなどからも培われることがわかる。そして、自らの経験を通して、自分が得意なこと、不得意なことがわかってくる。いわゆる「自己理解」である。

自己理解で終わるわけにはいかなくて、試行錯誤しながら、自らの弱

点を修正していく。部下とうまく信頼関係をつくれなかったマネジャー
は、「ちょっとアプローチを変えて、信じてみようと思ったのです、1
回」と述べるように、新しいことを試みている。他のマネジャーは、
「ちょっとここは丁寧めに意識的に話をしようとは思います。今まで
やったことがないコミュニケーションスタイルですが……」と自らのス
タイルを変えることまで行っている。

目の前の問題に対して、それまでの仕事経験や書籍やセミナーで学ん
だことを総動員しながら学んでいく。そして、多くの学びは、人間関係
に関するものであった。戦略を描くという学びもあったが、描いた戦略
を実行していくことが大切であり、その実行はメンバーの行動にかか
わっている。

そういう意味で、管理職の仕事の難しいところは、人間関係のマネジ
メントであり、人を通じて成果を出すことが肝であることが改めてわか
る。そして、その経験は学びの宝庫である。

仕事を通じた学びは、与えられた状況が自分にとって挑戦的かどうか
に依存する。

筆者の1人（古野）が最初に管理職になった際のことを振り返ると、
その現場はそれほど挑戦的な場ではなかった。自分は企画の仕事をして
いたが、その部署で、そのまま管理職に昇進をした。メンバーは、それ
まで一緒に働いたメンバーであり、信頼されていたし、みんな優秀で信
頼もしていた。自分の上司もそれまで一緒に働いていた上司でもあり、
人間関係でのストレスは全くなかった。そして、仕事での成果も十分に
上げていった。

しかしながら、初めての管理職経験として、学ぶべき対人スキルをほ
とんど何も学ばなかった。このことはその後、致命的になる。十分に信
頼関係が得られていない中では、成果は上げられず、面従腹背が頻繁に
起こり、メンバー同士が足を引っ張り合い、組織崩壊という事態に陥っ
たのである。そして、自分自身も心のバランスを崩し、10年近く治療
を続けることになる。

順調に見えるキャリアには、落とし穴がある。順調であるがゆえに、

第11章｜組織責任者というキャリア　327

そこでの学びは少ない。一方で、苦労が大きければ学びは大きい。キャリア初期の失敗は学びになり、その後のキャリアを発展させるためには必要なものである。逆にキャリア後期の失敗は、致命傷になることを考えると、キャリア初期にあえて苦労をすることが、その後に活きてくる。

初めて管理職に就いた際に、苦労していないとしたら、危機感を覚えたほうがよい。

管理職の仕事は、実務担当者の仕事とは違う種類の仕事であり、本当は学ぶべきことがたくさんある挑戦的な仕事である。特に人間関係については、相手にする人がさまざまであり、その組み合わせもさまざまということを考えると、学ぶことは無限にある。

そのことを自覚し、そこで学ぼうとしなければ、組織責任者としては、その後のキャリアで失敗する確率が上がるということを意識したほうがよい。そして、その学びを面白いと感じなければ、組織責任者の仕事は、難しいものになってしまうだろう。そういう観点でも、組織責任者の仕事が合っているかどうか、考えたほうがよい。

3 │「仕事が合う」ということを考える

組織責任者の仕事が合う、合わないということをもう少し掘り下げてみよう。そもそも、その仕事が合うとはどういうことだろうか。

「仕事そのものが面白い」と思えなければ、その仕事が合っているとはいえない。「組織責任者になったら昇給する」あるいは「周りから一目置かれる」と思い、組織責任者の仕事をし始めるかもしれない。その段階では、その仕事が合っていると思っているわけでも面白いと思っているわけでもない。しかしながら、面白くない仕事を続けていくことはつらいことである。

逆に、組織責任者という仕事に面白みを見出していけば、継続してい

くことが容易になる。管理職になりたくなかったが、管理職に対してポジティブに変わった人たちは、ある種、管理職という仕事に面白さを見出している。

　管理職に限らず、仕事そのものの面白さについて、さまざまな人にインタビューすると、以下のようなことが挙がってくる。

- できないと思ったことができたこと
- やりきったこと
- 自分で創意工夫したことが実現されていくこと
- 与えられた目標を達成すること
- 仲間と一緒に一体感を味わえること
- 誰かの役に立っていることが実感できたこと
- 会社に貢献できたと思えること
- いろいろな人に会えること
- できなかったことができるようになること
- 人に感謝されること

　それらのリストを見ていると、どんな仕事でも共通する要素と、その人と仕事との相性で決まってくる要素がある。

　たとえばみんなで、早朝にオフィスの周りの掃除をする。面倒だなと思ってやるけれども、仲間と一緒になってやっていくうちに、楽しくなってきて、清掃が終了すると達成感と共に清々しい気持ちになる。

　この清掃の仕事は、「達成」「仲間との一体感」「貢献感」などが該当するが、どのような仕事においても、共通する要素に分類される。一方で、その人と仕事の相性で決まってくるものとして、「能力」と「嗜好」に関する要素がある。

▶ 仕事の面白さ──「能力」という要素

ここでいう「能力」要素とは、その仕事に要求される能力の水準と自

第11章｜組織責任者というキャリア　329

分のレベルの関係性に言及している。

　前述したように、組織責任者に求められているスキルには、「対課題スキル」「対人スキル」「対外的役割」がある。そこで求められているスキルは、初めはできないかもしれないが、やっていくうちにうまくできるようになっていく。これがつまり、成長するということだが、その過程が楽しめれば、組織責任者の仕事は面白いと思え、できるようになってきたときに、組織責任者という仕事が合っていると思える。

　そこには、「自分で創意工夫ができる」という要素がある。第3章でも取り上げたが、ハックマン＝オルダムモデルの「自律性」である。組織責任者の仕事は、メンバーの仕事と比較して、自由裁量が大きい。組織から求められている期待役割、目標は明確かもしれないが、それを達成するやり方は任されていることが多い。自分で考え、実行してみる。うまくいくこともあるが、うまくいかないこともある。それはフィードバックともいえる。うまくいかなければうまくいくように創意工夫をする。それは能力の向上であり、仕事が面白くなる要素である。

　しかし、能力の向上には苦痛もある。最初からうまくいけばよいが、うまくいかないことも多い。うまくいかなければ、めげる。何度も何度もうまくいかないことがあり、そのことを誰かに批判されたりすることが続けば、自信をなくし、その仕事は嫌になる。

　そういう観点で、自分が持っている能力に対して、仕事が求める能力水準が適度に難しい仕事が面白さの条件になる。最初は難しいと思っていても、徐々にできるようになれば、面白いし、その仕事が合っていると感じるようになる。その意味で、組織責任者の仕事は誰もが面白いわけでもない。ただし、求められる能力は多岐にわたっているという観点で、誰もが面白いと思える仕事になりえるし、誰にとっても際限なく能力開発ができる仕事である。

　もう少し具体的に考えよう。

　組織責任者には、所与の環境と与えられたリソースを踏まえながら、組織の目標を達成することが求められているが、そのやり方は任せられていることが多い。そうすると、その筋道をつくること、別の言葉でい

うと、戦略をつくるということだが、戦略をつくる筋道は、いかように
も考えられる。ある意味、創造的な仕事である。つまり、そこには正解
はない。

営業の組織責任者を例にとって考えよう。

既存の顧客を深耕していくか、新規の顧客に広げていくか、どちらの
戦略がよいのか、正解はない。限られたリソースをやりくりしながら、
どこに集中していくのかを決めてやってみる。やってみた結果を踏まえ
て、次を考えていく。

戦略を策定する以上に、対人スキルは、際限がないものである。つま
り、集まったメンバーは1人1人違う。性格、経験、スキル、嗜好、志
向が違う。各人に応じて接する必要がある。これまでの人生経験が活き
るが、それに頼りすぎると間違いを犯す。

つまり、メンバーのAさんは、過去に会ったBさんに似ている。そ
うして、同じように接すると間違いを犯してしまう。経験があるだけ
に、ステレオタイプが形成され、過去の経験が邪魔をする。

また、メンバーの組み合わせは、唯一無二である。過去の経験が役に
立つケースもあるが、邪魔をするケースもある。今の環境で、今のメン
バーでどうすれば良い組織がつくれて、どうすれば組織としての期待役
割を果たせるか、きわめて創造的である。

何をすれば、メンバーが動機づけられるのか、メンバー同士が連携す
るのか、手探りの状態で試行錯誤するのが組織責任者の仕事である。そ
の仕事を進めるための対人スキル形成が必要である。一生学べる仕事で
あり、その試行錯誤とその結果を面白く思えれば、組織責任者の仕事は
持続可能になってくる。

あるいは、メンバーを育てるというのも組織責任者の仕事であり、相
応のスキルが求められる。自分が行ってきた行動習慣、考え方、培って
きた技術・経験は、メンバーを育てるうえでも役に立つ。しかし、自分
とメンバーは違う。育ってきた環境も違う。それを踏まえないと、うま
い育成はできない。名プレイヤーは必ずしも名監督になれるわけではな
いのだ。

第11章　組織責任者というキャリア　331

しかし、1人1人違うメンバーを育てる経験が増えれば増えるほど、その経験はレパートリーになっていく。どういうメンバーにどういう助言を行うと、どのように育っていったのか、丁寧にリフレクションを行っていくと、それは、組織責任者の引き出しの多さにつながり、育成スキルが増していく。また、他の組織責任者がどのように育成していったかを聞いたり、本を読んだりして、研究していくことも育成スキルを深めていく手がかりになる。

まとめると、自分が持っているスキルと組織責任者に求められているスキルのギャップが適度だと面白いと感じるが、大きすぎると、そのギャップを埋めるのに疲れ、ストレスに感じるだろう。また、そもそも、そのスキルを身につけることに興味がなければ、組織責任者の仕事は苦痛になるだろう。嗜好の問題につながる。

▶ 仕事の面白さ——「嗜好」という要素

能力形成について、「好きこそものの上手なれ」という面と「下手の横好き」という面がある。つまり、楽しんでやっているから上達するという側面と楽しんでやっても、なかなか向上しないという側面である。どちらも真であるが、楽しんでいるということは共通している。

自分が、何が得意であるかを把握していることは大事だが、それ以上に、何の能力を形成しているときに楽しいと感じるのかを把握していることも大事である。そういう意味で、仕事そのものの面白さには、「嗜好」という要素が肝要になってくる。

「嗜好」は好みである。仕事の中で「この仕事は好き」「この仕事は嫌い」というのがある。それは、できるできないとは独立して存在する。自分で創意工夫して仕事をするという話を前述したが、創意工夫があまり好きでない人もいる。

「何をやるかを決めてください。やり方も決めてください。そのとおりに頑張ります」という人は少なくない。そういう人にとって、組織責任者の仕事は苦痛である。戦略を考えないといけないし、組織の目標と

332　第Ⅲ部｜自分自身に向き合う

各メンバーの特徴を踏まえて、仕事の割り振りも考えないといけない。組織責任者の仕事は、裁量が大きいのであるが、そこにガイドラインがなければ、ストレスを感じてしまう。

▶「ローカス・オブ・コントロール」と「曖昧さに対する許容度」

「ローカス・オブ・コントロール」という概念がある。コントロールの所在という意味である。自分に起こる出来事に対して、自分でコントロールしていないと気が済まないのか、コントロールされていても、それほど苦にならないのか。

人によって、その度合いは違う。自分でコントロールしないと気が済まない人は、自分にコントロールする余地がないとストレスを感じ、人や運命にコントロールされてもよい人は、自分でコントロールしないといけない立場に立つと、やはりストレスに感じる。それは、嗜好であり、訓練によって変えることが難しいものである。

そういう意味で、組織責任者の仕事は、自分でコントロールしたい傾向がある人にとって、嗜好が合う仕事である。一方で、中間管理職の場合、大きな組織の中に組み込まれていて、意外にコントロールできないことが多くて、苦痛に感じる人もいる。組織責任者になったら、裁量がたくさんあると思って、その仕事に就いてみたが、コントロールできないことが多くて嫌になった人も少なくない。それは、会社の社長でも同様である。自分で決められることが少ないことに愕然としたとこぼす社長も、相当の割合でいることも事実である。

「曖昧さに対する許容度」も人によって、かなりのばらつきがある。人は知的好奇心を持っている。この山の向こうに何があるのかが知りたい。明日何があるかわからないから面白いと思う気持ちもある。レールに敷かれた人生から降りたくなる人もいる。一方で、明日何があるかがさっぱりわからないというのもストレスである。社会には秩序が必要であるし、時間どおりに電車やバスが来てほしいと思う。

第11章｜組織責任者というキャリア　333

組織責任者の仕事は、メンバーの仕事と比べると、一般に曖昧性は高い。組織のメンバーで話し合いをしてもわからない問題について、組織責任者に判断を仰ぐ。組織責任者も考えたり、調査したりするが、ビジネスの意思決定において、100%わかるということはない。100%わかっているような問題であれば、そもそも意思決定する必要もない。どうなるかはわからないけれど、とりあえずこっちの方向に動いてみようという判断をする。

組織責任者が判断しないというのが、最もやってはいけないことである。情報が十分にない中で、何らかの判断をしないといけない。曖昧さに対する許容度が低い人にとってみると、組織責任者の仕事は回避したくなるかもしれない。

▶ 意思決定スタイル

状況が複雑で、何が正解かわからない時代においては、組織のメンバーは、リーダーに依存したくなる。右がよいのか、左がよいのか、メンバーは判断できずに、リーダーの判断に従いたくなる。そういう意味で、情報が十分にない中でも判断できる人が組織責任者には適任である。しかし、状況が複雑で、何が正解かわからない状況では、リーダー1人に判断を委ねるのは危険でもある。ある意味、パラドックスを抱えた状況になる。

「複雑で、正解がない状況において、どういうリーダーが適任なのか」という問題意識を持った、南カリフォルニア大学のエリック・アニシックらは、56カ国3万625人のヒマラヤ登山隊の研究を行った。[8] 権力格差がある国の登山隊と格差が小さい国の登山隊を比較することで、違いがあるのかという分析を行った。

権力格差があれば、メンバーはリーダーに進言するのではなく、リーダーの判断に従う傾向が強い。一方で、権力格差が小さい国では、リーダーへの進言が奨励され、リーダーもフォロワーの話を聞くスタイルに慣れている。

この分析結果を見てみると、権力格差がある国で構成されている登山隊のほうが、死者数が圧倒的に多かった。酸素が薄く、天気が変わりやすいヒマラヤ登山は、複雑で曖昧な状況である。状況に応じた判断が常に求められ、時には、勇気ある撤退も必要になる。そのような場合には、メンバーの話を聞くことで、より多角的な視点が得られ、結果として、組織の成果が得られる。この場合における組織の成果は、死者を出すことなく生還することである。

　ここで興味深いのは、権力格差が大きい国のほうが、登頂者が多いということである。登山の目的が登頂することであれば、権力格差がある国のリーダー、ある意味、独裁的なリーダーのほうが成果を上げるのだ。ハイリスク・ハイリターン型のリーダーともいえる。

　この話の教訓は、組織責任者が状況の判断を正確にすることと自分自身とメンバーのスタイルを把握しておくことである。目の前の状況の複雑さや不確実さの程度が高くなればなるほど、リーダーはより多くの意見を募る必要があるが、メンバーはリーダーに頼りたくなるという傾向をわかっておく必要がある。

　一方で、自らのリーダーシップスタイルが独裁的か民主的かを知っておくことと共に、メンバーがどちらを好むのかを知っておくことが必要になってくる。

　メンバーはリーダーに頼りたくなるが、あえてメンバーの意見を引き出す必要がある。そして、単に聞き出すだけでなく、メンバーの意見を総合的に考えて、リーダーは方向性を決めなければならない。民主的なリーダーであれば、自分が判断して、最後に決めることを意識しなければならない。多数決で決めるという方法もあるが、決めたことに責任がとれないとメンバーの心は離れていくだろう。

　一方で、独断的なリーダーであれば、あえてメンバーの意見を聞き、そして、良い意見を採用していく度量が必要である。リーダーが見えなかった視点があるかもしれない。より良い意思決定を行う意味でも、自分がどのようなタイプなのかを知っておく必要がある。

　南カリフォルニア大学で教鞭を執っていたマイケル・ドライバーは、

「意思決定スタイル」という概念を提唱し、自分がどのような意思決定スタイルを持っているのかがわかるアセスメントを開発している。9)

　ドライバーによると、意思決定時に、どの程度の情報を集めるのか、どの程度の選択肢を考えるのかによって、意思決定スタイルが異なるという。ビジネスの場面において、筆者の1人（古野）は、なるべく多くの情報を取得して、考えられる選択肢を多く準備して考える意思決定が良いと思っていたが、アセスメントによると、実際のスタイルはまったく違っていて、少ない情報で少ない選択肢で決めてしまうスタイルだった。ある意味、独裁的なリーダーのスタイルである。

　経営者にも多いが、日本人にも多いスタイルということであった。

　私たちは日々、意思決定をしている。今日のランチで何を食べるか、週末に何をするのか、何の本を読むのか、常に意思決定をしている。その都度、できるだけの情報を収集し、考えられる選択肢を考えられるだけ洗い出して、決めるということは、普通しない。意思決定するには時間とコストがかかるので、簡易なやり方を選びがちである。スティーブ・ジョブズがいつも同じ服を着ていたのは、何を着るのかという意思決定をするコストを避けるためといわれている。

　軽い意思決定では、確かに多くの情報を集め、多くの選択肢を用意して決めないかもしれないが、重い意思決定ではどうだろう。たとえば、就職する会社を選ぶ、生涯を共にするパートナーを選ぶというような意思決定である。ランチを選ぶような気楽さではないが、その重さのわりには、事前情報の収集や多くの選択肢を考えることを、私たちはあまりしない。何万社もある会社をすべて検討してから就職先を選ぶわけでもないし、何十億もいる人からパートナーを選ぶわけでもない。ある種の直感や開き直りや妄想で選んでいる。それは、意思決定コストを考えると合理的である。

　では、中くらいの重さの意思決定はどうだろうか。たとえば、家電やクルマや旅行先を決める場面を想定してみよう。多くの情報を収集し、多くの選択肢を用意し、検討する人も多いのではないかと思われる。こだわりが強い人やこだわりが強い分野があれば、その傾向はますます強

336　第Ⅲ部｜自分自身に向き合う

くなる。一方で、何かこだわることもなかったり、こだわりの分野が少なかったりする人も多い。そういう人は、情報収集は少なめ、選択肢も少なめである。そのような差が意思決定スタイルの差となっている。良いか悪いかでなく、スタイルの差である。

そのような説明を受けた後、自分が思っている理想のスタイルと実際のスタイルは違うことに合点がいった。自分は、少ない情報で少ない選択肢の中で選ぶ傾向が強い。さっさと決めたいタイプなのである。仕事でもプライベートの場面でも、意思決定する際には、1人で決めることが多い。

ゆえに、それからは、公私共に、他者の意見を聞き、独断で決めないことを心掛けている。実際にできているかどうかは置いておいて、自分の意思決定スタイルをわかっていることが大切だということを学んだ。

組織責任者であれば、十分な情報を持っていなくても意思決定していく必要がある。少ない情報でも意思決定できるタイプは、組織責任者としてのストレスは少ないだろう。一方で、メンバーの意見を聞いて決定することが苦手なので、逆に、そのことは意識したほうがよいだろう。

他方で、多くの情報が必要な意思決定スタイルを持っている人であれば、組織責任者の仕事はストレスに感じるかもしれない。しかし、それはそういうものだという開き直りも必要である。いずれにしても自分のスタイルがわかっていることは大切である。

ここまで、組織責任者の仕事が自分に合っているのかどうかについて、能力面と嗜好面で述べてきた。すでに組織責任者の仕事をしている方であれば、自分が組織責任者になることが自分に合っているのかどうか、これから組織責任者の仕事をされる方であれば、自分に合っているのかどうか、合っていないと感じているのであれば、どの部分が合っていないのか、改めて検証していただければありがたい。

4 | 組織責任者の
ワークライフ・エンリッチメント

　前述したように、管理職に昇進したいと思わない人が6割を超えている。理由として、「責任が重くなる」「長時間労働になる」などを挙げている。仕事に追われている管理職をイメージしていると考えられる。

　一方で、仕事もしているが、社外活動も充実している管理職も存在し、そのような管理職は、自身が思うより、若い部下から魅力的に映っていることがわかった。[10]

　また、若い部下から見る理想の上司は、管理職自身が考えるよりも、仕事ばかりをしている上司ではなく、仕事は生活の一部であり、遅くまで仕事をするのではなく、早く帰ってもらいたいと思っていることがわかった。

　管理職には、成果を上げることが求められている。そのために、より仕事に時間を割いてどうにかしないといけないと思っているかもしれないが、そのことにより、かえって成果を上げることから遠ざかっていることも考えられる。

　さらに、管理職を行っている本人に、「自分らしさ」「ワークライフ・バランス」「適応感」「満足感」を聞いているが、いずれの項目も社外活動の経験がある管理職のほうが、高いことが明らかになっている。

　管理職になると、責任が重くなって忙しそうである。実際、管理職の平均労働時間は月に177.4時間で、[11] 一般社員（162.3時間）[12] よりも長いが、個人差も大きい。3割の管理職は、190時間以上働いているが、170時間未満の管理職も4割存在することを考えると、一概に管理職が忙しいとはいえない。

　会社の風土や慣習、メンバーの状況に依存する部分も大きいが、管理職本人の努力で変えられる部分も大きいと思われる。自分らしく働き続け、部下から支持され、業績を上げることを考えるのであれば、社外活動を充実させていくことも視野に置いたほうがよいという提案だ。

338　第Ⅲ部｜自分自身に向き合う

それは、単に管理職としてのキャリアを充実させるだけでなく、管理職から離れた後のキャリアにも影響してくると思われる。

本章の最後は、管理職を離れた後のキャリアについて考えたい。

5 | ポストオフ後のキャリア

会社の中で、組織責任者を行っていると、いずれ組織責任者の仕事を離れることになる。人生100年時代になり、組織責任者を離れた後でも働く期間が長くなることを考えると、組織責任者を離れることがどういうことなのかと共に、組織責任者を担っているときに、何を意識して、どういう行動をとっておくとよいのかを知っておく必要がある。ここでは、私たちが行った調査を紹介し、組織責任者のキャリアを考えてみたい。[13]

50〜64歳で、従業員規模300名以上の会社に勤務し、管理職から外れた経験（ポストオフ）があり、その後も同じ会社で正社員として継続的に働いている766名に調査を行った。

まず、ポストオフ後の変化についての回答である。賃金が下がったとする回答が8割強である。また、周囲からの期待、労働時間、評価、あるいは、会話する人の数が減ったことがわかる（図表11-5）。

図表11-6は、ポストオフで失ったものと得たものの定性コメントをまとめたものである。管理職という重責がなくなり、会社から入ってくる情報が少なくなり、寂しさもあるが、自由度が増し、人としての優しさが増すと捉えている人も多い。そういう意味で、ポストオフとは、組織からの曖昧な期待の中で生きるということになる。

役職経験者に対して、周囲は遠慮がある。あるいは、本人のプライドがあるので、周囲からの声に耳を傾けることができないこともある。老害を気にして、邪魔しないように振る舞った結果、周囲の期待と乖離してしまうことが容易に想像できる。自分らしく、自分でやりたいことを

第11章｜組織責任者というキャリア　339

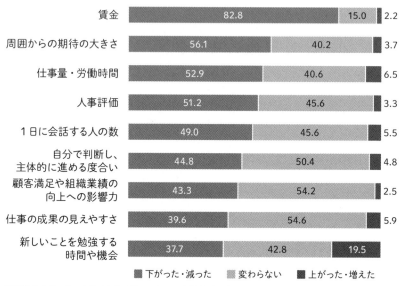

図表11-5 ポストオフ後の変化

 踏まえつつ、周囲の期待や組織での役割を統合していくことが求められる。自分に合った仕事をつくっていく技術、つまり、第3章で触れたジョブクラフティングの技術が、ポストオフ後に最も求められる技術である。
 ポストオフ前後で、価値観も変化する。ポストオフ後に大幅に選択率が高まるのが、「自分が楽しめる、面白いと思える」という価値観である。あるいは、「社会の役に立つ」や「人の役に立つ」という価値観の選択率が高まっているのも特筆すべきことである。
 管理職は、会社からの期待役割を背負って、その期待に応えることが求められる。自分がやりたいことやしたいこと、あるいは自分が向いていること、というような自分のキャリアに関する大切なことを一旦棚上

図表11-6 ポストオフで失ったもの、得たもの

あなたが、ポストオフによって失ったと感じるもの、得たと感じるものについて、それぞれ自由にお答えください（自由記述結果より抜粋）。

部長ポストオフ

- 給与が下がり、影響力がなくなった。一方、これまで考えたこともなかった新しい職務にチャレンジするのは、少し楽しい（53歳男性・事務系・部長ポストオフ）
- 仕事へのモチベーションがこれほど減るとは思わなかった。新しい業務へのチャレンジで、毎日が勉強で、それはそれで面白い（57歳女性・事務系・部長ポストオフ）
- 職務内容は大きく変わらず、範囲が広がりやりがいも感じるが、給料が目減りしたことに慣れないといけない（59歳男性・事務系・部長ポストオフ）
- 権限と情報入手量の大幅低下で、会社で何が起こっているのかがまったくわからなくなった（60歳男性・技術系・部長ポストオフ）
- 失ったものはない。得たものは活動範囲の自由（62歳男性・技術系・部長ポストオフ）
- 不必要なプライドや自尊心を持たなければ失うことはない（給料ダウンはいたしかたないが……）。現場仕事を経験できたこと、プライベートの時間が増えたことが得たもの（54歳女性・その他・部長ポストオフ）
- みなぎる気力というか、ギラギラするものがなくなったと感じることが多くなっている一方で、優しい気持ちが言葉に出てくるようになった（61歳男性・事務系・部長ポストオフ）

課長ポストオフ

- 一時的にやる気を失い、人の優しさを得ました（60歳男性・その他・課長ポストオフ）
- 会社からの成果の期待減によりモチベーションが失われた一方、会社内外へ個人の能力をアピールすることの重要性に気づきました（53歳男性・技術系・課長ポストオフ）
- 今までの人脈を活用することがなくなった。仕事のプレッシャーが小さくなった（61歳男性・事務系・課長ポストオフ）
- 以前と同様な仕事なのに給料が下がることへの不満がある。自由時間の増加（58歳男性・技術系・課長ポストオフ）
- サラリーマンとしては、さまざまなことを失った（否定された）。プライベートの時間は得た（52歳男性・事務系・課長ポストオフ）
- 年齢によるものなので邪魔をしてはいけないと思うが、役職によってはまだ一線にとどまっている人もいることからすると、自分に足りなかったものは何だったのかを考えてしまう（55歳男性・技術系・課長ポストオフ）
- 主に部下だったメンバーとのつながりが薄くなったと感じたが、わりと自分がやりたいことを声を上げればやらせてもらえることがわかったので、課長時代以上に提言、提案をできるようになった（59歳男性・技術系・課長ポストオフ）

（出所）リクルートマネジメントソリューションズ（2021）p.24。

第11章 組織責任者というキャリア 341

げにしないといけない職種である。棚上げにしていて、ホコリをかぶってしまった自分を再度見つめるのが、ポストオフという経験である。喪失感はあるが、開放感でもある。そして、新たな旅立ちである。

賃金が下がり、周囲からの期待も下がってくると、仕事に対する意欲や、やる気はどうなっているのだろうか。役職別に回答してもらっているが、役職によって、やる気の推移のパターンが、かなり違う。課長職、部長職の約4割がやる気は下がったままであるが、役員職の場合、やる気が下がったままの人は13.0％である。

逆に、一度下がって上がる人、上がる人、変わらない人を合わせると、7割以上が役員職を歴任した人である。役員職まで昇進した人のほうが、失われる役割が多いことを考えると意欲が失われる度合いも大きいと思っていたが、そうでもない結果は、意外であった。実際に、役員のポストオフ経験者数人にインタビューしたところ、いずれポストから外れることを予想していて、その次への準備をしていたことが垣間見られた。

ポストオフ前に準備や意識していたことについても回答をもらっている。ポストオフ後にうまく適応できた好適応群とそうでなかった苦労群に分けて、ポイント差が大きかったものを明らかにした。部長ポストにおいては、専門領域に関する知識を身につける習慣があることと、ポジションによるパワーを振りかざさないように心がけることがポストオフ後の適応に影響を及ぼしていることがわかる。課長ポストにおいても同様の傾向が見られるが、さらにプレイヤー業務を意図的に取り込むことが、ポストオフ後の適応につながっている。

課長のポジションで、プレイヤー業務を行うことについて、ネガティブな意見も多いが、個人のキャリアという観点では、プレイヤー業務を行うことは、好影響を及ぼすということである。プレイヤーをすることで、最先端の知識や技術を得ることになり、ポストオフ後にプレイヤーに戻っても、即戦力として対応できる。

いずれにしても、管理職に就いたとしても、その後にその職を離れることを頭の片隅において、その仕事を行うことは必要だということであ

る。しかし、その仕事に就いているときは、その後の仕事については何も考えずに、目の前のことに集中することも大切である。目の前で起きている現実があるにもかかわらず、その先のことを考えて、浮き足立ったり、不安に駆られたりしている上司に、部下は不安感を持つだろう。

一方で、将来を見つつも、目の前のことにも集中できる上司は、社外活動を行っている上司と同様、部下からも魅力的に見えるだろう。要するにバランスである。目の前と将来、今の仕事と社外での活動、仕事とプライベートなど、バランスが良い動きが管理職に求められていると考えられる。

最後に、組織責任者としてのキャリアについて、まとめてみよう。

組織責任者の仕事をするということは、責任も重くなり、労働時間も長くなり、大変そうである。ただし、実態を見ていると、大変かどうかは、その会社の風土や慣習、あるいは、組織メンバーの状況によるものである。

大変そうだから、組織責任者の仕事をネガティブに思っていたが、やってみると半数の方がポジティブに変化している。外から見ていると大変そうだが、やってみるとやりがいにつながったり、その面白みにはまったりする人がいるのが組織責任者の仕事である。

しかし半数の人は、その後もネガティブであることも見逃せない事実で、組織責任者は、自分が向いているのかということを改めて知っておく必要がある。

組織責任者に就任した際に、苦労する人は多い。その苦労をうまく乗り越えることができれば、学びが多い経験になるが、乗り越えることができなければ、苦行になる。特に、メンバー同士が仲が悪かったり、自分に対して信頼がなかったりした場合、克服するのは難しい。

尊敬する経営者に「メンバーから信頼が得られない場合には、どうしますか」と聞いたことがある。その経営者は「信頼は双方でつくるものだから、まずはこちらからとことん信頼してみる。そして、対話してみる。こちらが思っていること、向こうが思っていることを話して、そし

て聞いてみる。互いに話さないで疑心暗鬼になっているのが一番良くない。相手をリスペクトして、とことん対話してみると信頼関係はつくれると思う。それでも相手から信頼が得られない場合には、異動してもらう」という回答であった。

メンバーも信頼できない上司の場合、自分から異動していくこともできるから、上司も異動させるオプションを持っておくことが健全である、とその経営者は述べていた。

「メンバーに仕事をしてもらって成果を発揮すること」が組織責任者の大きな役割だとしたら、メンバーと健全な人間関係を構築することは、その必要条件である。その人間関係のつくり方を組織責任者になって、新たに学んでいく。

そして、先の経営者が語った、「とことん信頼してみる」「とことん対話してみる」のように、経験を通して、持論を形成していくことになる。そのような過程が、苦労はあっても試行錯誤を繰り返し、面白く思えるかどうかが、組織責任者の仕事を楽しめるかどうか、その仕事が合っているかどうかの試金石になる。

いずれ組織責任者の仕事を離れる日が来る。ポストオフして退職する人もいるが、その後に再度、1人のプレイヤーとして働く人も多いだろう。人生100年時代。多くの人が今後、従来と比べて、長い期間、働くことになると予想される。そのような背景の中、組織責任者としての経験は役に立つ。

管理職の仕事をすると、専門性が薄れ、いざプレイヤーに戻るときに戻れなくなるという声を聞く。確かにそういう面もあるが、管理職の仕事をしながらも、意図的に専門性は身につけられるし、多くの分野で、1人のプレイヤーに戻っても追いつける。それよりも組織責任者の経験は、視野や人脈を広げると共に、他者と働く際のスキルを身につける機会でもある。

1人のプレイヤーになったとしても、他者と協働することは頻繁にある。働かなかったとしても、他者とかかわりながら、その後も生きていく。その際に、他者の立場に身を置くことや他者のことを気遣うことが

できるようになるスキルは、組織責任者の経験をすることで養うことができる。たとえ、組織責任者の仕事がうまくできなかったとしても、そこでの葛藤の経験は、その後に活きていくはずだ。

注

はじめに

1) Carlson, S. (1951) *Executive Behavior: A Study of the Work Load and the Working Methods of Managing Directors*. Arno Press.
2) Hogarth, R. M. (2001) *Educating Intuition*. University of Chicago Press.
3) リチャード・ランガム (2020)『善と悪のパラドックス——ヒトの進化と〈自己家畜化〉の歴史』依田卓巳訳, NTT 出版.

第 1 章

1) 人の行動や思考は, 集団から影響を受け, また, 集団に対しても影響を与えるというような集団特性をいう.
2) バーナード, チェスター・I (1968)『新訳 経営者の役割』山本安次郎・田杉競・飯野春樹訳, ダイヤモンド社.
3) コリンズ, ジェームズ・C (2001)『ビジョナリーカンパニー② 飛躍の法則』山岡洋一訳, 日経 BP 社.
4) テンニエス (1957)『ゲマインシャフトとゲゼルシャフト (上・下)——純粋社会学の基本概念』杉之原寿一訳, 岩波文庫.
5) Beckhard, R. (1969) *Organization Development: Strategies and Models*. Addison-Wesley.
6) Porras, J. I., and P. J. Robertson (1992) *"Organizational Development: Theory, Practice, and Research."* In M. D. Dunnette, and L. M. Hough (eds.), *Handbook of Industrial and Organizational Psychology*, Consulting Psychologists Press, pp.719-822.
7) Worley, C. G., and A. E. Feyerherm (2003) "Reflections on the Future of Organization Development." *The Journal of Applied Behavioral Science* 39(1): 97-115.
8) 長谷川寿一・長谷川眞理子 (2000)『進化と人間行動』東京大学出版会.
9) Kiley Hamlin, J., K. Wynn, and P. Bloom (2010) "Three-month-olds Show a Negativity Bias in Their Social Evaluations." *Developmental Science* 13(6): 923-929.
10) Warneken, F., and M. Tomasello (2006) "Altruistic Helping in Human Infants and Young Chimpanzees." *Science* 311(5765): 1301-1303.
11) Forsyth, D. R. (2018) *Group Dynamics. Seventh Edition*. Cengage Learning.
12) Mullen, B., and C. Copper (1994) "The Relation between Group Cohesiveness and Performance: An Integration." *Psychological Bulletin* 115(2): 210-227.

13) 木下稔子 (1964)「集団の凝集性と課題の重要性の同調行動に及ぼす効果」『心理学研究』35(4)：181-193.

14) Asch, S. E. (1951) "Effects of Group Pressure upon the Modification and Distortion of Judgments." In H. Guetzkow (ed.), *Groups, Leadership, and Men: Research in Human Relations*, Carnegie Press, pp.177-190.

15) リクルートマネジメントソリューションズ (2019)「多様性を生かすチーム」『RMS Message』56：5-32.

16) スミス，アダム (2000)『国富論1〜4』水田洋監訳，杉山忠平訳，岩波文庫.

17) リドレー，マット (2013)『繁栄——明日を切り拓くための人類10万年史（上・下）』大田直子・鍛原多惠子・柴田裕之訳，早川書房.

18) リクルートマネジメントソリューションズ (2022a)「自律型組織を育むシェアド・リーダーシップ」『RMS Message』68：5-32.

19) Klein, H. J., M. J. Wesson, J. R. Hollenbeck, and B. J. Alge (1999) "Goal Commitment and the Goal-setting Process: Conceptual Clarification and Empirical Synthesis." *Journal of Applied Psychology* 84(6): 885-896.

20) Zajonc, R. B. (1965) "Social Facilitation: A Solution is Suggested for an Old Unresolved Social Psychological Problem." *Science* 149(3681): 269-274.

21) スミス (2000).

22) メイヨー，エルトン (1967)『新訳 産業文明における人間問題——ホーソン実験とその展開』村本栄一訳，日本能率協会.

23) Festinger, L. (1954) "A Theory of Social Comparison Processes." *Human relations* 7(2): 117-140.

24) Herrmann, E., J. Call, M. V. Hernández -Lloreda, B. Hare, and M. Tomasello (2007) "Humans Have Evolved Specialized Skills of Social Cognition: The Cultural Intelligence Hypothesis." *Science* 317(5843): 1360-1366.

25) ヘンリック，ジョセフ (2019)『文化がヒトを進化させた——人類の繁栄と〈文化-遺伝子革命〉』今西康子訳，白揚社.

26) 生田久美子 (2007)『コレクション認知科学6——「わざ」から知る』東京大学出版会.

27) 金井壽宏・楠見孝編 (2012)『実践知——エキスパートの知性』有斐閣.

28) 藤本隆宏 (2003)『能力構築競争——日本の自動車産業はなぜ強いのか』中公新書.

29) スロウィッキー，ジェームズ (2009)『「みんなの意見」は案外正しい』小髙尚子訳，角川文庫.

30) Shaw, M. E. (1932) "A Comparison of Individuals and Small Groups in the Rational Solution of Complex Problems." *The American Journal of Psychology* 44(3): 491-504.

31) シュムペーター (1977)『経済発展の理論——企業者利潤・資本・信用・利子および景気の回転に関する研究（上・下）』塩野谷祐一・中山伊知郎・東畑精一訳，岩波文庫.

32) Osbornm, A. F. (1957) *Applied Imagination: Principles and Procedures of Creative Thinking, rev. eds.* Scribner.

33) Diehl, M., and W. Stroebe (1987) "Productivity Loss in Brainstorming Groups: Toward the Solution of a Riddle." *Journal of personality and social psychology* 53(3): 497-509.

34) Stroebe, W., and M. Diehl (1994) "Why Groups are Less Effective than Their Members: On Productivity Losses in Idea-generating Groups." *European Review of Social Psychology* 5(1): 271-303.

35) Diehl and Stroebe (1987); Diehl, M., and W. Stroebe (1991) "Productivity Loss in Idea-generating Groups: Tracking Down the Blocking Effect." *Journal of Personality and Social Psychology* 61(3): 392-403.

36) 「目的に沿っていれば，どんなアイディアであっても大丈夫」という話は，心理的安全性の話にも通じる．詳しくは，第5章で触れる．

37) Holt-Lunstad, J., T. B. Smith, and J. B. Layton (2010). "Social Relationships and Mortality Risk: A Meta-analytic Review." *PLoS medicine* 7(7): e1000316.

38) 中村准子・岡田昌毅 (2016)「企業で働く人の職業生活における心理的居場所感に関する研究」『産業・組織心理学研究』30(1)：45-58.

39) リクルートマネジメントソリューションズ (2023)「『つながり』を再考する」『RMS Message』69：5-32.

40) リクルートマネジメントソリューションズ (2023).

41) 中村・岡田 (2016).

42) 堤雅雄 (2002)「『居場所』感覚と青年期の同一性の混乱」『島根大学教育学部紀要（人文・社会科学）』36：1-7.

43) Tajfel, H., J. C. Turner (1979) "An Integrative Theory of Intergroup Conflict." In W. G. Austin, and S. Worchel (eds.), *The social Psychology of Intergroup Relations*. Monterey, pp.33-47.

第 2 章

1) Judge, T. A., C. J. Thoresen, J. E. Bono, and G. K. Patton (2001) "The Job Satisfaction-job performance Relationship: A Qualitative and Quantitative Review." *Psychological Bulletin* 127(3): 376-407.

2) Locke, E. A. (1976) "The Nature and Causes of Job Satisfaction." In M. D. Dunnette (ed.), *Handbook of Industrial and Organizational Psychology, Vol.1*, pp.1297-1343.

3) リクルートマネジメントソリューションズ (2010a)「従業員満足度を高める要因とは――従業員満足度の高い企業の仕事・組織・風土を探る」(https://www.recruit-ms.co.jp/research/study_report/0000000280/).

4) Chi, C. G., and D. Gursoy (2009) "Employee Satisfaction, Customer Satisfaction, and Financial Performance: An Empirical Examination." *International Journal of Hospitality Management* 28(2): 245-253.

5) Great Place To Work ウェブサイト (https://hatarakigai.info/hatarakigai/).

6) Lyubomirsky, S., L. King, and E. Diener (2005) "The Benefits of Frequent

Positive Affect: Does Happiness Lead to Success?" *Psychological Bulletin* 131(6): 803-855.

7) World Happiness Report 2023 (https://worldhappiness.report/ed/2023/).

8) "AOM 2016: Making Organizations Meaningful." Academy of Management (https://aom.org/events/annual-meeting/past-annual-meetings/2016-making-organizations-meaningful).

9) パットナム，ロバート・D（2001）『哲学する民主主義——伝統と改革の市民的構造』河田潤一訳，NTT 出版．

10) たとえば，Hau, Y. S., B. Kim, H. Lee, and Y. G. Kim (2013) "The Effects of Individual Motivations and Social Capital on Employees' Tacit and Explicit Knowledge Sharing Intentions." *International Journal of Information Management* 33(2): 356-366; Lee, J., J. G. Park, and S. Lee (2015) "Raising Team Social Capital with Knowledge and Communication in Information Systems Development Projects." *International Journal of Project Management* 33(4): 797-807.

11) 西村孝史（2018）「ソーシャル・キャピタルの規定要因としての人事管理施策」『組織科学』52(2)：33-46．

12) 日本経済団体連合会（2020）「2020 年版　経営労働政策特別委員会報告」．

13) Schaufeli, W. B., M. Salanova, V. González-Romá, and A. B. Bakker (2002) "The Measurement of Engagement and Burnout: A Two Sample Confirmatory Factor Analytic Approach." *Journal of Happiness Studies* 3(1): 71-92.

14) リクルートマネジメントソリューションズ（2020a）「ワーク・エンゲージメントに関する実態調査——一般社員 624 名に聞く，ワーク・エンゲージメントの実態」（https://www.recruit-ms.co.jp/issue/inquiry_report/0000000842/）．

15) 厚生労働省（2019）「令和元年版　労働経済の分析——人手不足の下での『働き方』をめぐる課題について」．

16) リクルートマネジメントソリューションズ（2020a）．

17) 新原浩朗（2006）『日本の優秀企業研究——企業経営の原点 6 つの条件』日経ビジネス人文庫．

18) 三品和広（2004）『戦略不全の論理——慢性的な低収益の病からどう抜け出すか』東洋経済新報社．

19) リクルートマネジメントソリューションズ組織行動研究所（2010b）『日本の持続的成長企業——「優良＋長寿」の企業研究』野中郁次郎監修，東洋経済新報社．

20) エーザイ株式会社「定款」（https://www.eisai.co.jp/company/governance/cgregulations/pdf/articles.pdf）．

21) ボウルビィ，ジョン（1991）『母子関係の理論 I　愛着行動（新版）』黒田実郎ほか訳，岩崎学術出版社．

22) Ainsworth, M. D. S., M. C. Blehar, E. Waters, and S. N. Wall (2015) *Patterns of Attachment: A Psychological Study of the Strange Situation.* Psychology Press.

23) Ma, H., R. Karri, and K. Chittipeddi (2004) "The Paradox of Managerial Tyranny." *Business Horizons* 47(4): 33-40.

24) Schaufeli, W. B., M. Salanova, V. González-Romá, and A. B. Bakker (2002) "The Measurement of Engagement and Burnout: A Two Sample Confirmatory Factor Analytic Approach." *Journal of Happiness studies* 3: 71-92; Locke, E. A. (1969) "What Is Job Satisfaction?" *Organizational Behavior and Human Performance* 4(4): 309-336; Spector, P. E. (1997) *Job Satisfaction: Application, Assessment, Causes, and Consequences.* Sage; Ryan, R. M., and E. L. Deci (2001) "On Happiness and Human Potentials: A Review of Research on Hedonic and Eudaimonic Well-being." *Annual Review of Psychology* 52(1): 141-166.

第 **3** 章

1) Mitchell, T. R. (1997) "Matching Motivational Strategies with Organizational Contexts." *Research in Organizational Behavior* 19: 57-150.
2) Maier, N. R. F. (1955) *Psychology in Industry.* Houghton Mifflin.
3) Murray, H. A. (1938) *Explorations in Personality.* Oxford University Press.
4) マズロー, アブラハム (1987)『人間性の心理学——モチベーションとパーソナリティ』小口忠彦訳, 産業能率大学出版部.
5) 内閣府 (2022)「国民生活に関する世論調査 (令和 4 年 10 月調査)」.
6) マズローは「自己」という概念が消え, 自己実現を超越した欲求として「超越」ということを唱えているが, ここでは, 一般的に使われている 5 つの欲求段階を扱っている. 本書で用いているマズローの欲求段階の訳語は, 以下の文献に拠っている. 齊藤勇 (1996)『イラストレート心理学入門』誠信書房.
7) マグレガー, ダグラス (1970)『新版 企業の人間的側面——統合と自己統制による経営』高橋達男訳, 産能大学出版部.
8) マグレガー (1970).
9) ハーズバーグ, フレデリック (1968)『仕事と人間性——動機づけ–衛生理論の新展開』北野利信訳, 東洋経済新報社.
10) ここでのプロ経営者の定義は「複数の会社で業績を上げた経営者」である. つまり, 事業内容や組織のメンバー構成が変わっても, 業績を上げるためのマネジメントスキルや方法論を持っており, 必然的に業績を上げられる人である. 詳しくは, 以下を参照. 古野庸一・藤村直子 (2012)「プロ経営者になるための学びのプロセス——『覚悟』と『内省』で支え,『日々の鍛錬』と『修羅場』で学ぶ (セッション 21 研究発表)」『経営行動科学学会年次大会 発表論文集』pp.373-378.
11) Hackman, J. R., and G. R. Oldham (1976) "Motivation through the Design of Work: Test of a Theory." *Organizational Behavior and Human Performance* 16(2): 250-279.
12) Wrzesniewski, A., and J. E. Dutton (2001) "Crafting a Job: Revisioning Employees as Active Crafters of Their Work." *Academy of Management Review* 26(2): 179-201.
13) 辰巳哲子 (2018)「たった 17 字で分かる　あなたが『働く意味』」NIKKEI リスキリング, 9 月 8 日 (https://reskill.nikkei.com/article/DGXMZO34917280T00C18A9000

000/).

14) Hackman, J. R., and G. R. Oldham (1975) "Development of the Job Diagnostic Survey." *Journal of Applied psychology* 60(2): 159-170.

15) Bell, S. T., and W. Arthur Jr. (2008) "Feedback Acceptance in Developmental Assessment Centers: The Role of Feedback Message, Participant Personality, and Affective Response to the Feedback Session." *Journal of Organizational Behavior* 29(5): 681-703.

16) Oldham, G. R., and J. R. Hackman (2010) "Not What It Was and Not What It Will Be: The Future of Job Design Research." *Journal of Organizational Behavior* 31(2-3): 463-479.

17) Morgeson, F. P., and M. A. Campion (2003) "Work design." *Handbook of psychology: Industrial and Organizational Psychology* 12(2): 423-452.

18) Vroom, V. H. (1964) *Work and Motivation.* Wiley.

19) Locke, E. A. (1968) "Toward a Theory of Task Motivation and Incentives." *Organizational Behavior and Human Performance* 3(2): 157-189; Steers, R. M., and L. W. Porter (1974) "The Role of Task-goal Attributes in Employee Performance." *Psychological Bulletin* 81(7): 434-452.

20) 「旧姓使用を認めている企業は 67.5%――民間企業 440 社にみる人事労務諸制度の実施状況」労務行政研究所, 2018 年 9 月 5 日 (https://www.rosei.or.jp/attach/labo/research/pdf/000073723.pdf).

21) Deci, E. L. (1971) "Effects of Externally Mediated Rewards on Intrinsic Motivation." *Journal of personality and Social Psychology* 18(1): 105-115.

22) デシ, エドワード・L／リチャード・フラスト (1999)『人を伸ばす力――内発と自律のすすめ』桜井茂男監訳, 新曜社.

23) Deci, E. L., R. Koestner, and R. M. Ryan (1999) "A Meta-analytic Review of Experiments Examining the Effects of Extrinsic Rewards on Intrinsic Motivation." *Psychological Bulletin* 125(6): 627-668.

24) Hinsz, V. B. (1995) "Goal Setting by Groups Performing an Additive Task: A Comparison with Individual Goal Setting 1." *Journal of Applied Social Psychology* 25(11): 965-990.

25) 厚生労働省 (2014)「働きやすい・働きがいのある職場づくりに関する調査報告書」.

26) リクルートマネジメントソリューションズ (2022b)「個人選択型 HRM と個人選択感に関する意識調査――組織のなかでの仕事, 働き方, キャリアの選択機会の実態」(https://www.recruit-ms.co.jp/issue/inquiry_report/0000001091/).

27) Ryan, R. M., and E. L. Deci (2017) *Self-determination Theory: Basic Psychological Needs in Motivation, Development, and Wellness.* The Guilford Press.

28) モース, E・S (1970)『日本その日その日　1』石川欣一訳, 平凡社東洋文庫.

29) モース (1970).

30) Weiner, I. B., N. W. Schmitt, S.Highhouse (2012) *Handbook of Psychology, Industrial and Organizational Psychology.* Wiley.

31) Gagné, M. and E. L. Deci (2005) "Self-determination Theory and Work

Motivation." *Journal of Organizational Behavior* 26(4): 331-362.

32) Cerasoli, C. P., J. M. Nicklin, and M. T. Ford (2014) "Intrinsic Motivation and Extrinsic Incentives Jointly Predict Performance: A 40-year Meta-analysis." *Psychological Bulletin* 140(4): 980-1008.

33) Amabile, T. M. (1988) "A Model of Creativity and Innovation in Organizations." *Research in Organizational Behavior* 10(1): 123-167.

34) Hennessey, B. A., and T. M. Amabile (2010) "Creativity." *Annual Review of Psychology* 61(1): 569-598.

35) Gagné and Deci (2005).

36) Gerhart, B., and M. Fang (2015) "Pay, Intrinsic Motivation, Extrinsic Motivation, Performance, and Creativity in the Workplace: Revisiting Long-held Beliefs." *Annual Review of Organalizatonal Psychology and Organizational Behavavior* 2(1): 489-521.

37) Wiersma, U. J. (1992) "The Effects of Extrinsic Rewards in Intrinsic Motivation: A Meta-analysis." *Journal of Occupational and Organizational Psychology* 65(2): 101-114.

第 **4** 章

1) バーナード (1968).

2) バーナード (1968).

3) Burnes, B. (2007) "Kurt Lewin and the Harwood Studies: The Foundations of OD." *Journal of Applied Behavioral Science* 43(2): 213-231.

4) Glass, D. C., and J. E. Singer (1972) *Urban Stress: Experiments on Noise and Social Stressors.* Academic Press.

5) 「2018 年版 日本における『働きがいのある会社』女性ランキング」(https://hataraki gai.info/ranking/woman/2018.html#ranking_03).

6) 「2 年連続受賞！ 100 人以下の部門で『職場環境最優良法人 2022』を受賞しました」GC ストーリー，2023 年 8 月 21 日 (https://gc-story.com/news/428/).

7) Feiler, D. C., L. P. Tost, and A. M. Grant (2012) "Mixed Reasons, Missed Givings: The Costs of Blending Egoistic and Altruistic Reasons in Donation Requests." *Journal of Experimental Social Psychology* 48(6): 1322-1328.

8) ボーム，デヴィッド (2007)『ダイアローグ——対立から強制へ，議論から対話へ』金井真弓訳，英治出版.

9) Hiraki, T., A. Ito, and F. Kuroki (2003) "Investor Familiarity and Home Bias: Japanese Evidence." *Asia-Pacific Financial Markets* 10: 281-300.

10) Case, C. R., and J. K. Maner (2014) "Divide and Conquer: When and Why Leaders Undermine the Cohesive Fabric of Their Group." *Journal of Personality and Social Psychology* 107(6): 1033-1050.

11) レヴィン，クルト (2017)『社会科学における場の理論』猪股佐登留訳，ちとせプレス.

12) レヴィン (2017).

13) Stephens, G. J., L. J. Silbert, and U. Hasson (2010). "Speaker-listener Neural Coupling Underlies Successful Communication." *Proceedings of the National Academy of Sciences* 107(32): 14425-14430.

14) "Just 8% of People Achieve Their New Year's Resolutions. Here's How They Do It." Forbes Online, Jan. 2, 2013 (https://www.forbes.com/sites/dandiamond/2013/01/01/just-8-of-people-achieve-their-new-years-resolutions-heres-how-they-did-it/?sh=6038aad8596b).

15) Oosterbeek, H., R. Sloof, and G. Van De Kuilen (2004) "Cultural Differences in Ultimatum Game Experiments: Evidence from a Meta-analysis." *Experimental Economics* 7: 171-188.

16) Fischer, P., T. Greitemeyer, and D. Frey (2008) "Self-regulation and Selective Exposure: The Impact of Depleted Self-regulation Resources on Confirmatory Information Processing." *Journal of Personality and Social Psychology* 94(3): 382-395.

17) Lord, C. G., L. Ross, and M. R. Lepper (1979) "Biased Assimilation and Attitude Polarization: The Effects of Prior Theories on Subsequently Considered Evidence." *Journal of Personality and Social Psychology* 37(11): 2098-2109.

18) De Dreu, C. K., and D. Van Knippenberg (2005) "The Possessive Self as a Barrier to Conflict Resolution: Effects of Mere Ownership, Process Accountability, and Self-concept Clarity on Competitive Cognitions and Behavior." *Journal of Personality and Social Psychology* 89(3): 345-357.

19) 西研 (2019)『哲学は対話する――プラトン，フッサールの〈共通了解をつくる方法〉』筑摩書房．

20) ロールズ，ジョン (2010)『正義論 (改訂版)』川本隆史・福間聡・神島裕子訳，紀伊國屋書店．

21) Argyris, C. (1982) The executive mind and double-loop learning." *Organizational Dynamics* 11(2): 5-22.

22) U理論の「プレゼンシング」といわれるものと一致しているのかどうかはわからないが，対話していく中で，最初に想定しなかったことが現れることが時々ある．

23) ミンツバーグ，ヘンリー (2006)『MBAが会社を滅ぼす――マネジャーの正しい育て方』池村千秋訳，日経BP社．

24) Connelly, C. E., and O. Turel (2016) "Effects of Team Emotional Authenticity on Virtual Team Performance." *Frontiers in Psychology* 7: Article 1336.

25) Rimé, B. (2009) "Emotion Elicits the Social Sharing of Emotion: Theory and Empirical Review." *Emotion Review* 1(1): 60-85.

26) Rimé, B., P. Bouchat, L. Paquot, and L. Giglio (2020) "Intrapersonal, Interpersonal, and Social Outcomes of the Social Sharing of Emotion." *Current Opinion in Psychology* 31: 127-134.

27) Zaki, J., and W. C. Williams (2013) "Interpersonal Emotion Regulation." *Emotion* 13(5): 803-810.

28) Cropanzano, R., M. T. Dasborough, and H. M. Weiss (2017) "Affective Events and the Development of Leader-member Exchange." *Academy of Management Review* 42(2): 233-258.

第 **5** 章

1) シャイン, エドガー・H (2012)『組織文化とリーダーシップ』梅津祐良・横山哲夫訳, 白桃書房.
2) リクルートマネジメントソリューションズ (2017a)「組織の成果や学びにつながる心理的安全性のあり方」『RMS Message』48：5-30.
3) リクルートマネジメントソリューションズ (2017a).
4) Edmondson, A. (1999) "Psychological Safety and Learning Behavior in Work Teams." *Administrative Science Quarterly* 44(2): 350-383.
5) Edmondson (1999).
6) Edmondson (1999).
7) リクルートマネジメントソリューションズ (2017a).
8) Milliken, F. J., E. W. Morrison, and P. F. Hewlin (2003) "An Exploratory Study of Employee Silence: Issues That Employees don't Communicate Upward and Why." *Journal of Management Studies* 40(6): 1453-1476.
9) リクルートマネジメントソリューションズ (2018)「職場におけるソーシャル・サポート――希薄化する人間関係にどう向き合うか」『RMS Message』54：5-32
10) ホフステード, ヘールト (1995)『多文化世界――違いを学び共存への道を探る』岩井紀子・岩井八郎訳, 有斐閣. 権力格差が大きいほど, 順位が上位になる.
11) Frazier, M. L., S. Fainshmidt, R. L. Klinger, A. Pezeshkan, and V. Vracheva (2017) "Psychological Safety: A Meta-analytic Review and Extension." *Personnel Psychology* 70(1): 113-165.
12) Shore, L. M., A. E. Randel, B. G. Chung, M. A. Dean, K. Holcombe Ehrhart, and G. Singh (2011) "Inclusion and Diversity in Work Groups: A Review and Model for Future Research." *Journal of Management* 37(4): 1262-1289.
13) Nosek, B. A., et al. (2009) "National Differences in Gender-science Stereotypes Predict National Sex Differences in Science and Math Achievement." *Proceedings of the National Academy of Sciences* 106(26): 10593-10597.
14) Régner, I., et al. (2019) "Committees with Implicit Biases Promote Fewer Women When They do not Believe Gender Bias Exists." *Nature Human Behaviour* 3(11): 1171-1179.
15) Hall, W., T. Schmader, A. Aday, and E. Croft (2019) "Decoding the Dynamics of Social Identity Threat in the Workplace: A Within-person Analysis of Women's and Men's Interactions in STEM." *Social Psychological and Personality Science* 10(4): 542-552.
16) Holleran, S. E., J. Whitehead, T. Schmader, and M. R. Mehl (2011) "Talking Shop and Shooting the Breeze: A Study of Workplace Conversation and Job

Disengagement among STEM Faculty." *Social Psychological and Personality Science* 2(1): 65-71.

17) Kalev, A., F. Dobbin, and E. Kelly (2006) "Best Practices or Best Guesses? Assessing the Efficacy of Corporate Affirmative Action and Diversity Policies." *American Sociological Review* 71(4): 589-617.

18) Siemsen, E., A. V. Roth, S. Balasubramanian, and G. Anand (2009) "The Influence of Psychological Safety and Confidence in Knowledge on Employee Knowledge Sharing." *Manufacturing and Service Operations Management* 11(3): 429-447.

19) Edmondson, A. C. (2003) "Speaking Up in the Operating Room: How Team Leaders Promote Learning in Interdisciplinary Action Teams." *Journal of Management Studies* 40(6): 1419-1452.

20) Baer, M., and M. Frese (2003) "Innovation is not Enough: Climates for Initiative and Psychological Safety, Process Innovations, and Firm Performance." *Journal of Organizational Behavior* 24(1): 45-68.

21) Kirkman, B. L., J. L. Cordery, J. Mathieu, B. Rosen, and M. Kukenberger (2013) "Global Organizational Communities of Practice: The Effects of Nationality Diversity, Psychological Safety, and Media Richness on Community Performance." *Human Relations* 66(3): 333-362.

22) Edmondson, A. C., M. Higgins, S. Singer, and J. Weiner (2016) "Understanding Psychological Safety in Health Care and Education Organizations: A Comparative Perspective." *Research in Human Development* 13(1): 65-83.

23) Leung, K., H. Deng, J. Wang, and F. Zhou (2015) "Beyond Risk-taking: Effects of Psychological Safety on Cooperative Goal Interdependence and Prosocial Behavior." *Group and Organization Management* 40(1): 88-115.

24) リクルートマネジメントソリューションズ (2017a).

25) Ross, L. (1977) "The Intuitive Psychologist and His Shortcomings: Distortions in the Attribution Process." *Advances in Experimental Social Psychology* 10: 173-220.

26) 内閣府 (2004)「少子化社会対策の在り方に関する有識者アンケート調査」.

27)「少子化対策拡充『評価』58%, 負担増は『反対』56%　読売世論調査」読売新聞オンライン, 2023年1月15日 (https://www.yomiuri.co.jp/election/yoron-chosa/20230115-OYT1T50129/).

28) リクルートマネジメントソリューションズ (2017a).

29) Gajendran, R. S., and D. A. Harrison (2007) "The Good, the Bad, and the Unknown about Telecommuting: Meta-analysis of Psychological Mediators and Individual Consequences." *Journal of Applied Psychology* 92(6): 1524-1541.

30) Hossain, L., and R. T. Wigand (2004) "ICT Enabled Virtual Collaboration through Trust." *Journal of Computer-mediated Communication* 10(1): JCMC1014.

31) Connelly, C. E., and O. Turel (2016) "Effects of Team Emotional Authenticity on Virtual Team Performance." *Frontiers in Psychology* 7: Article 1336.

32) 以下の書籍が参考になる．武藤久美子（2021）『個と組織を生かすリモートマネジメントの教科書』クロスメディア・パブリッシング．

第 6 章

1) Lewin, K. (1947) "Group Decision and Social Change." In T. Newcomb, and E. Hartley (eds.), *Readings in Social Psychology*, Holt, Rinehart & Winston, pp.197-211.
2) Holman, P., T. Devane, and S. Cady (2007) *The Change Handbook: The Definitive Resource on Today's Best Methods for Engaging Whole Systems.* Berrett-Koehler.
3) Porras, J. I., and P. J.Robertson (1992) *Organizational Development: Theory, Practice, and Research.* Consulting Psychologists Press.
4) コリンズ，ジム／ジェリー・ポラス（1995）『ビジョナリーカンパニー──時代を超える生存の原則』山岡洋一訳，日経 BP 社．
5) Robertson, P. J., D. R. Roberts, and J. I. Porras (1992) "A Meta-Analytic Review of the Impact of Planned Organizational Change Interventions." *Academy of Management Proceedings* 1992(1): 201-205.

第 7 章

1) Pelz, D. C. (1952). "Influence: A Key to Effective Leadership in the First-line Supervisor." *Personnel* 29: 209-217.
2) Kahneman, D., and A. Tversky (2013) "Prospect Theory: An Analysis of Decision under Risk." In *Handbook of the Fundamentals of Financial Decision Making: Part I*, pp.99-127.
3) Rozin, P., and E. B. Royzman (2001) "Negativity Bias, Negativity Dominance, and Contagion." *Personality and Social Psychology Review*, 5(4): 296-320.
4) Gabarro, J. (1979) "Socialization at the Top: How CEOs and Subordinates Evolve Interpersonal Contracts." *Organizational Dynamics* 7(3): 3-23.
5) Gabarro, J. J., and J. P. Kotter (2008) *Managing Your Boss.* Harvard Business Review Press.
6) Gabarro and Kotter (2008).
7) Jehn, K. A. (1997) "A Qualitative Analysis of Conflict Types and Dimensions in Organizational Groups." *Administrative Science Quarterly* 42: 530-557.
8) De Dreu, C. K. W., and D. Van Knippenberg (2005) "The Possessive Self as a Barrier to Conflict Resolution: Effects of Mere Ownership, Process Accountability, and Self-concept Clarity on Competitive Cognitions and Behavior." *Journal of Personality and Social Psychology* 89(3): 345-357.
9) Thompson, L., and G. Loewenstein (1992) "Egocentric Interpretations of Fairness and Interpersonal Conflict." *Organizational Behavior and Human*

Decision Processes 51(2): 176-197.

10) Dodge, K. A. (2011) "Social Information Processing Patterns as Mediators of the Interaction between Genetic Factors and Life Experiences in the Development of Aggressive Behavior." In P. R. Shaver and M. Mikulincer (eds.), *Human Aggression and Violence: Causes, Manifestations, and Consequences*, American Psychological Association, pp.165-185.

11) Thomas, K. W. (1990) "Conflict and Negotiation Processes in Organizations." In M. D. Dunnette, and L. M. Hough (eds.), *Handbook of Industrial and Organizational Psychology (2nd ed.)*, Consulting Psychologists Press, pp.651-717.

12) Rahim, M. A. (2023) *Managing Conflict in Organizations.* Taylor and Francis.

13) フィッシャー, ロジャー／ウィリアム・ユーリー (1989)『ハーバード流交渉術――イエスを言わせる方法』金山宣夫・浅井和子訳, 三笠書房知的生きかた文庫.

14) Galinsky, A. D., W. W. Maddux, D. Gilin, and J. B. White (2008) "Why It Pays to Get Inside the Head of Your Opponent: The Differential Effects of Perspective Taking and Empathy in Negotiations." *Psychological Science* 19(4): 378-384.

第 9 章

1) 「極限状態から帰還した社員はどう変わる？ 日清食品が『無人島サバイバル研修』をする理由」まいにち doda, 2019 年 1 月 26 日 (https://mainichi.doda.jp/article/2019/01/26/1133.html).

2) クリスタキス, ニコラス (2020)『ブループリント――「よい未来」を築くための進化論と人類史 (上・下)』鬼澤忍・塩原通緒訳, NewsPicks パブリッシング.

3) ターンブル, コリン・M (1963)『ピグミー 森の猟人――アフリカ秘境の小人族の記録』藤川玄人訳, 講談社.

4) Lee, R. B. (1979) *The! Kung San: Men, Women and Work in a Foraging Society.* Cambridge University Press.

5) Keltner, D. (2016) *The Power Paradox: How We Gain and Lose Influence.* Penguin Press.

6) House, R. J., and M. L. Baetz (1979) "Leadership: Some Empirical Generalisations and New Research Directions." In B. M. Staw (ed.), *Research in Organisational Behaviour, Vol. 1*, Elsevier, pp.341-423.

7) クーゼス, ジェームズ・M／バリー・Z・ポスナー (1995)『信頼のリーダーシップ――こうすれば人が動く 6 つの規範』岩下貢訳, 日本生産性本部.

8) リクルートマネジメントソリューションズ (2011)「管理者適性アセスメント追跡調査 2011 ――今日の環境下で昇進するマネジャーの要件」9 月 30 日 (https://www.recruit-ms.co.jp/research/study_report/0000000287/).

9) フェファー, ジェフリー (2016)『悪いヤツほど出世する』村井章子訳, 日本経済新聞出版社.

10) フェファー (2016).

11) 金井壽宏 (2005)『リーダーシップ入門』日経文庫.

12) Hollander, E. P. (1974) "Processes of Leadership Emergence." *Journal of Contemporary Business* 3: 19-33.

13) 内集団バイアスの話につながる.

14) ファイヨール, アンリ (1985)『産業ならびに一般の管理』山本安次郎訳, ダイヤモンド社.

15) ドラッカー, ピーター・F (2001)『マネジメント【エッセンシャル版】 基本と原則』上田惇生訳, ダイヤモンド社.

16) Halpin, A. W., and B. J. Winer (1957) "A Factorial Study of the Leader Behavior Descriptions." *Leader Behavior: Its Description and Measurement*, 39-51.

17) Stogdill, R. M. (1974) *Handbook of Leadership: A Survey of Theory and Research*. Free Press.

18) Likert, R. (1961) *New Patterns of Management*. McGraw-Hill.

19) Heifetz, R. A., and D. L. Laurie (1997) "The Work of Leadership." *Harvard Business Review* 75: 124-134.

20) Carlsson, S. (1951) *Executive Behaviour: A Study of the Work Load and the Working Methods of Managing Directors*." Strömberg.

21) Stewart, R. (1967) *Managers and Their Jobs*. Palgrave Macmillan

22) ミンツバーグ, ヘンリー (1993)『マネジャーの仕事』奥村哲史・須貝栄訳, 白桃書房.

23) 三隅二不二 (1978)『リーダーシップ行動の科学』有斐閣.

24) 金井壽宏 (1991)『変革型ミドルの探求——戦略・革新指向の管理者行動』白桃書房.

25) 白石久喜 (2008)「ミドルマネジャーの役割再設計——役割コンフリクトの解消と役割分割の要諦」『Works Review』3 (6)：1-14.

26) 佐藤厚 (2004)「中間管理職は不要になるのか」『日本労働研究雑誌』525：30-33.

27) ワークス研究所 (2020)「プレイングマネジャーの時代」(https://www.works-i.com/research/report/pmgrjobassign2020.html).

28) 久米功一 (2015)「マネジャーの仕事配分は何で決まるのか」『研究紀要 Works Review』10 (7)：1-12.

29) ワークス研究所 (2020).

30) ミンツバーグ, ヘンリー (2011)『マネジャーの実像——「管理職」はなぜ仕事に追われているのか』池村千秋訳, 日経 BP 社.

31) リクルートマネジメントソリューションズ (2020b)「マネジャーの役割再考——『あれもこれも』からの脱却」『RMS Message』58：5-32；毛呂准子・松井豊 (2019)「部下から認知された上司の育成行動と影響要因」『筑波大学心理学研究』57：29-40；毛呂准子 (2010)「上司の部下育成行動とその影響要因」『産業・組織心理学研究』23(2)：103-115；松尾睦 (2013)「育て上手のマネジャーの指導方法——若手社員の問題行動と OJT」『日本労働研究雑誌』55(10)：40-53；松尾睦 (2014)「経験から学ぶ能力を高める指導方法」『名古屋高等教育研究』14：257-276；Heslin, P. A., D. O. N. Vandewalle, and G. P. Latham (2006) "Keen to Help? Managers' Implicit Person Theories and Their Subsequent Employee Coaching." *Personnel*

Psychology 59(4): 871-902；中原淳（2017）『フィードバック入門——耳の痛いことを伝えて部下と職場を立て直す技術』PHP ビジネス新書；中竹竜二（2014）『自分で動ける 部下の育て方——期待マネジメント入門』ディスカヴァー携書.

32) Luthans, F., R. M. Hodgetts, and S. A. Rosenkrantz (1988) *Real managers.* Ballinger.

33) アマビール，テレサ／スティーブン・クレイマー（2017）『マネジャーの最も大切な仕事——95％の人が見過ごす「小さな進捗」の力』中竹竜二監訳，樋口武志訳，英治出版.

第 10 章

1) 国立社会保障・人口問題研究所「日本の将来推計人口（令和 5 年推計）」（出生中位［死亡中位］推計）.

2) カーツワイル，レイ（2007）『ポスト・ヒューマン誕生——コンピュータが人類の知性を超えるとき』井上健監訳，NHK 出版.

3) ミンツバーグ（2006）.

4) Burns, J. M. (1978) *Leadership.* Harper & Row.

5) Luthans, F., and B. J. Avolio (2003) "Authentic Leadership Development." In K. S. Cameron, J. E. Dutton, and R. E. Quinn (eds.), *Positive Organizational Scholarship: Foundations of a New Discipline*, Berrett-Koehler, pp.241-258.

6) Walumbwa, F. O., B. J. Avolio, W. L. Gardner, T. S. Wernsing, and S. J. Peterson (2008) "Authentic Leadership: Development and Validation of a Theory-based Measure." *Journal of Management* 34(1): 89-126.

7) フェファー（2016）.

8) Meindl, J. R., S. B. Ehrlich, and J. M. Dukerich (1985) "The Romance of Leadership." *Administrative Science Quarterly* 30(1): 78-102.

9) サンデル，マイケル（2010）『これからの「正義」の話をしよう——いまを生き延びるための哲学』鬼澤忍訳，早川書房.

10) Foot, P. (1967) "The Problem of Abortion and the Doctrine of the Double Effect." *Oxford Review* 5: 5-15.

11) Greene, J. D., R. B. Sommerville, L. E. Nystrom, J. M. Darley, and J. D. Cohen (2001) "An fMRI Investigation of Emotional Engagement in Moral Judgment." *Science* 293(5537): 2105-2108.

12) Mikhail, J. (2007). "Universal Moral Grammar: Theory, Evidence and the Future." *Trends in Cognitive Sciences* 11(4): 143-152.

13) Bartels, D. M., and D. A. Pizarro (2011) "The Mismeasure of Morals: Antisocial Personality Traits Predict Utilitarian Responses to Moral Dilemmas." *Cognition* 121(1): 154-161.

14) Babiak, P., C. S. Neumann, and R. D. Hare (2010) "Corporate Psychopathy: Talking the Walk." *Behavioral Sciences and the Law* 28(2): 174-193.

15) 池田浩（2019）「リーダーシップ」角山剛編『組織行動の心理学——組織と人の相

互作用を科学する（産業・組織心理学講座　第3巻）』北大路書房，pp.99-122.

16) Kipnis, D. (1972) "Does Power Corrupt?" *Journal of Personality and Social Psychology* 24(1): 33-41.

17) Padilla, A., R. Hogan, and R. B. Kaiser (2007). "The Toxic Triangle: Destructive Leaders, Susceptible Followers, and Conducive Environments." *The Leadership Quarterly* 18(3): 176-194.

18) Piff, P. K., D. M. Stancato, S. Côté, R. Mendoza-Denton, and D. Keltner (2012) "Higher Social Class Predicts Increased Unethical Behavior." *Proceedings of the National Academy of Sciences* 109(11): 4086-4091.

19) Inesi, M. E., D. H. Gruenfeld, and A. D. Galinsky (2012) "How Power Corrupts Relationships: Cynical Attributions for Others' Generous Acts." *Journal of Experimental Social Psychology* 48(4): 795-803.

20) McCall, M. W., and M. M. Lombardo (1983) "Off the Track: Why and How Successful Executives Get Derailed." Technical Report No.21, Center for Creative Leadership.

21) McCall and Lombardo (1983).

22) Piff, P. K., M. W. Kraus, S. Côté, B. H. Cheng, and D. Keltner (2010) "Having Less, Giving More: The Influence of Social Class on Prosocial Behavior." *Journal of Personality and Social Psychology* 99(5): 771-784.

23) シェアドリーダーシップに関する論考は，リクルートマネジメントソリューションズ（2022a）に加筆修正を加えて構成している．

24) Pearce, C. L., and J. A. Conger (2003) "All Those Years Ago." In C. L. Pearce, and J. A. Conger (eds.), *Shared Leadership: Reframing the Hows and Whys of Leadership*, Sage, pp.1-18.

25) Zhu, J., Z. Liao, K. C. Yam, and R. E. Johnson (2018) "Shared leadership: A State-of-the-art Review and Future Research Agenda." *Journal of Organizational Behavior* 39(7): 834-852.

26) リクルートマネジメントソリューションズ（2022a）．

27) Zhu et al.(2018).

28) Wu, Q., K. Cormican, and G. Chen (2020) "A Meta-analysis of Shared Leadership: Antecedents, Consequences, and Moderators." *Journal of Leadership and Organizational Studies* 27(1): 49-64.

29) 石川淳（2016）『シェアド・リーダーシップ——チーム全員の影響力が職場を強くする』中央経済社．

30) リクルートマネジメントソリューションズ（2019）．

31) リクルートマネジメントソリューションズ（2022a）．

第11章

1) 厚生労働省（2018）「平成30年版　労働経済の分析」．

2) リクルートマネジメントソリューションズ（2016）「伝えたいマネジャーの醍醐味」

『RMS Message』42：5-26.

3）古野庸一・藤村直子（2012）「プロ経営者になるための学びのプロセス――『覚悟』と『内省』で支え、『日々の鍛錬』と『修羅場』で学ぶ（セッション21研究発表）」『経営行動科学学会年次大会　発表論文集』pp.373-378.

4）内容は、リクルートワークスの研究所の機関誌である『Works』（https://www.works-i.com/works/）やリクルートマネジメントソリューションズの機関誌『RMS Message』（https://www.recruit-ms.co.jp/research/journal/）に掲載している.

5）マッコール、モーガン（2002）『ハイ・フライヤー――次世代リーダーの育成法』金井壽宏監訳、リクルートワークス研究所訳、プレジテント社.

6）金井壽宏（2002）『仕事で「一皮むける」――関経連「一皮むけた経験」に学ぶ』光文社新書；金井壽宏・古野庸一（2001）「『一皮むける経験』とリーダーシップ開発――知的競争力の源泉としてのミドルの育成」『一橋ビジネスレビュー』49（1）：48-67.

7）Charan, R., S. Drotter, and J. L. Noel（2010）*The Leadership Pipeline: How to Build the Leadership Powered Company.* John Wiley & Sons；小方真・嶋村伸明・橋本ひろみ（2010）「日本企業におけるトランジション（職位の移行）に関する研究――課長・部長・事業部長を中心に」『経営行動科学学会第13回年次大会　発表論文集』.

8）Anicich, E. M., R. I. Swaab, and A. D. Galinsky（2015）"Hierarchical Cultural Values Predict Success and Mortality in High-stakes Teams." *Proceedings of the National Academy of Sciences* 112(5): 1338-1343.

9）Driver, M. J., K. R. Brousseau, and P. L. Hunsaker（1998）*The Dynamic Decision Maker: Five Decision Styles for Executive and Business Success.* IUniverse.

10）リクルートマネジメントソリューションズ（2017b）「上司の社外活動に関する意識調査（「ボス充」意識調査）」（https://www.recruit-ms.co.jp/research/2030/report/individual2.html）.

11）労働政策研究・研修機構（2021）「管理職の働き方に関する調査」.

12）厚生労働省（2022）「毎月勤労統計調査」.

13）リクルートマネジメントソリューションズ（2021）「アフターミドルの可能性を拓く」『RMS Message』62：5-32.

索引

A~Z

A&R（採用と離職防止）　042
CCL　300
EQ　305
Great Place To Work（GPTW）　044, 065
LMX　150
PM理論　284
X理論　079, 088, 097
Y理論　079, 088, 097

ア行

アヴォリオ，ブルース　294
アサーティブネス　172
アージリス，クリス　141
アッシュ，ソロモン　014, 159
アニシック，エリック　334
アマビール，テレサ　286
アンコンシャスバイアス　165
アンダーマイニング効果　097, 114
暗黙知　026
意思決定スタイル　334
居場所感　034
インクルージョン　164
インナーワークライフ　286
ウェルビーイング　047, 067
内集団びいき　036
ヴルーム，ヴィクター　094
衛生要因　082
エインズワース，メアリー　061
エドモンドソン，エイミー　153, 157, 163
エンゲージメント　049, 053, 067, 166
オズボーン，アレックス　029

オーセンティックリーダーシップ　293
オルダム，グレゴリー　084, 091

カ行

外発的動機づけ　097, 101, 115
確証バイアス　134, 187
カーツワイル，レイ　291
過程理論　076, 094, 099
金井壽宏　284
ガニエ，マリリン　114
ガリンスキー，アダム　242
カールソン，スネ　282
関係葛藤　230, 236, 240, 257
技術的課題　282
規範コンフリクト　235
キャンピオン，マイケル　091
クーゼス，ジェームズ　275
グラント，アダム　124
クリスタキス，ニコラス　271
グループダイナミクス　004
ゲゼルシャフト　008
ゲマインシャフト　008
ケルトナー，ダッヤー　273
原則立脚型　239, 248
権力格差　160, 334
交換型リーダーシップ　293
公正バイアス　132, 233
顧客満足（CS）　041
互恵的利他行動　012
コッター，ジョン　221
コンフリクトマネジメント　230, 238

サ行

最後通牒ゲーム　133

363

サイコパシー傾向　296
サンデル，マイケル　297
シェアドリーダーシップ　020, 306
ジェームズ，ウィリアム　077, 088
自己愛傾向　296
自己決定理論　098, 108
持続的成長企業　055, 063
シャイン，エドガー　151
シャウフェリ，ウィルマー　049
社会的学習　024, 033, 131
社会的促進　022
ジャッジ，ティモシー　038
従業員満足（ES）　037, 039, 047, 065
集合知　026, 033, 197
シュンペーター，ジョセフ　028
ショア，リン　164
上方影響力　214
職務葛藤　230, 236, 240, 257
職務特性理論　084, 090
職務満足度　068
ジョブクラフティング　086
白石久喜　285
心理的安全性　153, 155, 162, 168, 266
推論のはしご　141
スチュワート，ローズマリー　282
ストローブ，ウォルフガング　029
スミス，アダム　017, 022
スロウィッキー，ジェームズ　026
セキュアベース（安全基地）　059
組織開発　010, 208
組織文化　004, 151, 165
ソーシャルキャピタル　048
忖度　160

タ行

対話　120, 125, 132, 137, 147
ダーウィン，チャールズ　076, 088
ダークトライアド　296, 300
ターンブル，コリン　272
チ，クリスティーナ　041

ディール，マイケル　029
ディレイルメント（脱線）　300, 303
敵意バイアス　135, 234, 240
適応的課題　282
デシ，エドワード　097, 106, 114
デ・ドリュー，カーステン　232
テンニース，フェルディナンド　007
動機づけ要因　082
同調行動　013, 130
トーマス，ケネス　235
トマセロ，マイケル　024
ドライバー，マイケル　335
ドラッカー，ピーター　281
トロッコ問題　297
トンプソン，リー　233, 245

ナ行

内発的動機づけ　096, 100, 114, 265
内容理論　076, 088
西研　137
2要因理論　082, 118
認知コンフリクト　235
ネガティビティバイアス　217

ハ行

ハイフェッツ，ロナルド　282
ハウス，ロバート　274
ハーズバーグ，フレデリック　082
ハックマン＝オルダムモデル　084, 104
ハックマン，リチャード　084, 091
ハッソン，ウリ　131
パットナム，ロバート　048
バーナード，チェスター　007, 018, 117
バーンズ，ジェームズ　293
ファヨール，アンリ　280
フィッシャー，ロジャー　239
フェファー，ジェフリー　276, 295
ブルーム，ポール　012
フレイザー，ランス　162

プレイングマネジャー　285
ブレインストーミング　028, 136, 168
フロイト，ジグムント　077, 088
ヘルマン，エステル　024
変革型リーダーシップ　293
ボウルビィ，ジョン　059
ポストオフ　339
ポズナー，バリー　275
ボスマネジメント　214, 221, 227
ホーソン効果　022
ホフステード，ヘールト　161
ボーム，デヴィッド　125, 139
ポラス，ジェリー　208
ホランダー，エドウィン　278

マ行

マイアー，ノーマン　076
マキャベアニズム　296
マグレガー，ダグラス　079, 088
マズロー，アブラハム　077, 082, 088
マレー，ヘンリー　077, 088
三隅二不二　284
ミッチェル，テレンス　075
ミリケン，フランシス　158
ミンツバーグ，ヘンリー　283, 286, 292
無知のヴェール　140
メイヨー，エルトン　022
モーガソン，フレデリック　091
目標管理制度（MBO）　095
目標設定理論　095, 265
モース，エドワード　109
モチベーション　075, 084, 095, 104,
　112

ヤ行

役割分化　016
ユーリー，ウィリアム　239
欲求段階理論　077, 082

ラ行

ライアン，リチャード　106
利害コンフリクト　235
リーダーシップのロマンス　296
リドレー，マット　017
リバースメンタリング　122
リメ，ベルナール　147
リモートワーク　177
リュボミアスキー，ソニア　046
リー，リチャード　273
ルーサンス，フレッド　286, 294
レヴィン，クルト　120, 130, 183, 205
レズネフスキー，エイミー　086
レスリスバーガー，フリッツ　022
ローカス・オブ・コントロール　333
ロシアンルーレット条項　246
ロック，エドウィン　039, 095
ロバートソン，ピーター　208
ロールズ，ジョン　140

ワ行

ワークエンゲージメント　050, 069
ワークモチベーション　075
ワークライフ・エンリッチメント　338
ワランワ，フレッド　294
1 on 1 ミーティング　119, 163, 178,
　225

【著者紹介】

古野庸一（ふるの・よういち）

株式会社リクルートマネジメントソリューションズ
組織行動研究所 主幹研究員／『RMS Message』編集長

東京大学工学部卒業、1987年リクルート入社。同社の経営企画部にて経営支援の業務、新規事業開発支援に携わった後、南カリフォルニア大学にてMBA取得。キャリアに関する適性検査やキャリアカウンセラー養成に関する事業開発を主導し、NPOキャリアカウンセリング協会設立に参画する。一方で、リクルートワークス研究所にてリーダーシップ開発、キャリア開発研究、組織開発の調査研究に従事。その後、コンサルティング組織の責任者、組織行動研究所所長を歴任。従来行っていた研究に加え、持続成長企業の研究や未来の働き方に関する研究（2040年の「働く」を考えるプロジェクト）を行っている。著書に『「働く」ことについての本当に大切なこと』（白桃書房）、『「いい会社」とは何か』（共著、講談社現代新書）、『日本型リーダーの研究』（共編、日経ビジネス人文庫）などがある。

今城志保（いましろ・しほ）

株式会社リクルートマネジメントソリューションズ
組織行動研究所 主幹研究員

京都大学教育学部卒業、1988年リクルート入社。採用関連のテスト事業部門の独立とともに、リクルートマネジメントソリューションズに転籍。96年ニューヨーク大学にて産業組織心理学で修士号、2012年東京大学大学院人文社会系研究科社会心理学博士課程後期満期退学。博士（社会心理学）。現在は、面接評価などの個人のアセスメントのほか、経験学習、高齢者就労、職場の心理的安全性など、多岐にわたる研究に従事。著書に『採用面接評価の科学』（白桃書房）、『世界の学術研究から読み解く職場に活かす心理学』（東洋経済新報社）、『人を活かす心理学』『組織行動の心理学』（ともに共著、北大路書房）、『人材開発研究大全』（共著、東京大学出版会）などがある。

武藤久美子（ぶとう・くみこ）

株式会社リクルートマネジメントソリューションズ
コンサルティング部エグゼクティブコンサルタント／組織行動研究所 主任研究員

学習院大学法学部卒業後、メーカーでの新規事業開発などを経て、2005年リクルートマネジメントソリューションズ入社。組織・人事のコンサルタントとして、150社以上を担当。「個と組織を生かす」風土・仕組みづくりを手掛ける。専門領域は、働き方改革、ダイバーシティ＆インクルージョン、評価・報酬制度、組織開発、小売・サービス業の人材の活躍など。働き方改革やリモートワークなどのコンサルティングにおいて、クライアントの業界の先進事例をつくり出している。リクルートワークス研究所にも所属。早稲田大学ビジネススクールにてMBA取得。社会保険労務士。著書に『リモートマネジメントの教科書』（クロスメディア・パブリッシング）がある。

組織変革の教科書

リーダーが知っておきたい人と心の動かし方

2024 年 11 月 12 日発行

著　者──古野庸一／今城志保／武藤久美子
発行者──田北浩章
発行所──東洋経済新報社
　　　　　〒103-8345　東京都中央区日本橋本石町 1-2-1
　　　　　電話＝東洋経済コールセンター　03(6386)1040
　　　　　https://toyokeizai.net/
装　丁⋯⋯⋯⋯⋯⋯⋯⋯⋯竹内雄二
本文デザイン・DTP⋯⋯⋯米谷　豪（orange_noiz）
印刷・製本⋯⋯⋯⋯⋯⋯⋯丸井工文社
編集担当⋯⋯⋯⋯⋯⋯⋯⋯佐藤　敬
©2024 Recruit Management Solutions　　　Printed in Japan　　　ISBN 978-4-492-52239-4

　本書のコピー、スキャン、デジタル化等の無断複製は、著作権法上での例外である私的利用を除き
禁じられています。本書を代行業者等の第三者に依頼してコピー、スキャンやデジタル化することは、
たとえ個人や家庭内での利用であっても一切認められておりません。
　落丁・乱丁本はお取替えいたします。